大展好書　好書大展
品嘗好書　冠群可期

大展好書　好書大展
品嘗好書　冠群可期

形意大成拳系列：7

河南 心意六合拳

李洳波・李建鵬｜著

附 DVD

大展出版社有限公司

● 岳武穆王像

心意六合無雙傳　　多少奧妙在其間

勸君莫傳無義漢　　免遭災禍保平安

練拳容易得藝難　　靈勁上身天地翻

周身相合人難躲　　遇敵好似弓斷絃

● 作者恩師小傳 ━━━━━━━━━━━━━━

呂瑞芳（1907 年 ―― 1999 年），河南漯河舞渡人，自幼喜愛武術，拜呂青魁、丁兆祥等人為師，學習心意六合拳、查拳、形意拳、太極拳等拳種。呂師一生練功刻苦，謙虛好學，寬宏大度，不存門戶之見，並打破封閉保守的局面，在全國範圍內，不論回漢廣收門徒，並把心意六合拳傳到日本、美國、新加坡等地，為心意六合拳的傳播與發展做出了巨大貢獻。

賀汝波賢契 心意六合拳問世：

心意六合拳和形意、八卦
掌以及太極神功，均屬圍
於内家拳法，全憑心
心意用功夫，非此不
能精進，切切。

師

馬春季

王力泉字培生書於

● 作者恩師王培生為本書題字

● 王培元先生像

●2012 年全國心意六合拳研討交流會在漯河舉行

● 開展心意六合拳進校園活動

●與原國家體委副主
　任徐才先生（左）
　合影

●與國家武協副主席
　蔡龍雲先生（右）
　合影

●與中國武術協會副
　主席吳彬先生(左)
　合影

●與中國武術名家
　許繁曾先生（右）
　合影

●與詠春拳名家梁挺
　先生（左）合影

●與白鶴拳名家陳克
　夫先生（左）合影

●與梅花拳名家韓建
　中先生（左）合影

●與武術名家李清山
　先生（右）合影

●與國家武協副主席
　張山先生（右）
　合影

●與八卦拳名家
　馬傳旭先生（右）
　合影

●與心意六合拳名家
　劉鳳鳴先生（右）
　合影

●與武術名家孫劍雲
　（中）、張桐先生
　（左）合影

河南心意六合拳

●與形意拳名家
宋光華先生（右）
合影

●與少林拳名家
郝釋齋先生（左）
合影

●與形意拳名家
宋廣印先生（左）
合影

●與武術名家
蔡龍坤先生（左）
合影

●與三皇炮捶名家
　張凱先生（右）
　合影

●武術名家
　宗光耀先生（右）
　合影

●與心意六合拳名家
　王書文先生（左）
　合影

●與形意拳名家
　吳殿科先生（右）
　合影

●與形意拳名家
　車向前先生（右）
　合影

●與形意拳名家
　李拓原先生（左）
　合影

●與心意六合拳名家
　買貴生先生（右）
　合影

●與形意拳名家
　邸國勇先生（右）
　合影

●與郭雲深支派傳人
劉建民先生（左一）
李世英先生（左二）
馮志坤先生（左三）
合影

●與澳門形意拳研究會
會長賴宏（左）、
陳新濤先生（右）
合影

●漯河心意六合拳研
究會成員與省人大
文教處主任王日新
（第二排左起第五
位）等人合影

●安徽明光心意拳交
流會與各派名家合
影

●李洳波先生與釋永
梅法師（左四）等
人合影於少林寺碑
林精忠報國碑前，
此碑為李汝波夫婦
所立

●李洳波先生率弟子
在香港國際武術大
賽獲獎

●李洳波先生與義大
利學員合影

●李洳波先生參加海
峽兩岸武術交流活
動

●國家級非物質文化遺產項目
牌匾

●中華人民共和國文化部向
李洳波頒發的代表性傳承
人證書

序一

　　好友李洳波之《河南心意六合拳》一書今年要出版，讓我為之作序。

　　對李洳波這個人我有深刻的感觸，他學武正派，練功刻苦，謙虛謹慎，待人寬厚，平易近人，功深不傲，善於團結同仁，淡泊名利，與國內不少名派武術家有交往。

　　在理論挖掘和整理中，他善於利用現代科學研究拳理，剖析精髓，具有豐富的教學經驗。他的弟子遍及國內外，稱得上是傳播河南心意六合拳最廣的人，是我們學習的榜樣。

　　我認為，一個人武功的高低和他的人品息息相關，一個人武功境界的高低和他的品德一脈相承。一個人技藝的高低，說到底也是人品道德的問題，在這個問題上各種技藝、技術都是如此，蓋無例外。

　　我不相信一個削尖了腦袋只想出名、只想掙大錢的人武功會很高；我也不相信一個在社會上幹了很多壞事，在家不孝敬父母、不忠誠家庭的人武功會很

高。因為這些人沒有把時間用在踏踏實實地練功方面。

學練武術的過程是一個修練人的過程。武術的最高境界就是如何做人。我們要做一個對社會有貢獻的人，李泇波就是這樣的一個人。

在此我祝願他的大作早日出版，並祝願他身體健康。

北京形意拳研究會會長

邱國勇

於北京

　　心意六合拳由山西蒲州（今山西省永濟市）人氏姬際可（字龍峰，1602 年—1683 年）所創。姬龍峰自幼習武，技勇絕倫，尤精槍術，素有「神槍」之美譽。據說他飛馬點椽頭，能拳槍不漏。為了適應徒手自衛的需要，姬龍峰以槍理為拳理，並揣摩仿效動物爭鬥之技能，創編成「心意六合拳」。

　　顧名思義，心意六合拳就是行拳與技擊時要重心意、求六合，即以心行意、以意導氣、以氣運身。身一動就要六合，即手與足合、肘與膝合、肩與胯合、心與意合、意與氣合、氣與力合。內外六合要以心意指揮，以神氣貫通。

　　此拳練起來勢如破竹，剛猛狠毒。發力時後腳蹬前腳截，猛如剎車。把頭、肩、肘、手、胯、膝、足視為七拳，注重七拳的攻防招法鍛鍊。其拳式簡捷，勁力充實，剛猛矯健，但動作優美，有雞腿、龍身、熊膀、鷹爪、虎抱頭、雷聲之特點，即行如寒雞，動如游龍，起如虎撲，落如鷹捉，勢如熊猛，捷如豹

奔。要手不離心，肘不離肋，講究拳如炮，形如龍，應敵猶如火燒身。

姬龍峰藝成之後曾訪問少林寺，並將此拳傳於河南回族人馬學禮，又經馬學禮在回族中擇人而傳至買壯圖，買壯圖傳丁兆祥，丁兆祥傳呂瑞芳。因此，心意六合拳成為回族中秘不外傳的教門拳術。

心意拳分南派和北派，南派即河南派，北派即山西派。後李老能又在心意拳的基礎上發展為形意拳。

李洳波先生不是回民，但被已故心意六合拳名家、河南漯河回族老拳師呂瑞芳先生看中，破例將其收入牆門，悉心傳授，成為呂瑞芳先生的得意弟子。

呂瑞芳先生衝破門規族戒，將教門中秘不外傳的拳術傳給李洳波，既說明呂老前輩胸懷寬廣，以弘揚中華民族武術文化為大業，又說明呂老前輩看中洳波先生日後能成為德藝雙馨、光大門戶的可造之才。

洳波先生不負師望，數十年苦練不輟，尊師重道，勤思善悟，誠信為人，終得心意六合拳之真髓，成了心意六合拳承上啟下之人物。他武功精湛，忠厚熱情，在武術界，特別是在心意門中享有極高聲望。觀李洳波先生練拳，靈活剛猛，龍形虎象，勢不可擋，充分顯示出心意六合拳的古樸風貌。

我和李洳波先生相識雖有數年，但沒有深交，2000 年 1 月 29 日，他成為吳式太極拳名家王培生的入門弟子之後，我們成了師兄弟，常在一起切磋技藝，才對他有了真正的瞭解。

首先，我認為他不故步自封，毫無門戶之見。他

是心意六合拳名家，一般來說是不願意再投他門的。他為什麼要這樣做呢?交談中我明白了他的想法。

第一，他認為無師不立，老師故去了還應再投比自己學識技藝高的人為師，才能更好地鞏固、充實和提高自己的技藝，不能故步自封。如果考慮面子也可不再投師，曲學他術，但不是捷徑。所以他經過全面瞭解，決定拜當今武術泰斗吳式太極拳名家王培生老師學練吳式太極拳。

第二，他是河南漯河武術協會常務副主席，漯河地區沒有人傳播吳式太極拳。他覺得自己有責任將吳式太極拳這一優秀拳種承傳下去，在漯河地區傳播發揚。

他這兩個想法恰好從不同角度再現了呂瑞芳老先生寬闊的胸懷和高尚的品德，非常可敬。

另外，我和他成為師兄弟以後，感到他學別人之長之迫切，給別人之需也非常慷慨誠懇。記得2000年1月29日，他拜王老師之後，在我家小住，我們一起研練吳式太極拳。此時，我也想全面瞭解一下心意六合拳，我的心願一說出口，他就欣然答應，傾囊相授。

因時間關係我們選擇了一個簡便的方法，由我提問他解答並演示，製作了一個心意六合拳的專題錄影，聲像兼備，其拳理、拳法、拳技從錄影片上一看便可無師自通，這在武術界同仁中大多不易做到，足見泇波師弟的坦蕩胸懷和無私品德。

泇波師弟《河南心意六合拳》一書問世，既可告

慰恩師呂瑞芳前輩的在天之靈，也是他對武術事業的一大貢獻，為廣大心意六合拳愛好者提供了一套好教材。激動之餘順記上事，以示祝賀！

日本八卦掌研究會顧問
北京市吳式太極拳研究會常務副會長
北京市大興區武術氣功協會主席
北京大興區伊斯蘭協會副秘書長
北京鳴生亮武學研究會會長
張全亮
於北京

序三

　　我與泇波盟弟多年往來，甚是瞭解，其為人忠厚，尊師重德，結友好義，豁達開朗，無名利之虛偽，追求拳法，孜孜不倦。

　　泇波先生乃河南漯河人士，自幼從師馬氏心意六合拳大師呂瑞芳先生，習心意六合拳數十年，刻苦用心、用功，感師教授有方，得呂大師之精髓，乃成為呂師之得意門生。

　　我觀泇波先生所演拳法，至柔至化，剛則令人目驚神緊，柔則如入樂境，實讓人羨慕至極。

　　今得悉泇波先生之《河南心意六合拳》一書問世，真乃心意六合拳界一大幸事，全民健身運動一大福音，使之學有典範；同時也是武術文化弘揚光大一大喜事，其必將發揮全民健身的巨大作用。

國際八卦掌聯誼會幹事長
北京武術理論文史研究會會長
北京形意拳研究會會長
　王桐　於北京

河南心意六合拳

　　人們常說：盛世修文，亂世習武。現在看來，隨著社會的進步，此話的含義發生了變化。

　　舊時人修文，十年寒窗，為的是金榜題名，做人上之人。習武，則多是為了謀求一種職業，或保鏢，或護院，求一養生餬口的差使，當然，其中也不乏為了防身、健身，但相比較，還是前者居多，後者為少，有許多武術大師的經歷為證。

　　現在則不同了，在新時代，人們學文是為了掌握先進的科學技術，用先進的生產力推動社會進步；習武，則是為了養生健身，讓幸福的生活更為滋潤、舒坦。

　　心意六合拳為我國優秀的傳統拳種，相傳誕生於宋代，為著名愛國將領岳飛所傳，在元、明鮮為人知，到了明末清初復又盛行。該拳古樸、簡潔、大方、實用，以剛猛、狠毒而著稱，在實戰中頗具威力。其拳理吸收了道家思想，有豐富的文化底蘊，所以，自問世之日起，便受到了百姓歡迎，習者眾多，

延續至今，歷經數百年不衰，並派生了形意拳、心意拳兩大優秀拳種。

東坡有詩：「橫看成嶺側成峰，遠近高低各不同。」習拳如同觀山，因其稟賦不同、視角不同，所以對拳的理解也會不同。泇波先生知識淵博，拳技精絕，為當代心意六合拳之翹楚。在書中，他結合自己數十年習拳的心得，用現代科學理論對心意六合拳這一傳統優秀拳種進行了詮釋，見解新穎，深入淺出，通俗易懂，為廣大武術愛好者提供了一本好的教材。

感謝泇波先生的工作，我為泇波先生點贊。

河北省深州武術協會主席

深州李老能形意拳研究會會長

張玉林

德藝雙修稱楷模中華武林顯風采

　　中國功夫，博大精深，在中原地區有一個頗具影響力的武林大派——心意六合拳，該拳種的非物質文化遺產傳承人是在武術界久負盛名的武術家李洳波大師，他功夫精湛，為人淳樸，弟子遍及大江南北，武品、人品俱佳，深受社會各界愛戴。

　　李洳波大師為人謙虛，勤於修練，常來往於少林寺、武當山，無私奉獻，淡泊名利，養生有道，雖已年過花甲，由於長年練功，精氣神異於常人，面色紅潤，目含神光，身體健壯，思維敏捷。他演練的十大真形、六合刀、六合槍勁道渾厚，身如靈猿，快如閃電。

　　2009 年，我與李洳波大師應全球武林領袖論壇特邀擔任首席專家顧問，在澳門與世界各地武術菁英們做了廣泛交流，香港鳳凰衛視著名主持人李慧女士介紹洳波大師時，全場爆發出熱烈的掌聲，他的一套四

把捶如蛟龍一般，技驚四座，其神韻如猛虎下山，其身法靈似狸貓，六十花甲依然保持著超強的功力，讓眾多年輕的武術家們歎為觀止。

珠海中華武林群英會、南武當國際武林大會、世界搏擊學會，李洳波先生都是以上活動重要的策劃人。我與李洳波大師有金蘭之交，對其人其功多有瞭解，在《河南心意六合拳》出版之際，洳波兄請我作序，義不容辭，謹寫此文，以表對此書出版的熱烈祝賀之情。

《河南心意六合拳》是目前心意六合拳門派體系完整、傳承清楚、圖文並茂、在武術界具有權威性的力作，對國家提倡的全民健身計劃有積極的貢獻，對豐富中華武庫，弘揚中華武術傳統功夫必將產生深遠的影響。

《河南心意六合拳》一書的出版，對海內外中國功夫愛好者是一大喜訊，對專業武術工作者也是一本難得的歷史文獻，可參閱，可收藏，不失為傳家寶典。洳波大師其人其功可敬可嘉，非此文能詳盡。是為序。

世界養生聯合會主席
武當功夫聯合會主席
南武當山道教協會會長
游玄德

序六

　　李洳波是一位低調且有聲譽的武術明家，自幼喜愛武術，拜呂瑞芳先生為師學習心意六合拳。洳波是老漯河人，中原精深雄厚的武術文化滋養了他的武術功底，他瞭解、熱愛漯河的武術文化。

　　李洳波在繼承傳統武術的基礎上，不為繩墨所圍，既有行雲流水的流暢，又於套路中展現出古樸和大氣，展示了武術的一種清澈、一種整肅、一種淡定。

　　大武術是一種境界，做人也是一種境界，李洳波人正、武正、術正，始終堅持用武術倫理標準要求自己，實屬難能可貴！

　　李洳波不僅是世界武術研究學會名譽會長、中華武術世界聯盟會名譽主席、世界搏擊協會監事長、漯河市武術協會主席，還是國家級非物質文化遺產心意六合拳傳承人、國家一級武術裁判。

　　現在他的《河南心意六合拳》一書即將出版，相信該書一定會好評如潮，反響熱烈。請你走進《河南

心意六合拳》。

中國人民公安大學高級教官

中央電視台武林大會總裁判長

北京市梅花樁拳研究會會長

中國武術八段

韓建中

序七

　　欣悉馬學禮先師一脈、後學弟子李洳波先生編著《河南心意六合拳》一書，甚感欣慰。心意六合拳河南一支，始從馬學禮先師傳承至今，已三百餘年，因歷史等原因，多年來只是口傳身授，著書公開發表甚少，洳波先生之舉，實乃為同門及武林界做了一件大好事。

　　此書系統地對心意把、十大真形、買式四把捶和鮮為人知的馬三元式四把捶做了詳細的介紹，並附照片和動作說明；同時評述了心意六合拳的相關理論和六排之法，並對學拳的要領、要求做了詳細介紹。

　　我與李洳波先生於 1991 年相識，至今二十多年了，曾多次在全國武術比賽中接觸，觀其演練，動作逼真，剛猛有力，舒展大方，風格獨特；與其接觸交談，感到他謙虛好學，尊師重道，平易近人，不存門戶之見。

　　李洳波先生從師於心意六合拳名家呂瑞芳先生，又得到當代太極拳名家王培生先生之親授，由此可知

其探究試學、求知上進之精神實屬可嘉。

　　《河南心意六合拳》一書，是一本不可多得的武學好資料，它的問世，對全民健身計劃的實施和武術愛好者都非常有益。

宋氏形意拳嫡傳

宋光華

於山西太谷

以心行意　大道至簡

　　欣聞李洳波老師的《河南心意六合拳》及光碟近期將出版，深感欣慰。數百年來以大道至簡、以心行意的心意六合拳，終於有了讓世人深入瞭解、習練、研究的機會；有了讓世人得以從中受益，讓人能從習練心意六合拳中陶冶情操、益壽延年的機會。

　　「心意六合拳」名冠「心意」二字，是取以心行意之意。以拳術單式把之單把、雙把、挑領把、鷹捉把、搖閃把、橫拳把、十字把、一頭碎碑把、追風趕月把、龍形裹橫把為基礎，以十大真形之龍、虎、猴、馬、雞、燕、鷂、蛇、熊、鷹為龍頭。

　　拳術套路包括：心意把合演、十大真形合演、八字功、買式四把捶、馬式四把捶。器械套路包括：六合刀、五形刀、心意九刀、六合槍、六合大槍。在實戰上有「打人如走路，看人如蒿草，手上風吹響，起落似箭鑽」的說法。

　　我與李洳波老師相識，是在一次國內各門派大聚會的表演賽上，那次表演賽盛況空前，數家國內外電視台直播，引起海內外強烈的反響，李洳波老師及弟子們的精彩表演讓世人大開眼界，也給我留下了深刻的印象。隨著交往的深入，李洳波老師平易近人的態度使我與他愈走愈近，成為了弘揚中華武術道路上的莫逆之交。

　　在競技武術飛越發展的今天，各種流派的拳術器械為了拿高分，都在不同程度上向高、難、美的競技要求靠近，但卻喪失了武術的真正內涵。

　　李洳波老師力排眾議，沿著古樸而傳統的足跡一步一個足印，要求學者，每一招、每一式必反覆習練，像形意拳巨擘郭雲深那樣寒暑不易，朝夕苦練，每日必操萬遍崩拳方止，最終達到了功力深厚、所向披靡的「半步崩拳打天下」之境界。

　　由於李洳波老師的不懈努力，心意六合拳這一古樸簡捷的拳種近幾年來在國內外武術活動中起著主導作用，深受世界各國推崇。

　　1999 年，他組織舉辦了心意六合拳首屆全國研討交流會，打破了心意六合拳從不交流的封閉局面，並成功申報省級和國家級非物質文化遺產項目。目前，李洳波老師的弟子已經遍及世界各地，多家電視台都曾經做過專題報導，使心意六合拳走向了巔峰時期。

　　《河南心意六合拳》作為以心行意、大道至簡、今逢盛世才融入社會的一本專著，較為系統地展現了心意六合拳法的沿革和技術要點，學者既可按圖索

驥，又能獲得其特有的鍛鍊價值；還可沿著古樸的心意六合拳法順水而傳，紮根民間，造福民眾，為中華武術的振興做出自己的貢獻。

巴蜀峨眉武術交流中心董事長

吳信良

自序

李洳波，字尚明，自幼喜愛武術，先後拜呂瑞芳、王培生、李廷芳等多位武術名家為師，學習心意六合拳、查拳、形意拳、吳式太極拳及氣功、養生功。

余天生身小力薄，不可與常人相比，只有備加刻苦，寒暑不棄，幸得諸位大師厚愛，將其終生所學傾囊相授，始得武術之真昧。謹記恩師「不存門戶之見，博採眾長，把心意六合拳傳承發展」之師訓，近年來，把心意六合拳的動作與練法製成光碟，把心意六合拳的動作和理論整理成文字資料出版發行。

因傳統的練法都是單式，學習雖然容易，但初學者多感乏味，自己組合習練實乃不易。為此，我將心意六合拳的單式動作編成幾個套路——八字功、心意把合演、十大真形合演。此套路只是把傳統的單式動作串連組合，未敢改變原有的風格與要求，未敢隨意加入多餘動作。此書出版只想為心意六合拳的傳承發展盡微薄之力，留下一些心得和資料，拋磚引玉而已，望同門多加指正。

心意六合拳門人

李洳波

前言

中華民族歷史悠久，文化積澱深厚。中國武術更是世界文化園地中一枝異彩獨放的奇葩。各武術種類正在世界範圍內引起越來越大的反響和重視，逐漸成為全人類共同的文化財富。但是，在中國漫長的封建統治時期，武人歷來只被當作拓邊安邦的工具，而得不到統治者的重視，故中國文化書庫中經史子集汗牛充棟，而言兵者寥寥。這嚴重地阻礙了武術的傳播和發展。

新中國成立後，國家開始重視體育事業，武術被列為諸多體育門類中重要的一項，得到政府的大力支持。有關各種門類的武術書籍逐漸得以整理出版，為推動武術事業的發展起到了巨大的作用。

流傳於我國河南、山西、河北等地的「心意六合拳」在中國武術之林中占有重要的一席，具有廣泛的影響，但練習者卻人數有限。這種狀況與其本身特點和歷史原因有關。

相傳心意六合拳為宋代名將岳飛所創。他在長期的抗金戰爭中將著名的「岳家槍」加以演變，脫槍為拳，編演為一套拳法，時稱「心意拳」。他將此拳法教授「岳家軍」，大大增強了軍隊的戰鬥力，使金兵聞風披靡。

　　此拳創立的初衷是為了實戰，因此，它最大的特點是剛猛、狠毒，長於格鬥搏擊。這個特點不僅使後來的金元統治者如懼懸劍，嚴禁民間教習，也使歷代心意六合拳的傳人在招徒傳藝時慎之又慎，唯恐傳與不逞之徒，其成肇禍之端，所以此拳有「寧可失傳，不可亂傳」之說。由於以上原因，此拳一直未能得到廣泛的傳播。

　　從 1999 年開始，心意六合拳傳承人李洺波先生打破封閉保守的局面，連續成功舉辦三屆「全國心意六合拳交流大會」；2002 年出版發行《心意六合拳》專著和教學光碟各一套；2003 年成立漯河心意六合拳研究會；2007 年組織參加「央視武林大會」任專家評委；2007 年、2008 年分別成功申報河南省和國家級非物質文化遺產項目；2010 年發起成立「世界心意六合拳促進會」。漯河市政府特意在風景優美的沙澧河風景區提供了寬闊的訓練場地，李洺波先生與心意六合拳愛好者用泰山石在此樹立了「國家級非物質文化遺產心意六合拳」的巨石標誌。

　　目前，李洺波先生的弟子已遍佈河南、安徽、廣東、湖南、湖北、四川、新疆、黑龍江、浙江、江蘇、山西、山東、福建、青海、上海、台灣等地。

　　李洺波先生現任世界心意六合拳促進會會長，央視武林大會專家評委，漯河武術協會主席，心意六合拳研究會永久會長，國家級非物質文化遺產傳承人，中國武術八段，一級武術裁判，全國群眾體育先進個人，國家級社會體育指導員，在河南、河北、山西、

山東、廣東、安徽、澳門等地舉辦的傳統武術大賽中任裁判長。如今在漯河政府各級領導的大力支持下，心意六合拳和許慎文化已成為漯河市「一文一武」兩張城市文化名片。

隨著形勢的發展，各種武術強身健體的功用日漸成為其主要的意義所在，心意六合拳自然也不例外。因此，將其編撰成書，總結出一套完整的理論和規範的動作是我們今天心意六合拳傳人不可推卸的責任和義務。為此，筆者不揣淺陋，根據自己多年的練習心得，編成此冊，以拋磚引玉。

此書大致分為六部分。第一部分主要對心意六合拳的歷史與現狀做了概略的介紹。筆者盡其所能，蒐集和參閱了所能找到的資料，這其中包括文字的和口頭的。由於歷史的久遠和武術的傳承歷來有口授身傳的特點，所以前代留下的文字資料比較散亂，大部分只能參閱一些地方誌說相互印證，反覆斟酌取捨，自以為去偽存真，而不敢稍有臆度之筆。即便如此，仍難免有失實之處，如有識者，萬望垂訓。

另外，在此部分中還介紹了心意六合拳具有影響的前輩——南派鼻祖馬學禮和恩師呂瑞芳。讀者可以從中看到先賢們在練功過程中矢志不移、潛心忘我的精神和謙恭待人、嫉惡如仇的高尚武德。

第二、三、四、五部分是本書的中心內容。它向讀者詳細介紹了心意六合拳的基礎知識、套路、動作和要領。為了便於學習者直觀地理解，作者將每一個招式分解成數個動作，每一個動作配以一幀照片，在

每幀照片旁用儘量明白的文字注以說明。在可見的形象之外，心神意念的流動是本拳的內質，對於這些無法用照片表達的內容，作者將自己對動作的領悟和感受與其他造詣較深的拳師共同交流磋商後，窮思極慮，化意會為言傳，以供學習者參考。真正的感悟，尚需學習者在實踐中領會。「師傳領進門，修行在個人」，此書的作用是引領初學者入門的工具，相信愛好者會潛心揣摩，刻苦學習，持之以恆，竟成大功。

最後是關於心意六合拳的理論部分。其中較為重要的篇什是《岳武穆王九要論》，此文摘自一本民國初年的小冊子。因筆者所據是手抄本，故在轉抄的過程中不免會出現缺漏、衍贅、錯簡等，但作者自知學淺，未敢妄做增刪，姑以原貌薦與讀者，望見諒。但總體上看，這是一篇文字水準較高的文章，惜乎作者佚名。

其餘又收錄了一些前輩拳師們根據自己的經驗編成的順口溜。由於很多拳師們窮於文字經驗，所以這部分內容多有失於簡約，過於口語化，甚或滯澀難解之處。讀者可在練習中逐漸印證、領悟。但這是一塊璞玉，其內核是一塊珍寶，它是多位拳師經驗的結晶，讀者勿以其陋而輕捨之。

限於筆者水準，加之時間倉促，書中必有謬誤，敬盼同好抱著對心意六合拳負責的態度，即時給予指教，以備日後補正。

心意六合拳門人

李建鵬

　　中華傳統優秀文化的重要組成部分——武術文化，歷史悠久，源遠流長，博大精深。它的起源和發展與中國傳統的哲學思想有著密切的關係，受到傳統哲學思想持續和深刻地影響。

　　它在自覺和不自覺的狀態下，在生成和發展的過程中充分借鑑和吸收了其他傳統文化的精髓，形成了以攻防技擊的策略和技術為核心，以內養精血臟腑、意氣精神和外壯筋骨肢體、肌膚毛髮為主體，以修身養性、保健養生、自衛防身和衛國禦敵的功能為目的，以藝術的享受和探索人體生命奧秘為追求的完整理論和技術體系。

　　它充分體現了天人合一、陰陽平衡互易、人與自然和諧統一的中華民族古典傳統的哲學思想，是中華民族最具生命力、最優秀的傳統民族文化的瑰寶。所以，中華武文化的載體——武術，除了其眾所周知的基本功能外，從更深的層面就其本質和特性看，它還是人類個體以其自身本體為工具，探索人體生命規律，以及人與自然規律和諧統一後獲益的有效方法和途徑，在歷史上已經為人類的健康

事業做出了巨大的貢獻。

依據古拳譜記載，心意拳始創於明末清初，由山西蒲州（今山西省永濟市）人氏姬際可（字龍峰，1602 年—1683 年）結合宋朝名將岳飛遺留的拳學理法所創；姬際可精易理、通醫道、善槍法騎術，其博採武道之長，融會武道之要，遵「天人合一」之理，循渾圓、陰陽、三才、四象、五行、六合、七星、八卦、九宮、十方之規，攝自然生靈之長和天干、地支之數，汲取前人吐納、導引養生術之精華，象形取意脫槍（法）為拳（法），匯其理於一本，通其形於萬殊。

自明末清初心意六合拳開宗立世以來，在數百年的漫長歲月中，它的理論體系和技術體系經歷了實踐的反覆檢驗，被充分證明是一種內外兼修、練養並蓄、陰陽互易、靜動相協、師法自然、具有極高人體科學價值的優秀的內家拳。在心意六合拳拳譜的記述中，也充分地體現了它的基本特徵，拳譜曰：「起手橫拳勢難招，展開四平前後梢，望眉斬夾反見背，如虎搜山截手炮」「精養靈根氣養神，養功養道見天真，丹田養就長命寶，萬兩黃金不予人」「心與意合，意與氣合，氣與力合，手與足合，肘與膝合，肩與胯合」，這些要領和拳訣也就是對心意拳寓拳於功、寓功於拳、內外兼修、練養並蓄的高度概括和科學總結。心意拳是中華傳統武術中的優秀拳種，是中華傳統武術文化的重要組成部分，是中華民族優秀傳統文化的載體之一。

心意拳六合始祖姬際可自明末清初開宗創派以來，歷經數百年和十餘代人的承襲和傳承，已形成了龐大的體

系。在傳承過程中，因受時間、地域、文化、信仰、宗教、習俗等客觀和主觀因素的影響，已逐漸形成了比較明晰的具有廣泛代表性的三大主要流派：

一為以河南洛陽馬學禮、張志誠、馬三元、馬興等為代表的河南馬派心意拳傳系；

一為以山西祁縣戴隆邦、戴文雄、郭維漢、李洛能等為代表的山西心意拳傳系；

一為以四川金道人（金一旺）為鼻祖的金家功夫（心意拳）傳系。

心意拳的三大承傳系統，雖然在拳學理論體系上沒有本質的區別，但河南馬派心意拳由於受回族宗教信仰和文化的影響，較好地保持了更加古樸原始的拳術風貌；而山西戴氏心意拳和四川金家功夫（心意拳）由於受傳統的地域影響和滋養，其理論體系和技術體系發展得更加嚴謹、系統和完善，拳術的風格和特點更加鮮明和獨特，充分體現了民族傳統文化哲學思想的精髓。因此，心意拳的三大承傳體系在基礎樁功、拳架、拳式、練習方法、要領、要求和拳術套路等許多方面產生了重大的變化，形成了各自新的拳術特點和風格。

河南傳系主要以龍、虎、猴、馬、蛇、雞、燕、鷂、鷹、熊十大形，烏牛擺頭、狸貓上樹、夜馬奔槽、白蛇撥草、鯉魚打挺、鷂子入林、燕子取水七小形，挑頂、雲領、斬截、裹胯四把，揉、折、頓、碰、拔、抽、展的七把中節功，渾元功、童子功、虎撲雙把、單把、搓把等功、技、法、式為其拳法的主要傳承載體。

山西傳系主要以劈、崩、鑽、炮、橫五形拳，龍、

虎、猴、馬、蛇、雞、燕、鷂、鷹、熊十形拳，烏牛擺頭、狸貓上樹、餓狗撲食、野馬踐槽、靈蛇撥草、金魚抖鱗、鷂子穿林七小形，裹、踐、鑽三拳，掤、背、炮三棍，養、坐、開闸、砸、豎、射七步丹田功，一至七趟螳螂闸勢捶，挑頂、雲領、展截、裹胯四把，蹲猴勢樁、渾元樁、三才樁、兩儀樁、童子功等功、技、法、式為其拳法的主要傳承載體。

四川傳系，據現有的資料顯示，其是早期的原傳心意拳又一個較為獨立的傳系。但是由於歷史上諸多的客觀原因，四川金家功夫（心意拳）的傳承範圍非常小，傳人也非常少，並且此傳繫心意拳原傳的拳法和理論體系存在著明顯的散佚痕跡。雖然經再傳人的研練、挖掘、整理、完善，使這一古老的心意拳傳系得以重獲新生，但是它可能已與原傳的心意拳有了較大的變化。所以關於川系心意拳的基本特點和拳理、拳法特徵在此不做具體的介紹，留待於該系傳人將來自補其歷史和技術等訊息。

此外，在心意拳譜系傳承的歷史上，由於清朝政府在民間推行「禁拳」和「連坐」的治安政策，以及當時民間拳師的生活經歷和社會背景等諸多原因，致使在明末清初始傳的心意拳承傳譜系關係隱秘，重要傳人歷史和行跡並不清晰明瞭，因此有必要做一介紹，否則將使許多心意拳傳系成為無根之源。

例如，歷史上確有其人：「癸酉科（1693 年）聯捷三元；甲戌科（1694 年）武狀元，欽賜二等侍衛，陝西靖遠副將官，左都督，鎮守陝西興安漢羌總兵官」的安徽秋浦人氏，諱曰瑋，號秀山的曹繼武先生。近年來曹繼武是

心意拳史上頗具爭議的人物。關於他與心意拳歷史關係的真實性，若依據公開的官史和家譜記載：「他於康熙四十五年八月十五，年有卅六而病逝」，而依據諸多版本心意拳譜序和其他資料記載，他是具有承前啟後意義的關鍵人物。據考證：「曹並未早逝，而是詐死（由於官場和個人的背景等原因）。」其於康熙四十四年（1705 年）的著作《五經七書匯解》（三畏堂、光啟堂刻本）序言記載，與許多學者考證認為是偽作品的《六合拳譜》序言的相關內容基本吻合。

　　由於曹繼武關係到當今心意拳的許多重要傳系，詳細的考證資料將在今後出版的《六合心意拳史研究》一書中詳陳。另外，關於河南臨潁後岩崗白磚承傳的岳飛心意拳傳系；太極五行捶創始人李瑞東先生承傳的岳青山岳飛心意拳傳系；源於終南山的山西太原張士林、張標承傳的終南心意拳傳系；形意拳真正發源地——河南社旗心意拳、意心拳和形意拳傳系；康熙雍正時期為太學生身分的河南新安掌禮溝王自成承傳的心意拳傳系等，都是心意拳早期主要承傳支系，在此就不對每一個傳系做具體的介紹，其中部分傳系尚有待於進一步的挖掘、整理、研究和考證。關於各傳系拳理拳法特點和詳細情況，希望心意拳各傳系的老師們在今後陸續出版的心意拳系列著作中予以揭示和披露。

　　自明末清初六合心意拳始創以來，在數百年廣泛傳承的基礎上，在歷代武術家們透過求真、求美、求實、求新、求變、求發展、求完善的艱苦努力下，在民族優秀傳統文化的薰陶和滋養中，得到了健康全面的發展。在原創

心意拳基礎技術理論的基礎上，在以河南馬學禮和山西戴隆邦為代表的兩大心意拳傳系以各自傳系的主要傳人和再傳人為脈絡和主線，已形成了許許多多特點鮮明、風格獨特、簡練實用、系統完善、內容豐富的承傳支系和流派。

河南心意拳馬學禮一系，在其主要傳人和再傳人的基礎上，已形成了洛陽、漯河、南陽、明光、鄧州、臨潁、徐州、蚌埠、南京、武漢、蘭州、山西祁縣、上海、珠海，以及江西、鄂西北等地，以不同地域的心意拳的拳術特點為傳承體系的心意拳支系。

山西心意拳戴隆邦一系，在原傳心意拳（戴家拳族傳）和新創心意拳（戴氏形意拳）的發展和形成過程中，在其主要傳人和再傳人的基礎上，亦形成了以不同拳術風格特點為代表的心意拳的兩大承傳體系：一為以戴良棟、戴五昌、郭維漢、戴宏勳、戴奎等為代表的以家族為表現形式的戴氏原傳心意拳（戴家拳）為基礎的心意拳傳系；一為以李洛能、車永宏、宋世榮、劉奇蘭、劉曉蘭、李鏡齋、郭雲深等為代表的新創心意拳（戴氏形意拳）為基礎的形意拳傳系，這兩大承傳體系在傳承過程中又形成了眾多新的承傳支系和流派。

僅戴氏原傳心意拳一系，業已形成了多個承傳支系，戴氏心意拳得以完整的保存和比較廣泛的流傳，獲益於具有承前啟後、繼往開來作用的戴氏心意拳的第四代傳人戴奎先生。在歷史上由於受諸多客觀和主觀因素的影響和制約，戴氏家族內傳一系在山西近百年的時間裏，僅僅在其家族內部秘傳，後因家族沒落衰變、生活所迫（約在清末民初），戴奎先生才開始公開傳授、傳播戴氏族傳心意

拳，但是傳授的對象當時僅僅侷限在山西祁縣一地的同鄉仁人志士之中，傳播範圍非常小，在民國時期才開始走出家門在其他地方收徒授拳（也僅侷限於山西和內蒙古兩地，由山西籍人開辦的商鋪之中）。

由於戴氏原傳心意拳（戴家拳）族傳一系拳法傳播時間短、傳播範圍小、秘技自專等自閉的原因，戴氏原傳心意拳一系至今仍然較好地保持了其原始、古樸的拳術風格和特點。戴氏原傳心意拳族傳一系拳法的基本特點和基本理論是：「以靜為本，動為用；以蹲猴式之姿，氣沉丹田，持鬆靜自然之態而達內蓄精氣，固本培元；以意領氣，循環往復而達任督二脈氣血暢行通達於丹田；以意領氣，循督脈，力發丹田，頭、手、肘、肩、胯、膝、足兼續並用、綿延不絕，將內蓄之勁迸發於瞬間；以意領氣，內五行要動，外五行要隨，在每拳每式的運動變化中，要充分地體現束展、擰鑽、裹纏、吞吐、起落；以意領氣，發攢搠、抖擻、踩、撲、裹、束、決等勁法。」

戴氏族傳心意拳法，雖然在站樁上要求身持雙弓形（即 S 形），亦恪守六合之要領，但是此舉重內而不重外，重神而不重形，重本而不重末，重意而不重心，是區別於其他內家拳的主要特徵。儘管如此，戴氏心意拳在近百年的時間裏，在戴奎的諸多親傳弟子中，仍然在基礎樁功的練習方法和內意的要求、內勁形成的練習和運用、舉勢拳架的練習和使用、行拳路線和進擊部位的變化和要求等諸多方面形成了新的特點，因此，亦形成了以薛士遠、錢謹之、郭映田、程連風、原得勝、段仙、王映海、段錫福、高昇禎、史雄霸、馬二牛、岳蘊忠、王步昌等為代表

的風格各異的心意拳傳承支系。

河南漯河李洇波先生是河南馬三元心意六合拳第五代傳人呂瑞芳先生的得意門生，也是呂瑞芳先生心意六合拳一系的主要傳人。呂瑞芳先生早年就提出了「拳即是道，道即是拳」的習拳竅要，李洇波先生隨呂瑞芳習拳以來恪守先生的拳學思想，勤學苦練，寒暑不輟，三節貫通，勁力齊整，式正招圓，輕靈多變，攻防兼備，得先生拳學之精髓，承先生拳學之衣缽。在其著作中詳細地介紹了心意六合拳的基礎理論知識、拳術的功法和技法原理以及器械和套路的練習方法，將自己多年來習拳的體悟和心得融會其中，堪稱心意拳經典之作。

在《河南心意六合拳》即將出版之際，我們呼籲各地民間的武術大師們為推動武術事業全面健康的發展，將你們寶貴的拳學知識和經驗以及珍藏的拳譜、歷史資料和訊息，奉獻給廣大的武術愛好者，以使國寶國師名垂青史，造福子孫。

王占偉

目錄

第

一章

心意六合拳概述

第一節

心意六合拳源流與現狀

中國武術源遠流長，種類繁多，門派紛呈。流傳於河南、山西一帶的心意六合拳是其中頗有影響、極具特色的拳種之一。此拳動作簡單，但內涵十分豐富，功用無窮，特別側重於實戰和技擊，是強身健體、格鬥防身的重要拳種。它雖在海內外均有廣泛的影響，但真正知其真意者，卻人數有限。

相傳此拳為南宋名將岳飛所創。岳飛剛毅多謀，智勇絕倫，精通槍法。在長期與金人的戰鬥中，他逐漸將自己精湛的槍法，演化出一套拳術。拳術吸收了岳家槍變化莫測、神出鬼沒的特點，獨創了一套「心到意到，意到氣到，氣到拳到」的拳法。這套拳法剛猛狠毒，變化無窮，以之授三軍，則將士個個如虎添翼，令金兵聞風喪膽。此拳即是流傳至今的心意六合拳。

此說在清雍正年間，河南新安進士、心意拳師鄭氏之徒王自成《拳論的質疑序》中得到了肯定。更有心意拳頗有權威的傳人——山西戴龍邦曾在洛陽馬太公學禮書室為《岳武穆拳譜》作序，即《岳氏意拳原序》，他在序中寫道：「《岳武穆拳譜》『意既純粹』『語亦明』，岳王精通槍法，以槍為拳，內立一法，以授將佐，名曰意拳，神妙莫測，蓋從古未有之技也。」這些都可以為上述傳說以資證。

　　岳飛被奸臣以莫須有的罪名陷害至死，岳飛死後，心意拳亦隨之銷聲匿跡。稍知歷史者皆知，南宋以降，直至明朝，統治階級對人民的防範甚於洪水猛獸，民間的兵武組織勢難生存。因此，金元時期此拳數代鮮有其傳。它的流傳只侷限在一些隱士間和深山僻野、遠離統治者耳目的地方。直到明末清初，才有山西蒲州姬際可，訪名師於終南山，得高人指教，並得《岳武穆拳譜》，磨鍊數載，盡得其妙。

　　姬際可（1602年—1683年），字龍峰，山西蒲州（今永濟市）諸馮里尊村人。生於明萬曆三十二年，卒於清康熙二十三年，享年80歲。

　　據《姬氏族譜》記載，姬氏系由山西洪洞縣遷至蒲州。自第一世姬從禮始，至姬際可的父親姬訓已是第八世。姬訓生兩子，長名時，際可是其次子。際可幼時文武兼習，聰明而刻苦。青年時期，正值明末亂世，兵匪如蠅，百姓命如螞蟻，十室九空。

　　姬際可為了能在亂世中自衛，遂外出拜訪名師，學習武藝。後於終南山中遇一隱者，傳以《岳武穆拳譜》，歸後潛心研讀，磨鍊數年，終於悟其真意，掌握了心意拳的內涵，並將其發揚光大，形成了一套獨特的拳路，後根據其特點，命名為「心意六合拳」。

　　姬際可中年時，明朝統治被推翻，他同當時很多深受儒家思想教育的人一樣，投入了抗擊清軍、恢復大明的對抗行列。清軍入關後姬際可被通緝，曾隱居於河南少林寺十年之久，至晚年方離寺回歸故里，教授子孫。他的後代所習之拳稱為「際可拳」。

關於姬際可的生平故事，在他家鄉一帶流傳甚多。據說他晚年曾率領弟子與一夥來自河西、為禍已久的強盜決戰，親自殲敵魁首，使這伙讓黃河兩岸百姓聞之色變的大盜從此作鳥獸散，從而贏得了家鄉人民的尊敬和愛戴。姬公死後，當地人為他建祠紀念，名曰：「奉先堂」。堂中供奉他的塑像，身高六尺，長臉，白髮，長髯，著明代裝，神態安詳威嚴，人以「夫子」稱之。

乾隆五十五年手抄本《姬氏族譜・卷二》在對姬際可的論述中稱：「技勇絕倫，晚年破流寇於村西，手殲渠魁，人號神槍，訓次子，字龍峰，傳藝河南，至今人以夫子事之。」

馬學禮（1651 年—1727 年），河南洛陽人。生於清初，回族，先住馬坡村，後遷北窯村，幼家貧，為人牧羊，性剛毅果敢，體敏捷輕健，有習武之天賦。

他的家鄉距少林寺較近，他每天放羊經常在瀍河中游「十方院」歇腳。在他 13 歲那年，此處來了一位身高六尺、長髯飄飄、目朗神健的老者。

老者見馬學禮體貌輕捷，與之交談，應對如流，便很喜歡。問他願不願學武，馬學禮欣然同意。於是，那老者教了他幾招，不料小學禮很快學會，且非常熟練，並能領會其內在精神，招招動作都非常到位，這令老者驚喜不已。老者經常來此向學禮傳授技藝，不覺一過七年有餘，老者已將終生所學盡授學禮。

一日老者告訴學禮，我要遠遊，學禮問老者，以後如何找你，老者說：「不問也罷」，並囑其認真磨鍊，寒暑不輟，十年後到少林寺去「試功」。

自此馬學禮苦練此拳，朝朝暮暮，寒暑春秋，無日少怠，十年後覺此拳內在之意已然盡悟，打起拳來，頓覺心意神志、周身氣力充實，經筋脈絡無不貫通，合為一氣，發於拳腳，有無堅不摧、無往不勝之勢。學禮遵師命去少林寺「試功」，老方丈見狀非常滿意，問及姓名後說：「我與你師關係甚好，知你必來試功，你功已成可回去發展。」以上說法摘自《洛陽市志・民族體育志》，洛陽地方穆民皆知。

雖然以上沒有說明馬學禮師從何人，但根據1999年漯河市第一屆全國心意拳研討交流會得出以下結論。

第一，據《姬氏族譜》記載：「姬際可，傳藝河南，至今以夫子事之。」而現在河南心意六合拳沒有發現比馬學禮再早的傳人。

第二，馬學禮幼年放羊時遇一老者學拳七年有餘，而山西傳說姬際可因反清復明被通緝曾隱居少林寺十年。

第三，馬學禮的老師離開時，曾讓馬學禮苦練十年後到少林寺去試功，而老方丈說我與你師關係甚好。

第四，馬學禮學藝時遇到的老者，身高六尺，鬚髮皆白。而山西相傳姬際可身材高大，鬚髮皆白。

由以上幾點推測，馬學禮學藝時老師沒有告訴他名號，是因為他當時是官府通緝的要犯，不便告知，但師承極有可能是姬際可。從此以後河南一支的傳承是非常清晰的。

馬學禮一生的主要傳人有馬三元、張志誠、馬興。

馬三元是河南漯河繁城鎮人。馬三元傳孫河傳丁四傳呂金梁傳呂青魁傳呂瑞芳等人。在漯河、洛陽、商丘、鄭

州及日本、美國等地都有傳承。

張志誠傳李政傳張聚傳買壯圖傳丁兆祥、袁鳳儀、李海森、安大慶。

丁兆祥傳呂瑞芳。漯河、鄭州、洛陽、駐馬店、商丘、長治等地都有傳承。

袁鳳儀傳尚學禮、楊殿卿、盧嵩高、宋國賓，此一支傳往安徽、陝西、上海、江西、浙江等地。

李海森傳袁長青。

馬興一支在洛陽地區流傳。

在心意拳的傳承中還有一位重要人物——山西戴龍邦，他將心意拳傳藝河北深州李老能（又稱李洛能），李老能將此拳改為「五形、十二形」，故稱「形意拳」。此後，形意拳在河北、山西等北部地區廣為流傳，從此形成南心意、北形意的南北兩大流派。

以目前心意拳在全國流傳的情況來看，是知者眾，習者寡，這與心意拳本身長技擊、重實戰的特點及擇徒慎嚴及「寧可失傳，不可亂傳」的祖訓有很大關係，隨著形勢的發展，中國武術在強身健體方面日益突出，因此，宣傳弘揚這一優秀拳種，吸引更廣泛的人群習練，以煥發其新的生命力，成為廣大心意拳愛好者的責任和義務。

有鑒於此，1999 年 12 月，漯河心意拳愛好者發起組織了江西、江蘇、安徽、北京、河南等地的 50 多位心意拳不同分支流派的傳人，在河南漯河市歡聚一堂，召開了全國首屆心意六合拳研討會。

在研討會上大家統一了看法，認為必須打破封閉保守的局面，在「重視武德、嚴格擇徒」的原則下，要大力宣

傳，使人們充分認識到心意六合拳是我國傳統武術文化中的一塊瑰寶，是集健身、養生、技擊為一體的群眾性的健身運動項目，弘揚中華武術，繼承傳統文化，是我們這代人光榮的歷史使命，認真完成這項任務，是每一位心意六合拳愛好者的責任和義務。

為此，大家一致認為，有必要舉辦規模更大、範圍更廣、參加人數更多的心意六合拳交流大會，從而為各地拳師提供一個相互交流、共同切磋的機會，以不斷豐富發展心意六合拳的內涵，同時也可以集思廣益，群策群力，為心意六合拳的發展和振興，制定更全面、更切實可行的措施。大家統一認識，共同要求於 2000 年 8 月在漯河舉辦全國首屆心意六合拳交流大會。

2000 年 8 月，在漯河及全國的廣大心意六合拳愛好者的共同努力下，全國首屆心意六合拳交流大會如期舉行。來自全國的四百多名心意六合拳愛好者集會於漯河市，有許多人雖未接到邀請，但也聞訊而至；更有數名心意六合拳的愛好者，自國外萬里風塵，疾赴盛會。會議參加人員之多、之廣，以及與會者熱情之高，出乎組織者之意料。

這是一次盛況空前的心意六合拳大會，會上諸多代表進行了表演，相互觀摩切磋，發現、體會各地的練習者所表演的拳路動作存在著不同風格。大家互相交流、學習，瞭解各地心意六合拳發展傳播的情況。

這次會議最大的成果是，與會者更進一步提出，社會在發展，時代在進步，心意六合拳也必須跟上時代發展的步伐，不斷開放自己，大膽吸納新人，歡迎所有的武術愛

好者參加到心意六合拳的練習隊伍中來。在保持心意六合拳動作特徵和風格的前提下，採取科學的訓練方法，大膽突破和創新，並要總結和建立一套完整的理論體系。

這套理論體系的建立，其一，能夠發掘、搶救流落民間的那些散亂但珍貴的武術遺產；蒐集、整理有關歷代流傳、口述的語言、文獻、圖片等方面的武術資料，對它們規範、科學地進行組織、整理、歸納、記載和編撰，使其理論化、系統化，讓這一中華民族傳統文化的瑰寶重新煥發青春。

其二，讓心意六合拳藉助於現代化訊息手段，更快更廣地向外傳播，使更多的人瞭解並參與。

其三，保證了心意六合拳突破傳統的師授徒受、言傳身教的形式，並且不致以訛傳訛，失去原來的風貌和真諦。

最後與會者一致認為，像這樣的盛會今後要經常舉辦，它是促進心意六合拳不斷發展，保持其旺盛生命力的重要舉措。相信隨著形勢的發展，心意六合拳也必將迎來新的昌盛繁榮。

第二節　心意六合拳風格特點

心意拳是我國傳統的內家拳之一，自姬龍峰把該拳傳入河南幾百年來，一直在伊斯蘭教和佛教中傳承，極其保守，擇徒甚嚴，所以發展較慢，由此也使該拳較好地保持

了原有的風貌，使傳統古樸、剛猛狠毒的心意拳完整地傳承至今。

心意六合拳動作簡單，功用無窮，定式為樁，動式為拳，內涵豐富，其內容有心意把、十大形、拳術和器械套路。

此拳沒有整套的對練和單練套路。心意把，一個動作為一把；十大形，一個動作為一形。操練時要求周身動作高度協調，上虛下實，內外合一，要求周身上下，一動無有不動，一停無有不停，一合無有不合；在內要求「心與意合，意與氣合，氣與力合」，在外要求「手與足合，肘與膝合，肩與胯合」。一舉一動都要做到全神貫注，意念集中，勁力裹含，蓄而後發，發力要有火燒身的靈勁與爆發彈性力。

身形六勢要求：雞腿，龍腰，熊膀，鷹捉，虎抱頭，雷聲。

身法要求：沉肩，墜肘，含胸拔背，腰塌勁，頭頂勁，收尾提肛，內氣下沉，抿頜上頂，舌頂齒叩；要一身含五勁：踩、撲、裹、束、決；束身而起，長身而落，手隨意發，力隨聲落；起勢快如捲地風，腳出必踩中門，發力要剛、猛、狠、快，周身動作要高度協調配合，不論任何部位，都要有很好的彈性，都能反映出周身的合勁，發力猛而富有彈性，動作快速而靈活多變。

所以，練習此拳者，內活外順，潔內華外，在健身和技擊方面都有很高的實用價值。

心意六合拳健身作用

　　要想身體好，就得參加體育鍛鍊，它可增強體質，提高免疫力，使人少生病。而在所有的體育鍛鍊中，既可修身養性，又可強身健體、防身自衛的，只有我國的內家拳。心意六合拳就是內家拳的一種。

　　在眾多的體育項目裏，田徑、體操、足球、舉重、拳擊等項目只有年輕人才可鍛鍊，而心意六合拳卻不然。在心意六合拳的老前輩中，年齡在 90 歲以上的很多。恩師呂瑞芳先生活了 93 歲，80 多歲時還上場參賽，身法靈活，步幅輕盈，博得全場喝采。師爺丁兆祥，98 歲無疾而終。因為心意六合拳的拳理和拳法遵循自然規律，講究科學，透過合理的運動與傳統的練功方法相結合使人體潛能得到開發，故有著很好的養生健身作用。

　　心意六合拳的定式功，有著有病治病、無病強身之功效。定式首先要求：呼吸自然，排除雜念，周身下沉。

　　患者因身體虛弱而不能參加體育鍛鍊，但可以站立者，在家便可練功。按照站定式的要求站立，開始姿勢可以高些，身體慢慢恢復後，可逐步放低。站定式時要意念集中，排除雜念，並且呼吸均勻而細深。患了病如果能在心理上得到安靜、身體上得到放鬆，對身體恢復是有很大好處的。因為人一有病總會去考慮病情如何，怎麼去治，是否能治好等，這又增加了心病，病情反而會加重，對病

的治療也不能起好作用。因此，醫生往往會對患者說：「你的病沒什麼，想開點，好好配合治療。」醫生的主要目的是想讓患者排除雜念，減輕思想壓力。

人的意念能否轉移是很關鍵的。如戰爭年代，敵人在後邊追你，為了逃命，鞋子跑掉了，光著腳跑得飛快，腳也被扎破流血但你卻沒有疼的感覺，當脫離險境後，你可能會發現腳痛，這時才發現腳被刺破而流了很多的血，可是在逃命時，腳早已破了而你沒有感覺。原因是當時你的意念集中到了逃命上，而沒有考慮腳是否被刺破，所以你不會感覺到腳痛。如果患者能把意念轉移開，就會對身體起到自我調理的作用。

心意六合拳無論是站定式或是動式，首先要求內意與外部動作高度協調配合，意念支配動作。經由一段時間的訓練，雜念能夠得到排除，而意念集中用於練功，使患者不去想病，而是全神貫注練功，如此身體逐漸強壯，內氣逐漸充實，食慾得到改善，抗禦疾病的能力也逐步增強，自身的疾病也會因身體強壯和免疫力的增強得到調理而日見好轉。

人們常說：活動，活動，也就是說要活就得動，不動則不活。一個身體健康的人，整天吃了睡，醒了又吃，吃了又睡，他的身體抵抗能力會逐步減弱，即使沒病，慢慢地也會因體質的減弱和抵抗能力的下降而生病。人的內臟器官和骨骼會因不用或少用而不靈活，同樣，參加體育鍛鍊的人體質越強壯，肌肉越發達，身體越靈活。

在練心意六合拳時，要求含胸拔背，內氣下沉，對健康也很有利。含胸拔背改變了日常生活中人挺胸提腹的習

慣。拔背可使背部肌肉得到放鬆，並有助於含胸；含胸可使胸部得到放鬆，也相對地減少心肺的壓力。在人體內工作量最大的要數心、肺二臟，因心臟常年如一不停地跳動，供應周身的血液循環，肺臟也是如此，它承擔著人體氧氣的供應，也是一分一秒不能休息。而平時挺胸、提腹的胸式呼吸卻增加了心肺的工作壓力。

心意六合拳所要求的內氣下沉正好解決了這個問題，含胸則氣降，使內氣下沉於腹部，這樣由常人的胸式呼吸變成腹式呼吸，減輕了心肺二臟的壓力，拉長了呼吸距離，使肺臟在收縮次數相同的情況下，加大了進氣量，氧氣充足而使肺臟相對得到了放鬆。

心意拳動作簡單，沒有整套的套路，均是單式練習，每一個動作為一把，不論年齡老幼、場地大小都可盤練。不論練功還是健身，今天學一個動作，今天就可練習。年輕人練拳，可快如閃電，動如炮崩，活動量很大。老年人健身可慢如抽絲，細心品味，以心行氣，以氣運身，意念支配動作，周身協調配合，修身養性，並且越練越有味，越品味越足，使你專心練拳而忘掉一切。

內氣下沉可使丹田氣充實，丹田的內氣充實可促使腸蠕動，促進腸道的吸收和消化。腹部的充實還能使腰部堅實。人一身的中節是腰，人在平時的挑、抬等任何工作，腰都是承重很大的部位。所以，腰部的堅實也是很關鍵的。

心意六合拳的每把、每形，都是一左一右兩邊鍛鍊，調整了人的生活習慣。因為人在日常生活中不論幹任何事，大多數是偏重一邊，一般右手用得較多，造成了左右

不平衡。心意拳的動作和練法比較合理地解決了這個問題，它使人不論是手、腳、胯、膝等，左右兩邊得到了均衡的鍛鍊。

心意六合拳要求身體關節部位保持適度的彎曲，可使關節周圍的肌肉始終保持良好的伸縮彈性，使肌肉不至於十分緊張，而隨時保留一部分餘力。

總之，藥可治病，而不能免病。飲食起居有節，可以免病，但不能強身。強身的唯一辦法就是鍛鍊。心意六合拳則是既科學又合理的鍛鍊方法之一。

盤練心意六合拳可使人體潔內華外、內活外順。外有堅強的筋骨，內有堅實的臟腑，就不怕疾病的入侵，不怕疲勞，使人心情舒暢、健康而長壽。

心意六合拳重要人物

一、河南心意六合拳先師馬學禮

馬學禮，回族人，原居洛陽馬坡村，後遷居北窯村，約生於清代初期，家境貧寒，從小以放羊為生，性格剛毅，練武更是天賦奇才。

馬學禮放羊經常歇腳於瀍河中游「十方院」，13歲時得一隱士傳授心意六合拳，他堅韌不拔，刻苦練功，無論寒冬酷暑，雨雪風霜，苦練不止，得師父精心口傳身教七年有餘。藝成後，師父鄭重囑咐：「無論何時何地，不得

把為師姓名告訴世人。各種功法苦練十年，春去夏來可前去少林寺試功⋯⋯日後在洛陽立起心意拳門戶，代之傳授，切遵切記！」馬學禮件件應允，恭恭敬敬向師父行了離別大禮。

年復一年，四季苦練，十年後，馬學禮功夫已是爐火純青，遵師囑，前去少林寺試功。馬學禮一路風塵僕僕，待至少林寺，天色已晚，山門已閉，便躍上一棵大樹隱身瞭望，被一練功的武僧發現，學禮便跳下樹來，老方丈聞訊，同眾武僧來到前院，學禮立即上前施禮並說明來歷，老方丈說：「雙方試功，點到為止，均不可隨意傷人。」

試功後，老方丈問及姓名，學禮抱拳施禮，和語答曰：「弟子馬學禮，家住洛陽馬坡村，多謝不傷之恩，永世不忘。」方丈聽後面帶微笑說：「我與你師父關係甚好，他早已言明你必來試功，十年苦功已見分曉，望你繼續努力。」學禮誠懇拜謝方丈明示，夜返洛陽。

馬學禮武藝精湛，被人稱為「神拳馬學禮」。此後，洛陽各大商行爭相請他前去做保鏢，為謀生計，他做保鏢十年有餘，此間從未出過差錯。

河南知府得知馬學禮武功高超，邀請前去任府衙都頭，任職十年，多行俠義之舉，洛陽百姓有口皆碑。某年，中嶽廟年久失修，朝廷撥下銀款，下旨河南府修建，知府任命馬學禮為總監工，統掌財資大權，修復少林寺。馬學禮受任後，官場一些人說：「這次可以發財啦！」馬學禮聞此話痛斥說：「我雖家貧，但不以金銀為貴，朝廷財物，馬某決不取分毫，純是以小人之心，度君子之腹！」修寺過程中，馬學禮盡職盡責，合理利用錢財，工程竣

工，他卻落個兩袖清風……

馬學禮修建中嶽廟，廉潔奉公，深得人們稱頌，河南知府也不得不為之讚歎。為示賞賜，知府責令地方官拆除了他原住的破窯房，為其蓋了幾間新瓦房。瓦房至今舊跡尚存。

乾隆年間，馬學禮藉口老母年邁多病，辭差歸家，以後遵師囑在洛陽傳授心意六合拳。馬學禮是虔誠的伊斯蘭教徒，有很強的責任心，眾教徒推崇他在清真寺辦起了武學，傳授心意六合拳，所以，在洛陽心意六合拳又稱為「教門拳」。馬學禮將心意拳的各種功法昇華到精湛階段，晚年編成了心意拳譜，命名為《聖行心意六合拳》，並嚴格規定了祖訓戒律：寧可失傳，也不亂傳！

因此，心意六合拳南派幾百年來一直在回族中流傳，直到民國時期才廣泛傳開。

馬學禮享年 76 歲，一生主要傳徒有：馬三元、張志誠、馬興。

二、恩師呂瑞芳

呂瑞芳先生，河南舞陽縣北午渡鎮人，回族，生於1907 年，於 1999 年歸真，終年 92 歲。出生於武術世家，祖父呂金梁是馬三元派心意六合拳傳人，父親、叔父皆精於心意六合拳，其舅父丁兆祥乃買壯圖宗師之高徒，具有買壯圖宗師「練神還虛」之奇功。恩師呂瑞芳自幼秉承家師嚴訓，勤奮好學，後又經尚學禮大師指點，深得買式、馬式心意六合拳之真傳。

呂瑞芳先生性格豁達開朗，待人寬宏大度，一生刻苦

習拳，武功精湛，學生眾多，但擇徒甚嚴，寧可不收，絕不亂收，極按門規三教三不教的規矩收徒。我與泇波師兄於 1962 年有幸拜呂瑞芳先生為師，幾十年來，耳濡目染，深深感受到師父是一位武功高強、人品高尚的武術家。

師父一生沒有上過學，談起武術理論如滔滔之流水，倒背如流，而且精通形意、查拳，通曉八卦、太極及國家甲組套路。

1953 年，他在開封參加省民族體育運動會以來，陸續參加了許多國內武術比賽，屢次獲獎。

1959 年，他代表青海省武術代表團參加全國第一屆全運會，他與兒女同場獻技，轟動賽場，深受大家的稱讚，被當時的《人民日報》刊文譽為「呂氏三傑」。

1985 年，師父的武術資料在北京展出，被國家體委列入中華武術文庫，並被國家武術院收藏。《武林》等刊物多次登載師父的武技及拳理資料。

1990 年，他以 83 歲高齡在鄭州第一屆少林武術節做了精彩的表演，市長親自授予「健康老人」證書。

1991 年，日本、美國、新加坡等國先後派團來華跟師父學拳，並出版了武術專輯。

師父一生練拳刻苦、勤奮，幼時就養成了晨練的習慣，一直堅持到晚年。我們經常在河堤上練拳，下面是一片沙灘。練拳時，師父總比我們早，當時師父已年過七旬。後來我們商議，以後早點到，非趕到師父前邊不可。記得冬季的一天，我們師兄弟幾個商定第二天早晨五點鐘到，先做一下準備活動，練練基本功，師父一到便可以學

拳了。次日早上我們按時到場，看師父未到，便暗自高興，這次終於比師父來得早了。

我們正準備活動，朦朧中看到一個人在沙灘上游動。這麼早，誰在沙灘上？我們好奇地走近一看，正是師父。但見他步似行雲流水，時而似某種動物表現其間，千姿百態，惟妙惟肖；時而上下翻轉，起落鑽翻，飄忽不定。起如捲緊的彈簧，落如滴水進入滾油鍋。靜似山岳，巋然不動；動若山崩地裂。我們看得入了迷。師父刻苦、勤奮的精神一直激勵我們，至今難忘。

師父功力深厚，雖然年邁但功夫過人，反應極快。一次我們說拳時，師父一個單把，以迅雷不及掩耳之勢、雷霆萬鈞之力，把師兄全身向後攉起，師兄後邊是陡坡，我們驚慌失措，只見師父急上一步，把師兄又拉了回來，速度之快，令人難以置信。提起此事，至今我們記憶猶新。凡見過師父練武的人，都深感他的氣勢宏大而飽滿，周身是勁，不重樣式而重氣勢，不重外表而重內勁，掌握了純真的心意六合拳功夫。

師父不但拳的功夫好，且精於槍術，練起槍來，人槍合一，周身勁力直達槍尖。特別是師父獨特的一連五槍的攛把，大槍在師父手中，如蛟龍擺尾隨身翻轉，人與槍達到了完美的配合，一個扎槍如雷霆萬鈞之力，直達槍尖。一次某拳師來家訪，看到兵器架上新裝好的槍，順手拿起來抖了幾把，感覺得心應手，便說：「二哥，咱們對刺幾把如何!」老拳師一槍刺來，只見師父身子一抖，手腕一翻，槍頭直向對方槍尖砸去，只聽「啪」的一聲，對方槍已脫手。老拳師伸出大拇指連聲說：「二哥槍法了得。」

　　師父授拳，總是精誠相授，不厭其煩，不計其功，且語言生動，道理明白，以身施教，從各方面詳盡講解每個動作的內在含義和技擊作用。他曾在青海省和漯河市體委任教，在此期間為國家培養了大批的武術人才，並在鄭州、洛陽、商丘、駐馬店等地區有不少弟子，連美國、日本、新加坡等國家的許多中國武術愛好者也慕名來華學藝，可謂是桃李滿天下。

　　師父不僅有高超的武藝，而且有崇高的武德。他一向為人正派、謙虛、敦厚和善良，寬宏大度，富有修養，從不議論別人。他常告誡我們，無論什麼拳都是好的，不然就不會流傳至今；練功夫不在拳種，而在於肯練與否；只要下工夫練，練得正確，功夫自然會練出來。再者學了功夫，不要處處炫耀，到外邊去欺負人，學拳是為了強身與防身的，不到萬不得已的時候，千萬不要用來打人，尤其是練內家拳更應如此，先養性。要切記山外有山、人外有人，不要以為自己學了拳就了不起，學無止境。

　　師父一生沒有做什麼驚天動地的大事，但其功夫卓絕，武德高尚，做人踏踏實實，於平凡之中顯示了他高尚的人品。

　　泗波師兄遵從師父「把心意六合拳傳下去」的教誨，刻苦練功，潛心專研，多年來，跑遍全國各地，投師訪友，不存門戶之見，博採眾長，加之天賦極好，悟性極高，秉承師德，終於完成了師父的遺願。此作是對師父最好的紀念，讓師父的美德和精湛的武藝流芳百世。

（宋慧敏／李有為）

第二章

第

心意六合拳基礎知識

第一節 手法

一、單　掌

心意六合拳的單掌要求是：五指各分，虎口要圓，食指微上翹，中指指尖微扣，無名指、小指微屈，掌心要回。中指、無名指、小指微扣，有鷹捉之意。如此長期練習、長留此意即是拳譜所說「把把不離鷹捉」（圖2-1）。

●圖2-1

二、雙　掌

心意六合拳的雙掌，是兩掌同時向前推，其掌的手形要求是：掌心朝前，五指分開，指尖向上，虎口要圓，兩掌拇指重疊扣合。此掌二手相互助力，同時出掌，兩掌合一，勁力強大，殺傷力極強（圖2-2）。

●圖2-2

三、拳

心意六合拳的握拳方法是：四指（食指、中指、無名指、小指）像捲炮一樣由指節一節一節往裏捲，拳要捲

緊，大拇指曲扣在食指和中指外側，拳眼朝上，微微向下勾頭，拳向前領順（圖2-3）。出擊時不是以拳的平面擊人，而是用其立面即食指、中指部位擊人。此拳勁力順達，接觸點小，威力大。

● 圖2-3

四、鷹捉手

在心意六合拳中鷹捉手主要用於提、拿、抓、帶。鷹捉手要求是：虎口要圓，大拇指第一節內扣，食指伸直微屈，中指、無名指、小指內扣，掌心要凹（圖2-4）。

● 圖2-4

第二節　步　法

步法有：寸步、過步、墊步、快步。

一、寸　步

在技擊中距離1公尺左右時，多用寸步，即行進中後腳催，前腳進；前腳落地，後腳向前緊跟半步，這時位置仍是前腳在前，後腳在後。如：右腳在前，左腳在後，進步時右腳先離地，但不是右腳向前邁進，而是左腿向前蹬

勁，催右腳向前進步，當右腳落地時，左腳向前緊跟半步，這樣還是右腳在前，左腳在後。

示意圖：

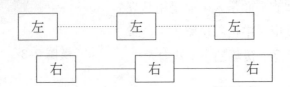

二、過　步

在技擊中距離 2 公尺左右時，多用過步。即在行進中，後腳抬起過前腳，向前邁進一步，另一腳跟進半步為過步。如：右腳在前，左腳在後，左腳向前邁進一步，右腳變後腳跟進半步。第二步，右腳向前邁進一步，左腳跟進半步。

示意圖：

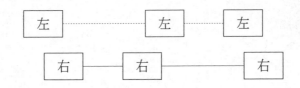

三、墊　步

在技擊中距離為 3 公尺左右時，多用墊步。即進前步，過後步，另一腳跟進半步。

如：右腳在前，左腳在後，右腳向前進一步，左腳急過右腳向前進一步，右腳再緊跟半步，成左腳在前，右腳在後姿勢。

示意圖：

四、快　步

在技擊中距離 4 公尺以上時，多用快步。如：右腳在前，左腳在後，先進右腳，左腳再過右腳向前進一步，右腳過左腳再向前一步，左腳跟進半步，落勢時，右腳仍在前，左腳仍在後邊。快步者要前腳箭般邁出，後腳平飛而去，如馬奔虎踐之勢擊敵人。

拳經云：「右腿惟起左腿隨，左腿未落右腿迫，右腿未落左腳隨，雖然兩腳分前後，不勝兩腿勝一腿。」

示意圖：

雞腿功

一、溜雞腿

心意六合拳十分重視雞腿功的練習。拳譜云：「步步

不離雞腿，把把不離鷹捉」「練拳不溜腿，到老落個冒失鬼」。在與敵交手時，速度的快慢，步伐是否靈活多變、快速有力，都與溜雞腿有著直接的關係。透過溜雞腿的練習，可達到速度快，步伐靈活，進退平穩自如；「後腿蹬勁大，前腳踩勁足」是技擊中取勝的關鍵，所以要想有必勝的把握，就要在溜雞腿上狠下工夫。

溜雞腿時周身自然下沉，含胸拔背，收臀提肛，肩下沉，頭上頂，兩腿彎曲，十趾抓地，二膝內扣，剪股裹襠，雙腿磨脛摩踵，踩踏而行。開始練習時，動作可適當高一些，練一段時間後，隨著腿部力量的增長，可逐步放低架子。剛開始兩手不必做動作，兩手自然下垂於身子兩側，像平時轟鴨子時的架式一樣。每步邁出時，後腿都要有前催之意，走動時身體不可忽高忽低，步子可由慢到快。溜雞腿時，如能在沙灘地或農村剛犁過的土地練習效果更好。

透過溜雞腿的練習，可進步平穩、靈活，並能產生強大的向前催動力。開始練習時手可不必做動作，練習一段後，步子走熟了，上邊手和身法可任意做。溜雞腿時路線可走直趟，也可轉圈，練一段後也可轉九宮，也可將心意把中的任何一把作為上邊的動作隨意加入，也可根據自己設想的需要，加入十大形中的任何一形。

直趟練習路線：

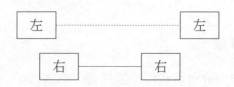

走圈練習路線：

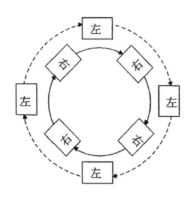

二、轉九宮

轉九宮是按圖上所標的 9 個方位順序，從 1 到 2 到 3……直到 9，用實線表示去時的路線，然後再從 9 到 8……直到 1，回來時用虛線表示。練習時可從 1 到 9，再從 9 到 1 反覆練習，下邊用雞形步，上邊手法動作、身形可按拳經「操練時面前無人似有人」的原則隨意加入。

轉九宮時除用溜雞腿外，也可把寸步、過步、墊步幾種步法根據自己的假設和練習的需要隨意加入。如從 1 到 2 時可用溜雞腿，從 2 到 3 時，假設 3 是我所擊的目標，可根據兩點間的距離，確定所需用的步法，如有四五公尺遠，可用墊步、快步快速而去，用雙把攻擊。其他的轉法都是如此。轉九宮時，雞步和幾種步法配合，或進或躲，打顧結合，身法在九宮位置中任意變化。如此練習對雞腿、步法、身法都會同步提高，如長期練習轉九宮，必能達到步法快、身法靈、動作活之目的。

轉九宮練習路線圖：

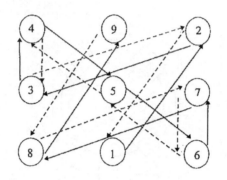

第四節

鷹捉基本功

一、抓掌扣指

練習抓掌時可站馬步，雙手握拳放於腰間，拳心朝上，周身下沉，右手變掌，從腰間向左前方伸出，掌心朝上，有起躦之意；然後手掌向左自轉，變成掌心朝下，並慢慢地均勻向回拉，五指在手往回拉的同時，一節一節地向裏捲扣成拳；在手拉回的同時，用鼻排氣，牙要叩，舌要頂，意要領，指要扣，力要狠。如此左右手反覆練習。

平時練拳時握拳如捲炮，出掌時中指、無名指、小指都要有內扣之意。經由長期的練習，可使五指產生很大的抓、捉、扣勁，兩手隨時都有捉扣之意，也就是拳經所言：「把把不離鷹捉。」

二、抓鐵球

可選一圓形鐵球，重量根據自己的情況而定（5公斤~7.5公斤）。練習時用五指抓住鐵球的上半部，掌心朝下，然後手向上提起鐵球後，五指鬆開，另一手迅速在空中抓住鐵球的上半部，使鐵球不落在地上。

鐵球重量可由輕到重。如此雙手交替抓球，重複練習，使五指產生強有力的抓勁。

三、抓沙袋

用細帆布做一個小袋子，能裝5公斤~7.5公斤鐵沙或沙子，裝入沙子後把口縫好，用手指抓起沙袋，往高處拋去，當沙袋落下時，用另一隻手抓住沙袋，使沙袋不要落地。

如此雙手反覆練習，久練功自成，抓力自然大。

第五節　蛤蟆功

蛤蟆功是初級階段對胳膊、膝、腿、腰等周身勁力和協調性配合練習的一種方法，容易學，長功快。

第一動

兩腿跪在地上，兩腳面平放在地面上，兩肘著地，兩膝與兩肘接觸，兩小臂平放在地面上，兩手伸開，掌心平

放在地面上，兩手所按地的位置與兩腳所接觸地面的位置就是以後練習蛤蟆功時的固定位置，距離不能變，兩手之間、兩腳之間的距離約1尺（0.33公尺）（圖2-5）。

第二動

兩手按地，兩腳前掌落地，兩腿蹬直，臀部上起，腳、手、臀成三角形，但手與腳之間的距離，必須是第一動所定的距離，然後兩臂伸直，臀部儘量向後移（圖2-6）。

● 圖 2-5

● 圖 2-6

第三動

接第二動，兩肩儘量向後移動，臉儘量貼近地面向下落，兩腳向前蹬勁，使身體慢慢向前移動，按順序臉、胸、腹貼地前移，直到兩腿伸直、上身移至兩手前為止，由兩腳和兩手支撐全身重量（圖2-7）。

第四動

接第三動，身體完全伸直，兩手支撐全身重量，整個身體不能著地，然後身體再沿第三動的路線，向後移動，順序相反，先是腹部沿地面向後行，再到胸，最後臉貼地

面返回，兩臂伸直，動作復原到第二動。

　　按以上順序，可根據自己勁力的大小來決定練習次數的多少，透過鍛鍊，慢慢地增加次數，由少到多。也可根據自己的情況，用五指著地練習（圖2-8）。

●圖 2-7　　　　　　　　　　　　●圖 2-8

心意六合拳動作要求

　　心意六合拳是我國的內家拳之一，所以對身法和動作要求是很嚴格的，練拳時不論什麼動作，都必須做到沉肩，墜肘，含胸，拔背，尾閭上提，周身自然下沉，上下高度協調配合，一招一式都要發之於心，行之於意，起為橫，落為順，起為鑽，落為翻，動作千變萬化，始終保持內中平和之氣。

　　以上要求不可忽視，否則雖習此拳，難得其藝，枉費心機。即拳理所說：「練拳容易得藝難。」

一、沉　肩

肩指的是兩肩頂端高骨和肩關節。初學者應首先做到

鬆肩，鬆肩則氣通，沉肩則氣貫。如在練拳時肩部不能做到放鬆下沉，則氣血內勁都不能順利通過肩而達於肘，再通過肘而達於手，而且還會嚴重地影響整個上肢在運動中的靈活性。

如能做到沉肩，則可達到氣血通順，勁力充實，以便促使氣血和內勁下注於湧泉，上達於肘手，可以起到堅固下盤和增大上肢勁力的作用。

二、墜　肘

肘在上肢之中是連接根節、操縱梢節的中間環節。練拳時要求肘必須下垂，有下墜之意。力的大小在根節，達不達到在梢節，中節是承上接下的關鍵部位，拳經云：「肩沉氣貫肘，肘沉氣貫手」，如果肘關節不沉，則肘關節必空，肘關節一空，則整個上肢的勁力就送不上去，這正如拳經中所言「中節不明，渾身是空」「中節空節節空」的道理。

所以在發力時，肩不催肘肘無力，肘不催手手不力，唯有以肩催肘，其氣力才能貫肘，以肘催手，勁力才能到手，練拳者有肘裏藏千斤之說，就是此意。

三、含　胸

含胸和拔背有著很密切的關係，如果胸不含，背也是拔不了的，所以含胸有助於拔背。

含胸有助於呼吸暢通

含胸可使原來的胸部起伏式呼吸，變為胸肋左右橫向的呼吸。這樣不但能使心肺、胸肋部位得到相應的放鬆，

而且也相對地增大了肺活量，增加氧氣的吸入，使運動者不會因運動量大而造成缺氧無力。氣足則自然會有力。

含胸有助於內氣下沉

含者虛也，含胸則氣降，挺胸則氣湧，氣湧會導致氣逆上行，使心肺受上逆之氣的排擠而功能失常。含胸後，習慣性的胸部起伏式呼吸，就會改變成胸肋橫向開合式呼吸，呼吸量也相應增大，內氣便自然得到下沉，內氣沉者重心自然下移，形成上虛下實，即胸虛腹實，下盤自然穩固，站立就會平穩，如不倒翁一樣，重心在下，上邊空，把它推倒，它也會自動地站起來。

初練含胸不可操之過急，更不可強行用力，使胸部向後凹，這樣不但不利於舒胸，相反會使心肺受到壓抑而影響心肺的正常活動，使人體缺氧或供血不足造成頭暈、胸悶等症狀。所以，在練習心意六合拳時，要正確掌握含胸的要求。

四、拔　背

背指的是脊椎兩側，上至左右兩肩、下至腰部以上的部分為背。拔背就是指練拳時，不論是左右橫向或上下縱向，都要有相互爭衡的拉勁。

橫向的拔背，主要是由扣肩來完成，兩肩的內合和互拔，可使勁力集中在脊椎骨的大椎部位而保持中正，並能將肩胛骨的勁力傳送到左右兩膀。拔背也有助於含胸和內氣下沉。

縱向的拔背，是從大椎至尾巴骨要產生一個上下互拔的勁力，它可使背部肌肉得到鍛鍊，也可促使整個脊椎體

的伸拔，這對氣通督脈、調和氣血等都有很大的好處，並可使督脈之氣順利上行，直達天宮泥丸，又可加大中節的束長彈性力。

總之，不管是橫拔或縱拔，都不可使用拙力，否則會使整個身體和四肢受到束縛，造成僵化而不靈活。

五、氣沉丹田

練習心意六合拳時，必須做到氣沉丹田，只有這樣才能降低身體重心，穩固和增強下盤功夫。

氣沉丹田能使呼吸之氣在體內的運行距離增長，由深長的呼吸，增大氧氣的吸入與水穀精氣的化合機會，產生更多的真氣，使丹田氣得到充實；在發勁時，意動氣達，聲隨氣發，力隨聲落。氣沉丹田還可促進腸蠕動，有助於消化和吸收。

氣沉丹田者上虛下實，減輕心肺壓力。總之，透過氣沉丹田的鍛鍊，可使下盤穩固，內氣充實，促進新陳代謝，適應激烈運動的需要。

六、尾閭上提

尾閭上提又稱收尾。收尾和頭上頂，可使整個脊椎產生上下互拔的對掙勁力，使整個背部在伸拔和韌性、彈性方面得到鍛鍊。

收尾可使氣貫四梢而力達四梢，拳經云：「尾閭上提氣貫四梢，低則勢散，固宜稍高。」

收尾有利於命門、尾端、丹田三點相抱聚合，不使勁氣分散，又可重心下移，穩固根基。收尾還可消除下蹲時

尾部的明顯角度，調順勁路，使勁力順達，增大下肢對身體的支撐力。

在發勁之前，收尾還起著蓄氣、儲勁的作用。發放功力時，必須以尾部發出的轉抖，才能在發勁的一霎間，爆發出全身剛猛、清脆的彈性抖絕勁。

七、腰要塌

腰塌者，不僵而靈（靈活於腰）。腰是連接周身上下中節的中節，是上下左右轉換的樞紐，如果腰部不能塌勁，總是很僵硬，則周身不活，動作變換就困難，靈活、速度、虛實就無從說起。

腰節如果塌勁，在運動中，力不但能從腰節順利上行，而且腰節還可以發出強有力的束長彈性力，還可以在上行力的基礎上，改變力的方向，使上行力和腰節的旋轉彈性力合一送往肩背。

如果腰節不鬆不活，運動時力到此就會因受阻而中斷，動作慢而僵，在技擊中取勝是不可能的。

八、頭上頂

頭為周身之主，頭上頂有衝天之雄，精氣貫頂、後三關易通，腎氣因之可上達天宮泥丸，使督脈之氣順利上行，並使脊椎骨順拔而使身體保持中正，否則身體東倒西歪，上行之氣力就很難順利發放，而且還會因上身的左歪右斜使身體失重而重心不穩，重心不穩則自身難保，就提不上發力、放人和取勝。

身形六勢

一、雞　腿

雞腿在心意六合拳中是很關鍵的，速度的快慢，發力的強弱，都與腿有直接的關係。常言說：「練拳不溜腿，到老落個冒失鬼，練拳不練功，到老一場空。」拳經曰：「去意好似捲地風，消息全憑後腿蹬，步步不離雞腿。」都直接說明了腿的重要性。在技擊中腿的應用有明顯的威力，腿如能做到速度快，蹬勁猛，動作靈，踩勁毒，取勝是必然的。

雞腿的動作是，雙腿彎曲，兩膝向內裏扣，剪股摩踵，腳膝摩擦踩踏而行。雙膝彎曲，下盤穩固，可保持關節附近肌肉的伸縮彈性，使之動作靈活而富有彈性。雙膝內裏，使襠部保護嚴密，中門閉合，進退提落轉換，皆應輕靈而乾淨俐索。所以，練心意六合拳要求步步不離雞腿，習練者在溜雞腿上狠下功夫是非常必要的。

二、龍　腰

龍乃三折九曲之體，身體左右盤旋，束裹旋擰，內活外順，鬆柔靈活，首尾接應，勁力順達，必須要有靈活的腰。心意六合拳取龍腰之妙，而成龍腰之法。

腰是人身的中節，周身是否靈活在腰，左右旋轉自如也在腰，縮身而起、長身而落，以及中節是否能發出束長

彈性力，都與腰有直接的關係，所以腰在心意六合拳中非常重要，只有練好龍腰才可屈伸自如，旋擰收發，顧打合一，收如伏貓，放如縱虎，變化莫測。龍腰在心意六合拳之重要不可不知也。

三、熊　膀

熊有沉穩之態，上肢膀寬背厚，力達千斤，行動沉穩；立起身時，兩膀鬆沉，上肢自然下垂，看似沉穩，卻威猛逼人。熊膀是指練拳時身體應做到，空胸、緊背、氣沉丹田。背不圓則力不全。

心意六合拳取其真意，取法為拳。熊膀者，兩膀內扣，兩手上提，兩肘下墜。兩膀內扣者胸自含，可開胸順氣，內氣下沉，根基穩固。

肘墜者氣能貫手，手為先行，根基在膀，膀不進則手怯而不前，膀進則肩催肘，肘催手。兩膀內扣者背自拔，拔背可使背部肌肉得到充分鍛鍊，使之肌肉發達，膀寬背厚，勁力猛增。因此，熊膀之法在內氣下沉和上肢蓄勁發放中都有著重要作用。

四、鷹　捉

鷹有捉拿之精，鷹動作極為敏捷神速，俯衝而下勢若閃電，捕捉食物速度快而猛，捉拿準而狠，爪如鋼鉤，抓則入骨。

心意六合拳取鷹捉之大法真意為拳，在練習中或與人交手，不論是抓、拿、撕、擰、帶都離不開鷹捉之法；在基本功上專門有練習指與抓的方法；在掌法中，特別要求

中指要扣，無名指、小指要屈，要時時不離鷹捉之意念的練習。拳經云：「步步不離雞腿，把把不離鷹捉，手去無空回，空回非奇拳。」十大真形中有鷹形，心意把中有鷹捉把，身形六勢取鷹捉之法，在勁意上鷹捉把又稱為恨天無把，形容此法落如霹靂擊地。心意拳把鷹捉定為收勢之法，可見鷹捉之法在心意六合拳中的位置。

五、虎抱頭

虎為獸中之王，速度快，動作猛，生性凶狠。虎在快速撲食時，兩前爪向前平撲，上肢根部有沉塌之勢，頭在其後，起到很好的保護作用。拳經云：「二手不離腮，兩肘不離肋」「熊出洞，虎坐窩，兩手莫離齊腮攔」（又云：兩手莫離臍腮胳），都嚴格要求對頭的保護。因為頭為人之首，在技擊中胳膊、腿或其他部位即使擊斷，一般不至於斃命，但頭就不同，若遇重擊，輕則倒地，重則有生命危險。所以，在技擊時攻擊的重點是頭，保護的重點也是頭。在心意六合拳中取虎抱頭之法，就是要求練習時，不論是進攻或是防守，必須保護好頭部，不是消極的防護，而是時時處處有保護之法，防護之意。

虎抱頭，看似防守，實乃進攻意識很強的動作，虎抱頭是虎在快速撲食或搏鬥時而出現的一種本能反應。所以，我們不能單純認為虎抱頭就是為了防守，恰恰相反，虎抱頭則是進攻的需要和本能靈法的反應。有進攻之形，必有虎抱頭之意。不論在任何情況下，都要取虎抱頭之內涵，練其靈法，使其意合與心，靈合與體，手自能應心，勢自能合意，頭自可安全。

六、雷 聲

雷聲在日常生活中有意無意地都被應用。如兩軍交戰衝鋒時，喊聲震天，奮勇衝擊，氣勢逼人，使敵軍聞聲喪膽；平時多人抬重物時，為使動作整齊，用力一致，都會共同發出「噫」或「嗨」之聲。在心意六合拳中，雷聲顯得尤為重要。

出擊時手隨聲落，氣隨力發；發聲越大，發勁越大；氣足力大，聲響如震雷，發勁如炮崩，既可提神壯膽，又有助於整體抖絕勁的發放。

發力時，發聲可降低內壓，排出濁氣，保護內臟，因此，雷聲之法在心意六合拳中起著提神壯膽、氣血激盪、勁力驚炸、氣勢逼人和保護內臟的作用。練心意六合拳，要想達到出手如放箭，發勁如炮崩，必知雷聲之法。

第八節 心意六合拳練功進程

一、站 椿

練心意六合拳在靜止狀態下掌握好要領和要求，使動作得到規範的訓練的方法叫做站椿。

心意六合拳動作簡單，但要求很嚴、很細，在練拳時不但要掌握動作的練法，還要掌握好全身上下的要領和要求。每個動作都要做到：沉肩、墜肘、含胸、裹背、氣沉

丹田、腰塌勁、頭頂勁、目平視、後腳蹬、前腳踩。也就是說要符合身形六勢「雞腿、龍腰、熊膀、鷹捉、虎抱頭、雷聲」之要求。

如雙腿彎曲，後腳蹬，前腳踩即為雞腿；兩肩沉勁，兩膀裹勁即為熊膀；兩掌心內含，中指、無名指內扣即為鷹捉；腰塌勁即為龍腰；頭頂勁即為虎抱頭；含胸時氣沉丹田，發聲時氣自丹田吐即為雷聲。

經過一段時間的站樁，要領逐步明白，要求能夠慢慢得到掌握，並能逐步上身。練習站樁的目的，就是為了調順勁路，給以後盤拳和發力打下基礎。

如做雙腿彎曲下蹲的動作時，由於下蹲使膝部和大腿彎處形成了明顯的角度，不但兩腿的負荷過重，變換不靈活，而且上蹬發力時缺乏彈性。如尾部內收，則可調整尾部和膝部的角度，使其勁路順達。如含胸可使內氣下沉，根節穩固；沉肩裹背，既有助於含胸，又可使勁力貫肘而達於手。

初練時，這些要領要求掌握起來有一定的難度。如果直接盤拳，既要做動作，又要想要求，掌握起來既難又慢，是不可能的。所以，初學者只有在靜止的狀態下，把盤拳的要求逐一掌握，這樣比在運動狀態下要容易得多。

如單把站樁時，右腳在前，左腳在後，兩腿屈膝下蹲，重心在左腿，尾要收，肛要提，腰要塌勁，頭要頂勁，肩要沉，背要裹，肘要墜，胸要含，氣要沉丹田，兩腳跟要向外旋勁，兩膝要向內扣勁，後腳要蹬勁，前腳要踩勁，右手在前，掌心要回，中指、無名指要扣，食指微翹要領，並要往遠處伸勁，全神貫注、意念集中，等等。

這些要領須由站樁在靜止的情況下去調整，如直接盤拳，有很多要求不容易做到，會顧此失彼，得意而忘形。所以，站樁練習其一，可比較容易地掌握動作的要領要求；其二，可使拳架在靜止狀態下得到規範；其三，可在靜止狀態下調順勁路；其四，可透過站樁，使身體各部分肌肉得到鍛鍊；其五，透過站樁，可使內氣下沉，減輕心肺壓力，使根基穩固。

二、盤　拳

經由第一階段的練習，使動作規範、要領掌握以後，第二步可以做定步的動作練習，也就是在步子不走動的情況下去練習，使兩臂、手、肩、腰、腿仍按某一動作的練法和要求做配合練習。

如右勢單把練習，先按原站樁的姿勢站定，然後腰向右旋轉，右手屈肘拉回，放於右面外側，右腳在前，左腳在後；雙腿屈膝下蹲，重心在左腿；然後左腿蹬勁，腰節由原來的右旋變為向左旋轉，肩隨腰旋，催右臂向外伸出，在手伸出的同時，前腳要下踩。反覆練習，由慢到快，首先從外形上要達到周身動作一致。

在這個練習階段，要使所做出的動作達到整齊如一，也就是要做到手腳齊到，而不是手到位而腳沒有落地，或腳提前落下而手還沒有到位。

只有心理上高度重視，做每一個動作都要使手與腳緊密配合，才能做到手腳齊到。拳經云：「打法需要先上身，腳手齊到方為真。」

在手腳配合一致的基礎上，肩與胯也要達到配合，使

全身的動作合拍，變化整齊，達到一動周身無有不動，一停周身無有不停。在動作一致的同時，還要注意做動作時一定要姿勢端正，不可前栽後仰，左歪右斜。「低頭彎腰，學藝不高」，如果在盤拳時姿勢不端正，前栽後仰，低頭彎腰，不但自己重心不穩，而且還會影響左右旋轉的靈活和動作的協調。

這段練習重點是周身動作的協調一致。不用力，而是用意。因為初習拳者，如果用力去做某一動作，容易造成局部用力，而使身體歪斜。如單把在向前推掌時，向前推出的意念過重，就會造成有意識地向前用力去推，而不是身上發出的整勁，是單純的肩催肘、肘催手去完成。

心意六合拳中要求，周身一動無有不動。一動均是周身的合勁。動作時，不僅外形動作相合，內在的氣、意、力也要與外部動作協調配合。在心意六合拳理論中提到：「心為君，意為相，周身各部皆為臣。」也就是說，心一動，意要領，周身皆隨。

在心意拳中，動則不分先後，並不是腳蹬後軀幹再隨，軀幹動後梢節再動，而是動則周身齊動，腳到手到，周身齊到。拳經云：「周身齊到方為真。」只有做到周身動作的高度協調配合，才能給以後的動勢盤拳打下基礎，才能給運動狀態下盤好拳創造條件。

有了以上動作配合的基礎，下一步就可以練習動勢練法，動勢練法也就是盤拳。在動勢練法裏，盤練某個動作時，可採用任何一種步型，也就是說，練單把時，步法可用寸步，或根據你所設想的，反擊對象距離之遠近，採用過步或墊步。不管採用哪種步法，在盤練時，都要做到

上、中、下的高度配合。

在這段練習中，仍然不強調用力，而是要求上、中、下三節在外形動作上必須配合好，不但要按以上的要求練好動作，而且下身的步法還要與上身的動作保持一致。所以練習時進步、退步要和順，步子變化要保持平穩，不可忽高忽低，運動時兩腳的位置也要擺正確，步子過大變換不活，步子過小，有些動作落不下去。如前腳偏向一邊，中門合不住，對方容易直取中門；兩腳在一條線上，則身子站立不穩。

在這段練習中，動作與步法縱橫交錯，並有各種各樣的變化，所以，除要求姿勢正確、整齊以外，還要做到進退和順，重心下沉，變化平穩。

在下一步的訓練中，除以上要求外還要著重意念和呼吸的訓練。因前段的訓練重點是外形動作的配合，也就是「外三合」的訓練。此段盤拳訓練要加入意念配合。動作變化幅度由大變小，動作的發放距離由近變遠。

如單把第一動：

右腳在前，左腳在後，右腳尖上蹺，腳跟著地，重心在左腿；右手屈肘上提至身體右側，兩肩下沉，兩膀內裹，上身束身下沉，腰向右旋擰。在做這個動作時，意想重心後移至左腿，左腿就像一個壓緊的彈簧，只要一有動的信號，他立即就會向上反彈。腰向右旋擰，這個擰勁不同於我們平時鍛鍊身體的轉腰，而是要求有旋擰的擰勁，又要有蓄而待發的虛含靈勁，只要一有發射信號，立即會有一觸即發之勢。收臀、沉肩與含胸使中節產生虛含裹合的上下束勁，就如裹緊的炮，隨時都有爆炸的可能性。

由於在第一動時，周身上下處處旋撐裹合，虛含待發，所以以上的動作該旋的、該收的、該裹的或該束的都要做到位，幅度適當大些。

在心意拳中處處都要有彈性，成手練拳時，出手乾淨俐索，有很好的爆發彈性力，而動作變化幅度很小，內在發放勁力很大，發放距離很遠。初練時應在外形上適當加大變化幅度，透過鍛鍊，逐步使變化幅度變小，以至到最後，只見身體略一抖動，爆發的威力卻很大。所以在第一動練習時，必須用意念去支配，不要只著重外形上的訓練。

單把第二動：

左腳蹬勁，右腳踩勁，腳催腰旋，腰發肩催，達至於手。這段練習要求腳手齊到。雖然做動作時好像是腳先蹬，勁力上行至腰，腰又旋力到肩，肩又催勁力到手，可實際上訓練要求不是這樣。

例如，很多人移動一個大的重物時，有在前邊拉的，也有在後邊推的，不管他們前後距離有多遠，只要指揮一發出信號，前後左右所有的人都要同時用力，這個重物才會被移動，這反映了大家的合力。否則，大家也都很賣力，但不是齊心協力，重物是不會被移動的。

練心意六合拳也是這個道理，不管你的動作有幾個環節，在往外發放的時候，首先周身動作要達到協調一致，一動同時都動，不能有先後順序。此外，練拳時應選好一個目標，或在心理上假設一個目標，在向外發掌時，要意想我的力和掌是向目標處發的，所以，不管是腿或腰或臂，周身的動作目標都是一個，也就是說，心裏一有發掌

的意念，周身的運作要一齊動。

有了統一的指揮（意）和整齊的動作，才能反映出整體的合勁。因為心意拳要發之於心，動之於意，所以意念是心意拳的指揮者，此不可不知也。

練盤拳時意念固然很重要，但如何配合呼吸也是很關鍵的。如單把第一動時，周身是虛、是束，也是蓄勁，呼吸應是吸氣；而第二動是實、是長，也是發放，呼吸應是排氣。所以，前邊提到的含胸，氣沉丹田，以及腹式呼吸等，都是為了給練拳和發勁服務的，因為在動作時，能合理地運用呼吸，才能發揮超常，達到目的，該吸氣時，卻排氣；該排氣時，卻憋氣，不但速度、勁力不理想，而且長時間練習還會出現偏差。

透過以上練習，使意念、呼吸和周身動作達到高度協調，一動無有不動，一停無有不停，一合無有不合，給下一步的發力打下堅實的基礎。

三、發　力

前邊的訓練過程主要是外三合的配合，內在的因素也有。在發力訓練時，內三合就顯得更為關鍵。前段動作的高度協調配合，使周身上下一動無有不動，整體而動。發力訓練時，一定要著重於意念支配動作，這樣發出的力是整體的，而且各部力的分配也是均勻的。

練習每一把，在動作高度協調配合的情況下，速度由慢逐步加快。發力要選定一個較遠的目標，在做第一動時，周身要蓄勁，重心要往後移，腰要旋擰，軀幹部要束，也就是周身要虛，目視遠處的目標，意念要想前邊的

目標，就是要擊中的目標，這樣訓練，才能把力發得遠，穿透力也強，只有周身的束而虛，才能更好地長而實。如平時向上跳時，都會很自然地向下一蹲，身子一虛，然後向上猛彈，這樣既跳得高，而且也很輕鬆。否則，周身不放鬆，渾身用勁反而跳不起來，這就是虛實不分。虛陰也，實陽也，虛實不分也就是陰陽不分。

練拳發力也是這個道理，只有虛才能更好地實，只有束才能更好地長，只有蓄而待發，才能更好地發揮人體的潛能。不論是虛或實，束或長，蓄或發都離不開意念的支配，只有意念放得遠，力才能發得遠。

例如，你去掂一個水桶，在你的印象中水桶裏有半桶水，結果一掂，把水桶掂起很高，自己也差點摔倒。原因很簡單，你去掂的桶是空的，而你的意念支配的仍然是掂半桶水的力，所以才會出現以上情況。

因此，平時訓練時一定要把意念放遠，通過長期訓練，力才能發得遠。透過周身的協調配合訓練和意念的放遠訓練，已使內在的氣、意、力和外部動作達到高度的協調配合．所發放的力已是整勁，力的距離也已較遠。下一步應用意念支配，使力在質上發生變化，也就是由整勁向靈勁發展。整勁雖大，但殺傷力並不大。拳經云：「練拳容易得藝難，靈勁上身天地翻；六合相合人難躲，遇敵好似弓斷弦。」也就是「心如炮藥手如彈」，在發勁前，周身一虛，意想自己就是一個裹緊的炮，一旦爆炸，全身各部的力同時發放，如炮崩一般。

訓練發力時，還要注意前腳的踩動。周身向外發力的同時，前腳不但要踩，而且還要有截勁。就像飛快行駛的

汽車一樣，腳一截，一腳急剎車，會出現意想不到的發力效果，如果能掌握此勁，則會觸人則翻。心意六合拳中常用「遇敵好似火燒身」來形容發力時的頃刻效果。

在練習發力時，包括盤拳到了一定的程度，都要有動則翻，動則好像火燒身一樣。盤拳時，要求虛實分明，一舉一動乾淨俐索，彈、抖、顫、絕，每個動作都要有很好的爆發彈性力，都必須是絕斷勁，都要打出火燒身的靈勁，才是心意六合拳的勁路標準。所以在盤拳時要進入狀態，全憑心意下工夫。有的人盤拳很下勁，拳架盤得也很好，但確發不出力來，特別是發不出火燒身的靈勁，主要原因就是沒在心意上下工夫。

有些人認為心意是看不見摸不著的東西，只要下工夫去練，就會有功夫，這種想法是錯誤的。練拳的方法很重要，如果方法不對，就不會有好的效果。如訓練短跑運動員和長跑運動員的方法絕對不一樣，如果一樣可能他們都不會有好的成績。短跑運動員要的是 10 秒內的爆發速度，運動員快速跑完 100 公尺後，停一陣再來。可能他們停的時間要比跑的時間長，但訓練方法是對的，所以就會有好的成績。反之，短跑運動員若像長跑運動員一樣，一跑就是幾個小時，看起來下功夫很大，但成績不一定好。這就是訓練方法不對。

練心意六合拳也是這個道理，訓練方法不對，想在瞬間發出火燒身的爆發彈性勁是不可能的。心意六合拳強調心與意的作用，下死工夫去練拳都能做到，但說到心意就困難了。

拳經曰：「練拳容易得藝難」也就是這個道理。所

以，我們不僅在盤拳上下工夫，更要在心意上下工夫，「全憑心意下工夫」是武林泰斗王培生前輩的一句名言。

所謂整勁與合勁，不但要外在的合，還要與內在因素相合，內在也就是心、意、氣、力。要全神貫注，意念集中，把意念與盤拳融為一體，身臨其境，這樣意念就會與動作、身法高度配合，充分調動自身的潛在因素，練拳的效果就不一樣。時時處處有實戰感，意念要高度集中，不能有絲毫馬虎，靜則虛靈冷靜，發則剛猛狠毒，出手如放箭，觸人即翻飛。如拳經云：「行如病郎一身瘡，動如猛虎把人傷。」即平時走路或練功不出手時，好像是一個周身是瘡的病郎，周身每一個部位都不會讓你去碰；不動則已，動之如猛虎傷人，奇快而又狠毒。

心意六合拳要的就是這樣的效果，所以在盤拳時雖然面前無人，但一定要像有人一樣，而且是與你拚命的敵人。你能進入這樣的境界，練拳才謂之認真。

心意六合拳的訓練，是在心意的支配下，透過合理的盤練，逐步調順勁路，達到練功找勁的目的；透過練功找勁，逐步使人體的潛能得到開發，使之達到最高的極限，這才是練習心意六合拳的真正目的。

第九節

習武三忌

初學武術之人，當謹範三忌。三忌者，忌拙力、忌努氣、忌挺胸提腹。

一、拙力者

拙力則四肢百骸中血脈不能流通，筋絡不能順暢，手足不能靈活，身為拙力所滯，滯於何處，何處成病。

拳經云：「練時潔內華外。」因此，練拳時一定要做到內活外順，虛實分明，這樣才能周身靈活，氣血暢，速度快，發力抖絕，威力無窮。如虛實不分，不但不能很好發揮，還會對身體造成很大傷害。

二、努氣者

努氣則胸悶氣滿，肺為氣所排擠，易生滿悶肺炸之症。拳經云：「意與氣合，氣與力合」，任何運動都與氣有很大關係，不論是意與氣，或是力與氣，都必須很好的配合，否則，會因努氣而減少呼吸，體內因缺氧而使內臟功能減弱，導致氣血兩虧，頭暈噁心，四肢無力，頭重足輕。

快速運動時努氣，肺部受到氣的擠壓，使心臟受到壓抑，造成心肺功能失常。發力時努氣，又因力的作用，使內壓很高的內臟及血管受到大力衝擊而破裂，形成內傷。

有些習拳者不會合理地運用吐納術，不能正確掌握意與氣和氣與力的運行，會導致尿血、吐血、流鼻血。這些人下的工夫越大，內傷越嚴重，如果停止鍛鍊，反而會好一些，就是這個原因。

三、挺胸提腹者

挺胸者氣逆上行，氣不能歸於丹田，兩足無根，如心

君不和，百官必失其位，拳法依然。力和氣順，虛心實腹，久而久之，練至絕境矣。

挺胸者氣湧，提腹者氣提。氣湧者氣不能歸於丹田，則頭重腳輕；反之含胸者氣降，氣降者內氣下沉，重心下移以固根。提腹也是這個道理，由於提腹造成腹部內收，腹部之氣擠於胸部，而造成上實下虛，使下盤難於穩固，心肺受上湧之氣的擠壓導致心肺失調，血氣不暢，嚴重影響身體健康和練功效果。

所以在練拳時，必須掌握拳理要求，做到含胸拔背，沉肩墜肘，氣沉丹田，虛實分明，合理吐納，以上三害便會得到解決。

第三章　心意六合拳招式與套路

第一節 起勢與收勢

一、預備式

面朝南，雙腿直立，雙腳並立，周身自然下沉，頭要正，兩手下垂，呼吸自然（圖3-1）。

● **要 求**

人靜，無意念引導，無虛實之分，而是含一造化不分之氣也。所以，此勢為無極勢。

接上式，意想丹田部位，頭上頂，舌頂上齶，胸部內含，肩下沉，兩手從身體兩側向上抬起，舉過頭頂，掌心相對，兩手指向上（圖3-2）。

● 圖 3-1　　　　　● 圖 3-2

接上式，兩手由上至下經胸前下按落至小腹前，再慢慢向兩邊分開，意想內氣隨雙手下沉至丹田，當丹田部位

有熱感時，表明在意念的引導下，內氣已下沉進入丹田，丹田部位的內氣隨意守的作用而逐步充實，形成上虛下實。虛實即陰陽，所以此勢為太極勢（圖3-3）。

● **要 求**

當丹田有充實感時，用意念引導，使內氣下行過會陰，然後上行到命門處，意守命門幾分鐘後，命門處逐漸產生感覺，此時意想丹田部位隨呼吸而動，吸氣時意想丹田向命門處貼近；然後再慢慢呼氣，呼氣時，丹田又被命門推出，這樣反覆練習幾次。

● 圖 3-3

每天練功前都如此練法，可使原來的胸式呼吸變成腹式呼吸，心意拳中要求的是腹式呼吸，又為「胎息」。透過上述練習後開始練習起勢。

二、起 勢

輕步站（熊出洞）

身體轉向面朝東，右腳向後退一步，左腳原地不動，雙腿彎曲，重心略偏後腿；右手屈肘上提貼於右肋外側，左手屈肘上提，肘放於左肋外側，手腕自然放鬆，手下垂，肘彎曲成直角，兩肩要放鬆下沉，胸部要虛含，中節要縮含；頭要上頂，目視前方，舌頂上齶；意

● 圖 3-4

想臀要內收下溜，穀道內提，使重心引向腳下以固根（圖3-4）。

以上起勢每天堅持練習，使周身達到上虛下實，即虛心實腹，可使重心下移，根節穩固，變胸式呼吸為腹式呼吸，減輕心肺壓力，增大呼吸量。

下面不論是十大真形或心意把的起勢動作都是如此，不再重複。

三、收勢（鷹捉雷聲）

第一動

不論是練心意把或十大真形，練完最後一個動作時，身子向後轉180°，左腳上前一步，腳後跟著地，腳尖上蹺；右腳在後，全腳掌落地，雙腿屈膝下蹲，重心在後腿；左手屈肘上躦，手指朝上，掌心朝面部，手上舉略高於頭頂；右手放於左小臂內側，兩膀裹含，兩肩下沉，臀部內收，形成抱丹田的中節合勁，有蓄而待發之勢，為吸氣狀（圖3-5）。

第二動

左腳向前邁進一步，全腳掌落地，成左弓右蹬式；兩手同時向內旋轉，由上向下猛按，兩手落在左腿內側，左手在前，右手在後，兩掌心朝下，手指朝前，兩手下按時，要有霹靂擊地之勢，向下之力，要有入地三尺之意；中節在兩手下按的同時，要向上長，要發出縮長彈性力；右腳要有蹬勁，左腳要有踩勁，周身動作高度協調一致，周身各部合為一氣，在發力的同時，要發聲「噫」字聲，聲音洪亮，有氣自丹田吐、發聲如震雷之意，整個動作聲

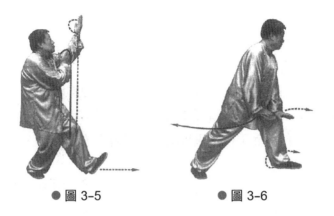

● 圖 3-5　　　　　　● 圖 3-6

隨氣發，手隨聲落（圖 3-6）。

第三動

　　右手向右平伸畫圓，身子隨右手向右旋轉，重心移向右腿，右腿在前，左腿在後，成右弓左蹬式；兩手在身體兩側，目視右手方向（圖 3-7）。

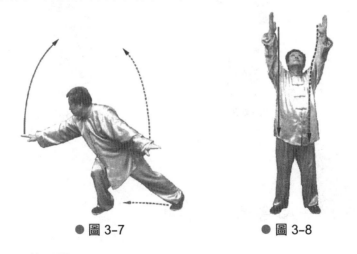

● 圖 3-7　　　　　　● 圖 3-8

第四動

　　兩手變成掌心向上，由兩邊向上匯合，兩手抬至頭頂

上方，兩手距離同肩寬，身體直立；左腳向右腳靠攏，落在右腳左側，間距半尺許（圖3-8）。

第五動

兩膝微屈，兩手變掌心向下，慢慢由胸前下按至丹田處，意想兩手收天地之靈氣，貫於天宮泥丸處，氣隨手動，沿任脈而下，沉入丹田，目視兩手（圖3-9）。

第六動

接上式，目視前方，兩膝慢慢直立起，兩手自然垂落於身體兩側，掌心貼於兩腿外側，手指朝下（圖3-10）。

● 圖 3-9

● 圖 3-10

第二節

心意把

心意把是心意六合拳的一部分。它一個動作為一把，單式，走直趟反覆練習。練習心意把時要求全神貫注，意

念集中，勁力裹含，蓄而後發。所發力要剛、猛、狠、毒，乾淨俐索，要打出火燒身的靈勁和爆發彈性力。周身上下高度協調配合，內要做到心與意合，意與氣合，氣與力合；外要做到手與足合，肘與膝合，肩與胯合。一動無有不動，一停無有不停，一合無有不合。不論身體任何部位擊人，都是整體合勁的體現。透過鍛鍊，達到練功找勁的目的；透過練功找勁，把人體潛能開發到極限。

一、單　把

1. 右勢

起勢：參照第三章第一節心意六合拳起勢練法。

第一動

接上式，右腳向前進一步，腳跟著地，腳尖上蹺；左腿屈膝下蹲，重心在左腿，上身向右旋轉；右手屈肘上提至右面部外側，指尖朝前，掌心微扣；左肘微屈，左手上提至左胯前；頭上頂，目視前方（圖3-11）。

● 圖 3-11

第二動

接上式，右腳向前邁出一步，左腳跟進半步（此步為寸步）；同時，腰肩一起向左旋轉，推出右手；左手上提放於右肘的內側，掌心向右，手指朝上；右手手指朝上，高度與鼻尖齊，掌心向前，肘部微屈下沉，目視前方（圖3-12）。

第三動

接上式，左腳向前邁進一步；右手落至右胯外側，手指向下，掌心向裏，手與胯間距離寸許；雙膝微屈，重心偏右腿，左腳跟著地，腳尖上蹺；左手落至左膝上方，手背朝前，四指微屈（圖3-13）。接下轉第一動。

● 圖 3-12　　　　　　● 圖 3-13

●要 求

此把周身動作配合要協調，上下齊動，手腳齊到。整個動做作到意到氣到，氣到力到，周身齊到，意、氣、力配合動作一氣呵成。

第一動時，肘肩向右旋轉擰勁，沉肩墜肘，含胸拔背，收尾提肛，腰塌勁，頭頂勁，目平視，周身重心下

沉，勁力裏合，吸氣，有蓄而待發之勢。

第二動時，左腳猛向前蹬，催出右腳，中節腰、肩、胯由腿部蹬勁的力量疾速左旋催出右手。右手與右足同時到位。出手要快，力達掌根，手發出的力距要遠。意念並不是把手伸出去為目的，而是要擊中數丈之外的目標。整個動作要快，發力要猛，意念要遠。這樣長期練習，不但能發出很大的爆發彈性力，而且力的滲透性強，威力大。

2. 左勢

起勢：參照第三章第一節心意六合拳起勢練法。

第一動

接上式，左腳尖蹺起，腳跟著地；右腿屈膝下蹲，重心在右腿；上身向左旋轉，左手屈肘上提至左面部外側，四指微屈，掌心微扣；右肘微屈，手提至右膝前；頭上頂，目平視（圖3-14）。

● 圖 3-14

第二動

左腳向前邁進一步，右腳跟進半步；同時，腰肩一起向右旋轉，推出左手，右手上提放於左肘內側，掌心向左，手指向上；左手掌心向前，手指向上，高度與鼻尖平，肘部微屈下沉，目視前方（圖3-15）。

第三動

接上式，右腳向前邁進一步；左手落於左胯外側，手指朝下，掌心向裏，手與胯間的距離寸許（圖3-16）；然後左腳前進一步，腳跟著地，腳尖上蹺。手與身體的動作

同第一動。

收勢：左、右勢皆參照第三章第一節六合心意拳收勢練法。

● 圖 3-15

● 圖 3-16

二、懷抱頑石把

1. 右勢

起勢：參照第三章第一節心意六合拳的起勢練法。

第一動

左腳在前屈膝成弓，右腳在後膝部彎曲，頂在左腿彎內側，腳前掌著地，後腳跟抬起；同時，上身左旋，兩手下垂於左胯外側，兩掌心相對，如抱石狀，重心在前腿，目視雙手（圖 3-17）。

第二動

● 圖 3-17

接上式，右腳向前邁出一步，落地時要踩勁；左腳跟進半步要蹬勁；同時，上身向右旋轉，雙手由左胯處向前斜上方推出，與肩同高，手指向上，掌心向前，兩拇指扣

合，肩部下沉，肘部下墜微屈，目視遠方（圖 3-18）。此
把像抱一塊大石頭向前猛力推出，所以叫懷抱頑石把。

第三動

接上式，左腳向前邁進一步；右腳跟進半步，雙膝微
屈，右膝頂在左腿彎處，前腳掌著地，腳跟抬起；同時，
身體左旋，雙手下垂於左胯外側，兩掌心相對（圖
3-19）。接下轉第一動，反覆練習。

收勢：參照第三章第一節心意六合拳收勢練法。

● 圖 3-18　　　　　　● 圖 3-19

●要　求

第一動時，腿部下蹲，束身旋腰，上身要沉含、束
裹，腰要有向左的旋擰勁，胯與膝要保持向前的正面姿
勢，不可隨腰左旋，要有左胯打右肩之意，使腰節產生與
胯的反擰勁。雙手下沉如抱頑石。這兩個動作用的都是意
勁，絕對不可努勁。

第二動時，右腳邁出一步，左腳跟進半步，右腳的邁
出實際是左腳的前蹬勁催出去的，其勁力在左腳的蹬勁，
右腳的落地一定要有踩勁。在右腳邁出的同時，上身迅速
右旋推出雙手。這裏所說的右旋，是意想第一動向左旋擰

勁，如上緊的發條，一鬆而產生強大的反彈力。此彈力加腿的蹬勁，二勁合一由脊傳到肩，肩催肘，肘催手，使周身的渾然合勁注於掌根，意念引力發出數丈之外，勢不可擋。總之，周身的動作要緊密協調，腿的蹬勁要快，腰的旋轉要猛，勁力發放要狠，發勁意念要遠。整個動作完成要手隨眼出，腳隨手到，周身相合，手腳齊到，手隨意出，力隨手發，上下齊到，一氣呵成。

2. 左勢

起勢： 參照第三章第一節心意六合拳起勢練法。

第一動

接上式，上右步屈膝成弓；身體右旋，左膝頂在右腿彎處，左腳前掌著地，腳後跟抬起；兩手下垂放於右胯外側，掌心相對，如抱石狀；重心在前腿，目視雙手（圖3-20）。

第二動

左腳向前邁出一步，右腳跟進半步，左腳落地踩勁，右腳同時蹬勁；身體左旋，雙手由右胯處向前斜上方推出，同肩高，手指向上，掌心向外，二拇指扣合，肩下沉，肘下垂微屈，目視遠方（圖3-21）。

● 圖 3-20

● 圖 3-21

第三動

接上式，右腳向前進一步，左腳跟進半步，雙膝彎曲，左膝頂在右腿彎處，前腳掌著地，腳後跟抬起；同時，上身右旋，兩手下垂，兩掌心相對，放於右胯外側，目視雙手（圖 3-22）。接下轉第一動作，反覆練習。

● 圖 3-22

收勢：參照第三章第一節心意六合拳收勢練法。

三、搖閃把

搖閃把又叫踩步搖閃把。

1. 右勢

起勢：參照第三章第一節心意六合拳起勢練法。

第一動

雙手同時向前上方躦出，右手在前，略高於頭，手指向上，手背向前，肘下垂；左手扶於右肘的內側，上身向左旋轉，右肩在前；左腳在前，右腳在後，重心移至前腿；然後雙掌向下壓，落於左胯外側，右手在前，左手在後，兩掌心向上，手指向前，與腰同高，目隨手動（圖 3-23）。

● 圖 3-23

第二動

接上式，右腳向前邁進一步；左腳跟進半步，雙腿屈

膝成雞形步；右手同時以肘為軸，由下向前上方翻轉至小臂直立於面前，手指向上，手背向外，大臂與肩平；左臂隨右臂運動由後至前，扶於右肘內側，目視前方（圖3-24）。

第三動

接上式，左腳前進一步，重心移向左腿；雙手由前向左下按至左胯外側，上身向左旋轉（圖3-25）。此動作與第一動相同，參照第二動，反覆練習。

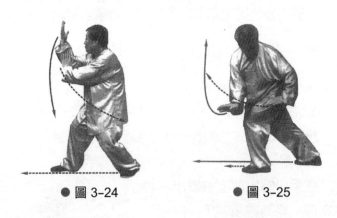

● 圖 3-24　　　　　　● 圖 3-25

收勢：參照第三章第一節心意六合拳的收勢練法。

●要 求

第一動時，有進步化解對方之意。上身以腰為軸，帶動雙手畫弧向左旋轉。旋腰時要裹背束身，沉肩墜肘，意到雙手。右肩有找左胯之意。後腳蹬勁，前腳踩勁，兩膝扣勁，腰節擰勁。整個動作虛靈沉合，上下協調，完整一致。

第二動時，右步快速向前邁進，落地要有踩勁，後腳要有蹬勁。收尾提肛，裹背束身。頭自然上頂，目視遠

方。束身、收尾、裹背、沉肩，使整個身體型成縱向和橫向的強大合力。練習時意念要集中，動作要協調。雙手下塌畫弧翻轉進攻，兩腳交替踩雞步快速前進，兩手貼身變化，手隨步變，手足齊到，足催腰旋，兩臂裹含，束身而進，意動力發，內外合一，力達肘手。

2. 左勢

起勢：參照第三章第一節心意六合拳起勢練法。

第一動

右腳向前邁進一步；雙手向前上方躥出，左手手指向上，略高於頭，手背向前，右手貼於左肘內側；上身同時右旋，左肩在前，重心移向右腿；雙手由前向右側下壓，落至右胯外側，左手在前，目隨手走（圖3-26）。

● 圖 3-26

第二動

接上式，左腳向前邁進一步，右腳跟進半步，雙腿屈膝成雞形步；左手同時以肘為軸，由下向前上方翻至小臂直立於面前，五指向上，手背向前，大臂與肩平；右手同時向前扶於左肘內側，目視前方（圖3-27）。

第三動

接上式，右腳向前邁進一步，重心移至右腿；雙手由前向右方下壓至右胯外側，上身同時向右旋轉，左手在前，手指向前，掌心向下，目視雙手（圖3-28）。此動作

● 圖 3-27

● 圖 3-28

與第一動相同，參照第一動，反覆練習。

收勢：參照第三章第一節心意六合拳收勢練法。

四、中門頭

1. 左勢

起勢：參照第三章第一節心意六合拳起勢練法。

第一動

接起式，右腳向前邁進一步；右手向斜上方躦出，掌背向前，手指向斜上方，大臂與肩平，小臂斜立；左手輕貼腹前，掌心向下，周身下沉；雙膝微屈，腰微向左轉，上身似斜非斜，目視前方（圖 3-29）。

第二動

接上式，左腳向前邁進一步；左手同時向前上方躦出，高同面門，手背向前；右手在左腕內側，接著雙手內旋變為掌心向下，向右側下方成鷹捉手撕拉而下；右腳同時跟進半步，成左弓右蹬步；右手至右胯處，左手至左小腿處，頭同時向前方撞擊，目視下方（圖 3-30）。

● 圖 3-29

● 圖 3-30

第三動

接上式，右腳向前邁進一步，重心在左腿；右手向前上方躦出至面門前尺許，掌背朝前，略高於頭；左手貼於右小腹外側（圖 3-31）。以下動作參照第二動，反覆練習。

收勢：參照第三章第一節心意六合拳收勢練法。

● 圖 3-31

●要 求

第一動時，束身進步，上身要下沉，後腿要前蹬，前腿沉插，屈膝扣襠，胯要放鬆，尾要收，沉肩墜肘，右手向裏擰裹，目視前手，有迎敵之意。

第二動時，左腳與左手同時向前，腳要下踩。左手向下的壓勁是上身向前屈腰下壓之勁與右手下壓的合力。雙手壓拉對方與屈腰用頭撞用的是曲斷中節之力，使周身之力聚於頭部撞擊對方。此勢以頭的頂撞力為主，同時雙手向後下方猛力捉拿撕拉，隨手的下落，屈腰用頭頂撞。頭

向前頂撞，手向後拉，頭與手形成一種對稱勁。

此勢前腳下踩，後腳用力猛蹬。後腳蹬勁通過腿、腰、脊直接傳到頭頂，使頭部產生極大的頂撞之力。要有一頭撞斷、撞碎石碑的意念，所以此把又叫「一頭碎碑把」。此勢要求周身動作高度協調配合，腳、手、頭動作與勁力緊密配合，動則齊動，停則齊停。

2. 右勢

起勢：輕步站。

第一動

接起式，左手向前上方躦出，掌背向前，手指略過頭頂；右手輕貼於腹部右側，掌心向下；左腳在前，目視前方（圖 3-32）。

第二動

接上式，右腳邁進一步；右手同時向前上方躦出，掌背向前，高同面門；左手在右腕內側，接著雙手內旋變為掌心向下，向左後下方捉拿撕拉而下；同時，左腳跟進半步，成右弓左蹬步；右手撕至右膝下，左手撕至左胯處，頭同時向前猛力撞擊，目視下方（圖 3-33）。

● 圖 3-32 　　　　　● 圖 3-33

第三動

接上式，左腳向前邁進一步，重心在右腿；左手向前上方躥出至面門尺許，掌背向前，手指向斜上方，指尖略高於頭頂；右手貼於小腹外側，目視前方（圖 3-34）。以下參照第二動反覆練習。

● 圖 3-34

收勢：參照第三章第一節心意六合拳收勢練法。

五、追風趕月把

1. 右勢

起勢：輕步站。

第一動

接起式，左腳在前，上身向左旋擰；右手隨身旋轉，上抬與肩平後，從胸前向右臂內側下插至左胯外側，手指向下，掌心向內；左手屈肘上抬至右面部外側，手指向上，掌心向外；雙腿成左弓右蹬的左雞形步，雙臂交叉裹合，目視前方（圖 3-35）。

● 圖 3-35

第二動

接上式，右腳向前急進一步，左腳跟進半步，成右雞形步；同時，兩臂順勢向前後分開，成右手向前、左手向後之勢，兩手皆為小指向外，目視前手（圖 3-36）。

●圖 3-36　　　　　　　　●圖 3-37

第三動

接上式，上左步，身體同時向左旋擰；右手同時上抬至與肩平後，從胸前向左臂內側下插至左胯外側，手指向下，掌心向裏；左手屈肘上抬至右面部外側，手指向上，掌心向外；雙腿成左弓右蹬的左雞形步（圖 3-37）。接下參照第二動反覆練習。

收勢：參照第三章第一節心意六合拳的收勢練法。

●**要 求**

第一動時，上體左旋，右肩有找左胯之意，腰部要有擰勁，但這個擰勁，並不是用力硬擰之勁，而是用意念去找而形成一種意勁。兩臂交叉要形成左、右兩臂向內裏合之勢，兩手一上一下，右手向下沉插，右手有找左腳而入地之意，左手有上躦外推之意。頭上頂，使清氣直衝天宮泥丸。沉肩、含胸，氣沉丹田，重心穩定，收尾、提肛、頭上頂，使脊部形成上下的拔勁。兩腿成雞形步，前腿弓步落地要有踩勁，後腿腳蹬地，有進攻之意，雙膝內扣，周身上下動作協調配合，勁力裏含，有蓄而待發之意。

第二動時，右腿快速向前急進，左腿緊隨成右雞形

步，同時雙臂迅速向前後分開。前手向前有撩擊之意，後手有向後的分勁和塌勁，雙手皆為小指向外，此動周身手腳齊到，高度協調配合。手隨意發，腳隨手出，意到力到，眼到手到，快速無比，氣勢逼人，有追風趕月之勢，所以此把稱「追風趕月把」。此把分左右二勢，要求相同，動作相反。

2. 左勢

起勢：輕步站。

第一動

接起式，右腳上前進一步；上體向右旋擰，左手隨身旋轉並上抬與肩平，從胸前向右臂內側下插至右胯外側，手指向下，掌心向裏；右手屈肘上抬至左面部外側，指頭向上，掌心向外；雙腿成右弓左蹬的雞形步，雙臂交叉裏合，目視前方（圖3-38）。

第二動

接上式，急進左步，右腳跟進半步，雙腿成左雞形步；同時，兩臂向前後分開，左手向前，右手向後，兩手皆為小指向外，目視前方（圖3-39）。

● 圖 3-38

● 圖 3-39

第三動

接上式，上右步；身體同時向右旋擰，左手同時上抬至與肩平後，從胸前向右臂內側插至右胯外側，手指向下，掌心向裏；右手上抬至左面部外側，手指向上，掌心向外；雙腿成右弓左蹬的右雞形步（圖3-40）。參照第二動反覆練習。

● 圖 3-40

收勢：參照第三章第一節心意六合拳收勢練法。

六、挑　領

1. 右勢

起勢：輕步站。

第一動

左腳在前，右腳向前進一步，腳跟著地，腳尖上蹺；右肩在前，雙腿屈膝下蹲，重心在左腿；同時，右手手指向下；從胸前向下插至右膝內側；左手屈肘上抬，放在右面部外側，掌心向外；頭自然上頂，目視前方（圖3-41）。

● 圖 3-41

第二動

接上式，右腳向前邁進一步；右手由下向前斜上方旋腰挑出，手高於頭；左手由上向下按，步子成右弓左蹬式

（圖 3-42）。

第三動

接上式，右腳向前上一步，左腳跟進半步，雙腿屈膝下蹲，右腳尖上蹺，重心在左腿；右手由上向下插至右膝內側，手指朝下，掌心向左；左手屈肘上提放於右面外側，手指向上，掌心向外，目視前方（圖 3-43）。接下參照第二動反覆練習。

● 圖 3-42　　　　　　　　● 圖 3-43

收勢：參照第三章第一節心意六合拳收勢練法。

●要 求

第一動時，左腿在後屈膝下蹲，不是重心下坐的意思，而是要腳趾抓地，尾閭內收下溜，這樣可使膝和尾的勁路領順，不致使膝部和尾部形成死角而影響力的發放。兩肩沉勁，上體下沉的束勁與尾閭內收形成中節上下相合的合勁。兩手一上一下與兩膀的內裏形成背部的橫向拔勁。頭上頂與尾的內溜形成縱向拔勁。周身勁力裹合，勁路順達，意念集中，有蓄而待發之勢。

第二動時，右腳向前邁出一步，向下要有踩勁，左腳在後要有蹬勁，兩腿成右弓左蹬步，上身由第一動的束身

裏含藉左腿前蹬之力，迅速向上長身反彈，催右臂向前上方挑出，左手同時下按。左右兩手發放意念要遠，右手有動作停而力不止直入雲端之意，左手入地三尺還嫌少，左右兩手一上一下形成對分的掙力。周身動作和勁力高度協調，同步完成，一動無有不動，一停無有不停。整個動作剛、猛、毒、快。中節反映出強大的束長彈性力。

此動作由束到長快而猛，又有很好的彈性，故稱此動為起如蟄龍升天，因此勢力猛而大，意想要是地球有環，就能把地球挑起來，所以又稱之為「恨地無環」。

2. 左勢

起勢：輕步站。

第一動

接起式，左腿在前，腳跟著地，腳尖上蹺；左肩在前，雙腿屈膝下蹲，重心在右腿；同時，左手手指從胸前向下插至左腿內側；右手屈肘上抬至左面部的外側，掌心向外，頭自然上頂，目視前方（圖 3-44）。

● 圖 3-44

第二動

接上式，左腳向前急進一步；左手由下向斜前上方隨腰旋轉挑出，手指向斜上方，手高於頭頂；右手由上向下按，步子成左弓右蹬式（圖 3-45）。

第三動

接上式，右腳向前一步；左腳再向前一步，腳跟落地，腳尖上蹺，左腿在前，右腿在後，雙腿彎曲，重心在

右腿；左手由上向下沉插至左膝內側，右手屈肘上提放於
左臉外側，手指向上，掌心向外；頭上頂，目平視（圖
3-46）。

● 圖 3-45

● 圖 3-46

七、鷹　捉

1. 右勢

起勢：輕步站。

第一動

接起式，右腳上前一步，腳跟
著地，腳尖上蹺；右手由胸前向斜
上方穿出，略高於頭，手指向上，
掌心向面部；左手屈肘上提放於右
小臂內側；雙手上躦，周身下沉
（圖 3-47）。

● 圖 3-47

第二動

接上式，右腳向前進一步成弓形，左腿在後要蹬勁；
左手外旋下按至襠部，右手外旋下按至右腿內側；雙手向
下按的同時，挺身頭上頂，發出「噫」字聲，聲隨手發，

手隨聲落，周身齊到（圖3-48）。

第三動

接上式，左腳向前一小步，周身放鬆；雙手自然下垂，目視前方（圖3-49）。以下動作與第一動相同。

收勢：參照第三章第一節心意六合拳的收勢練法。

● 圖3-48

● 圖3-49

2. 左勢

起勢：輕步站。

第一動

左腳在前，腳跟著地，腳尖上蹺；右腳在後，雙腿屈膝下蹲，重心在後腿；左手屈肘上抬，略高於頭，手指向上，掌心朝面部；右手同時屈肘上提，放於左小臂內側，雙手向上躦，周身向下沉（圖3-50）。

第二動

接上式，左腳向前邁出一步成左弓形步，右腳在後蹬勁；右手左旋下按至襠部，左手右旋下提至左腿內側，雙手掌心向下；在雙手按下的同時，挺身頭上頂，並發「噫」字聲，勁力、動作、發聲同時完成，聲隨手發，手隨聲落，周身齊到，一氣呵成（圖3-51）。

● 圖 3-50

● 圖 3-51

第三動

接上式，右腳前進一小步；周身放鬆，兩手自然下垂，目視前方（圖3-52）。以下動作與第一動相同。

收勢：參照第三章第一節心意六合拳收勢練法。

● 圖 3-52

●要 求

此把是心意六合拳的重要招式，為習練者練習束長勁提供了很好的管道，習練者須重點盤練，認真體悟，日久功深藝上身。「鷹捉雷聲」既可單操，又是收勢之法。

第一動時，雙手上伸拔勁，雙肩沉勁，二背向內裏勁，內氣下沉，鬆膀收臂。周身勁力裏含，蓄而待發。

第二動時，右腳蹬勁的同時催左腳邁出一步，成左弓右蹬步。兩手猛翻掌下按，要快速而有彈性，不是手臂伸直為限，而是出手如放箭，有入地數丈之意。上身由束身裏含隨之上頂長勁，使上身快速發出向上反彈的伸縮彈性力。頭與上身的頂勁與兩手的下按勁形成一種對稱的掙力。

此勢主要練習中節的束長彈性力和中節的拔勁。練拳沒有靈活的中節則周身不活，並使根節和梢節嚴重脫節，而使三節形不成整體的合勁，造成渾身是「空」的局面。所以中節不但要靈活，還要有很好的束長彈性力，有霹雷擊地之猛，扯天落地之力。又稱此把為「恨地無環」。

八、橫　拳

1. 右勢

起勢：輕步站。

第一動

左腳在前，腳跟著地，腳尖上蹺；右腳在後屈膝下蹲，重心在右腿；左手置於腹前尺許，右手屈肘上提，放於右腹外側；含胸拔背，目視前方（圖3-53）。

第二動

接上式，左腿向前邁進一步變為左弓步；右腳向前蹬勁，雙腿成左弓右蹬步；左右雙手隨步之變化，同時向正前方擊出，右手變為拳擊出，拳峰向前，拳眼向上；左手扶於右拳後邊手腕內側，目視前方（圖3-54）。

●圖3-53　　　　　●圖3-54

第三動

接上式，右腳上前一步，左腳過右腳上前一步，腳跟著地，腳尖上蹺，雙腿彎曲，重心在右腿；右臂屈肘回收至右肋外側，左臂屈肘回收，肘貼於左肋前邊，雙手放鬆下垂，大臂與小臂成 90°；周身下沉，頭上頂，目平視（圖 3-55）。

● 圖 3-55

收勢： 參照第三章第一節心意六合拳收勢練法。

●要 求

橫拳在心意六合拳中占有很重要的位置，是「四把捶」中的其中一把。「四把捶」拳譜中首先提到「出手橫拳無敵甲」。此把也是心意把的單操把勢，應認真盤練。

第一動時，左腳在前，右腳在後，雙腿屈膝下蹲，重心在後腿。下蹲不是臀部下坐，而是雙腿屈膝下蹲，要塌胯收臀，兩肩沉勁，兩背裹勁，上身下沉束勁，腰向右旋轉擰勁。周身動作裹合、蓄勁，目視前方，有一觸即發之意。

第二動時，右腿猛向前蹬勁，催左腳邁出，落地要踩勁。隨腿蹬出的同時，腰部左旋催右手由右胯部向斜上方直出，看橫不見橫。蹬勁與腰的旋勁要與出拳緊密結合，使蹬勁與旋勁周身的合力聚於拳頭之上。整個動作高度協調配合，上下齊動，像被強大的彈力射出一樣。在拳發出的同時，要配合排氣或發聲。要做到心想意動，氣隨力發，周身齊動快如風，內外相合力無窮，發聲如震雷，發

勁如炮崩，速度極快，發勁極猛。所以拳譜有「出手橫拳無敵甲」之說。

2. 左勢

起勢：輕步站。

第一動

接起式，上右步，腳跟著地，腳尖上蹺；上身左旋，屈膝下蹲；左手至左胯外側，掌心向內，右手放至腰前；含胸拔背，目視前方（圖3-56）。

第二動

接上式，右腳向前進一步，成右弓步；左腳向前蹬進，成右弓左蹬步；雙手同時向前方擊出，左手變拳，拳眼向上，拳峰朝前；右手扶於左拳後側，目視前方（圖3-57）。

● 圖 3-56

● 圖 3-57

第三動

接上式，左腳上前一步，右腳過左腳前進一步，腳跟著地，腳尖上蹺，雙腿彎曲，重心在左腿；左臂屈肘回收至左肋外側，右臂屈肘回收，右肘

● 圖 3-58

貼於右肋前，雙手自然下垂，大臂與小臂成 90°；周身下沉，頭上頂，目平視（圖 3-58）。下接第二動，反覆練習。

收勢：參照第三章第一節心意六合拳收勢練法。

九、十字把

十字把是心意六合拳中的小組合，它由起勢、雙把、貼身靠、鷹捉和收勢所組成，以上步擊前、反身顧後為訓練內容，用於前後夾擊時的訓練。練時走十字路線，先前、再後、再右、再左，結構合理，動作靈活，實用性強，習者應反覆練習。下面只介紹十字把的單趟動作，其餘相同，可反覆照此練習。

1. 預備勢

雙腳併攏，兩腳直立微屈，掌心朝裏，沉肩，墜肘，含胸，裏背，臀內收，肛微提，周身重心下沉，頭上頂，目平視（圖 3-59）。

● 圖 3-59

● 圖 3-60

2. 輕步站

接上式，身體向左旋轉 90°，左腳向前邁出一步，腳跟著地，腳尖上蹺，左腳在前，右腳在後，雙腿彎曲，重心在右腿；左手屈肘上提，大臂與小臂約成 90°，手腕放鬆，手指自然下勾；右手動作同左手，左手在前，右手在後，高與腰齊；頭上頂，目平視，呼吸自然（圖 3-60）。

3. 上步雙把

第一動

接上式，右腳向前進一步，雙腿彎曲，右腳在前，左腳在後，成右雞形步；身體右旋 90°，雙手移至身體右側，如抱石狀；身體前移，重心偏右腿，目視前方，成吸氣狀（圖 3-61）。

●**要 求**

此動是雙把的過渡動作，手法身法要動作協調，進步要快。

第二動

接上式，左腳邁出一步，右腳跟進半步，左腳在前，

● 圖 3-61

● 圖 3-62

右腳在後，雙腿彎曲，成左雞形步；身體向左旋轉 90°，雙手向前推出，手指向上，掌心朝前，目視雙手前方，成呼氣狀（圖 3-62）。

●要 求

進步、轉身、出手要同時完成，後腿蹬勁，前腳踩勁，沉肩、裹背、塌腰、收尾，頭上頂，目平視，雙手發力目標要遠。

4. 轉身貼身靠

第一動

接上式，身體右旋 90°，左腳走右腳後邊向右跨出一步，落在右腳右側，雙腿彎曲，左膝頂在右腿彎處；左手向右肋處斜插，右手落至左臂外側，成右臂在上、左臂在下的十字交叉形；目視右邊，呼吸自然（圖 3-63）。

●要 求

左手與右腳動作要協調。

● 圖 3-63

第二動

接上式，右手向左上邊畫弧，經左肩過頭，落至右胯外側，手指向下，手背朝外；左手由下經身體左側向左上方畫弧，落至左肩上邊，手指向上，掌心向前，略高於頭；目視右邊，成吸氣狀（圖 3-64）。

●要 求

此勢為過渡式，和第一動是聯貫動作，手與步的變化要協調一致，上下齊動。

● 圖 3-64　　　　　　　● 圖 3-65

第三動

接上式，右腳向右邁出一步，左腳跟進半步，右腳在前，左腳在後，成右弓左蹬式；同時，右手由下經胸前畫弧，落至右肩前，右拳心向後，高度與眉齊，大臂與小臂成直角；左手扶於右小臂處，目視前方，成呼氣狀（圖3-65）。

●要　求

兩臂擺動與步子配合，右手與右腳同時到位，動作要整齊協調。以上動作可走十字反覆盤練，停止時採用鷹捉雷聲收勢。

5. 轉身鷹捉

第一動

身體向左旋180°，左腳在前，腳跟著地，腳尖上蹺；右腳在後，雙腿彎曲，重心在右腿；兩手隨身轉動，當身體轉向後時，兩手向上鑽出，左手指朝上，掌心向面，略高於頭；右手扶在左肘內側，目視前手，成吸氣狀（圖

3-66）。

●要　求

轉身與兩手動作同時進行，身停手到位，動作要協調一致。

第二動

接上式，左腳上前邁進一步，左腳在前，右腳在後，成左弓右蹬式；雙手向內旋轉下按，落至左膝內側，左手在前，右手在後，雙手指共朝前，掌心朝下；頭上頂，目平視（圖3-67）。

● 圖 3-66

● 圖 3-67

●要　求

前腳下踩與兩手下按要同時進行，同時到位。動作完成的同時口中發「噫」字聲，聲音要洪亮，此為鷹捉雷聲收勢。

6. 收勢

第一動

接上式，身體向右旋轉90°，兩腿直立；雙手由身體

兩側向上慢慢動至左右兩肩上方，兩手指向上，掌心相對；目視兩手上方，成吸氣狀（圖3-68）。

●要 求

動作慢而均勻，意想兩手收天地之氣。

第二動

左腳向右腳方向移動靠攏；兩手由上經胸前下按，落至小腹前，隨手下落，身體下沉，雙腿微屈，兩掌心朝下，手指要對；目視雙手，成呼吸狀（圖3-69）。

●要 求

此動作速度要慢，兩手下落與排氣協調配合，手隨意動，氣隨手落，歸於丹田。

第三動

接上式，雙腿慢慢直立；兩手移至左右兩側，手指朝下，掌心貼於兩胯處；目視前方，呼吸自然（圖3-70）。

●圖 3-68　　　●圖 3-69　　　●圖 3-70

十、龍形裹橫

龍形裹橫主要是假設四面受敵時，身體滾動、翻轉的一種打法練習。透過龍形裹橫的練習，可使身法靈活，動作協調，周身滾動翻轉，收發自如。

龍形裹橫應圍一圓圈，反覆練習。下面只介紹一組動作，但可重複練習，動作相同。

1. 預備勢

雙腳併攏，身體直立，兩手垂於身體兩側，頭上頂，目平視，內氣下沉（圖 3-71）。

2. 輕步站

接上式，身體向左轉 90°，左腳向前邁出一步，左腳在前，右腳在後，雙腿彎曲成左雞形步；雙手屈肘上提，左手在前，右手在後，雙手腕放鬆，兩手下垂；頭上頂，目平視，呼吸自然（圖 3-72）。

● 圖 3-71

● 圖 3-72

3. 裹橫右勢

第一動

接上式，身體左旋 90°，左腿在前，右腿在後，雙腿彎曲，右膝頂在左腿彎處；左手向右肋下插，右手向左下方斜插，雙臂成交叉形；目視左手，呼吸自然（圖 3-73、圖 3-74）。

● 圖 3-73　　　　　　● 圖 3-74

第二動

接上式，右腳向右移動一步，身體重心右移；左手由右肋間由下向左弧形運動至頭上左側，右手由左下方向右做弧形運動，經面前落至身體右側（圖 3-75）。此勢為過渡勢動作，不可停頓，與前後動作要聯貫。

第三動

左腳從右腳前方向右邁出一步，

● 圖 3-75

左腳在前，右腳在後，雙腿交叉，右膝頂在左腿彎處，雙腿屈膝微蹲；兩手動作與第二動一樣（圖 3-76、圖 3-77）。

● 圖 3-76　　　　　　● 圖 3-77

第四動

右腳向右邁出一步，左腳跟進半步，成右弓左蹬式；右手由下向左經胸前走弧線到右前面，在動作到位時變成拳，高度同頭，拳背朝前；左手由左上方下落扶於右肘內側（圖 3-78、圖 3-79）。

● 圖 3-78　　　　　　● 圖 3-79

●要 求

頭、肩肘、手與右步同時到位，猛力向前撞擊，動作要一致，速度要快，目隨手變，成呼氣狀。

4. 裹橫左勢

第一動

接上式，左腳從右腳後面向右邁出一步，雙腿成交叉形；然後右手變掌向左肋下插入，左手插向右臂外側，雙臂成交叉形（圖3-80）。

第二動

身體向左旋轉，兩腳尖隨身轉動，雙手在隨身轉動的同時，左手由右向左上方做弧線運動，右手由左肋下移至身體右側，目視前方（圖3-81）。

● 圖3-80　　　　　　　　● 圖3-81

第三動

接上式，右腳走左腳前面向左邁出一步，兩腿成交叉狀，左膝頂在右腿彎處；右手由下向右上方做弧線運動，至右肩上方變拳，略高於頭；左手由左上向下做弧線運動，至右胯前；目視前方，成吸氣狀（圖3-82）。

第四動

左腳向前邁出一步，左腳在前，右腳在後，成左弓右蹬式；左手由右胯處經胸前向左肩前方擊出，拳頭朝上，

拳背朝前；右手由上落至左小臂處，掌心貼在左肘內側
（圖 3-83）。

●**要 求**

雙手的弧線運動與進步同時完成，動作要協調，速度
要快，用周身之力，拳、肘、肩頭同時向外撞擊，目隨手
變，成呼氣狀。

● 圖 3-82

● 圖 3-83

5. 鷹捉雷聲

第一動

接上式，重心後移至右
腳，左腳向後移動半步；雙手
變掌下按，然後由胸前向上鑽
出，左手略高於頭，手指朝
上，掌心朝內；右手掌扶於左
小臂內側，目視前手，成吸氣
狀（圖 3-84）。

● 圖 3-84

第二動

左腳向前邁進一步，左腳在前，右腳在後，成左弓右
蹬式；雙手同時內旋下按至左膝內側，左手在前，右手在

後，雙手手指朝前，掌心向下；頭上頂，目平視（圖3-85）。

●要 求

後腳蹬勁，前腳踩勁，中節向上長勁，兩手向下按勁，整體動作要一致，配合要協調，手腳齊到，同時口中發「噫」字聲，氣自丹田吐，力自中節發。

6. 收 勢

第一動

身體向右旋 180°，右手向右平伸畫弧，身體重心移至右腿；目隨手變，成吸氣狀（圖 3-86）。

●圖 3-85

●圖 3-86

第二動

接上式，身體直立，左腳向右腳前靠攏；兩手外旋至兩掌心向上，然後雙臂由兩側上抬至兩肩上方，兩掌心相對，手指朝上；目視雙手間，為吸氣狀（圖 3-87）。此動和上動同時為過渡勢動作，意想兩手收天地之靈氣。

第三動

接上式，雙手變掌心朝下，並同時經胸前向下按至小

腹前，停頓幾秒鐘後，兩手自然分開垂於身體兩側；目內視丹田，成呼氣狀（圖 3-88）。此動意想兩手收天地之靈氣後隨兩手下落，沉於丹田。

● 圖 3-87　　　　　　　● 圖 3-88

第三節　十大真形

十大形者，乃龍、虎、猴、馬、雞、燕、鷂、蛇、熊、鷹。十大真形取其十種動物的特長特技之真意，仿其靈法，變法為拳，故歷來被視作珍寶。

一、龍　形

● 歌訣

一波未定一波生，好似神龍水上行；
三折九曲高處躍，生光神勇令人驚。

起勢：輕步站。

第一動（右勢）

接上式，右腳上前一
步，左腳跟進半步，雙腿微
屈，身向右移，重心在右腿；
左手向前斜上方穿出，手背
向前，略高於頭；右手輕貼
腰間，目視左手（圖3-89）。

● 圖 3-89

第二動

接上式，左腳上前進一步，右腳跟進半步，雙腿彎曲
成左雞形步；同時，左手翻手變鷹捉式，隨腰左旋之勢向
左胯處提拿；同時右手掌心向上、向前穿至胸前，而後翻
手，掌心向前下方推按擊出，目視前手（圖3-90、圖
3-91）。

● 圖 3-90

● 圖 3-91

第三動（左勢）

接上式，左腳上前進一步，右腳跟進半步，雙腿微
屈，腰向左旋；右手向前斜上方穿出，手背向前，略高於
頭；左手輕貼腰間，目視右手（圖3-92、圖3-93）。

● 圖 3-92

● 圖 3-93

第四動

接上式，右腳前進一步，左腳跟進半步；同時，右手翻手變鷹捉式，隨腰右旋之勢由上向右胯處捉拿拉回；左手在右手下拉時，從右手內側穿出，向前下方斜按推出，目視前手（圖 3-94）。

● 圖 3-94

●**要 領**

龍乃三折九曲之體，周身左轉右旋，旋擰束裹，快速起伏，穿雲破霧，外活內順，鬆柔靈活，氣注丹田。練習龍形一定要取龍之特長而習之。

第一動時，左腳在前，平穩落地，如踩毒物；右腳在後，腳前掌著力，腳跟微離地面，屈膝微蹲，重心在右腿，兩膝內裹，收尾鬆胯；腰向左擰勁，右肩向下沉裹，右手向前上方鑽出，整個形成膝扣勁，腰旋臂擰，內沉外裹，周身旋、擰、扣、裹之勁高度配合，有鑽天之勢，周身皆為吸氣蓄勁之狀。

第二動時，右腳快速上前，腰部迅速由左轉變為右旋；雙手由上鑽變為下按，由第一動的吸氣蓄勁變為呼氣實勁，右手後拉和前手下按，均為腰撐、肩裹勁所至，並不是兩手或兩胳膊之力，而是周身的合勁。整個動作緊密完整，協調靈活，快速而沉穩。

二、虎　形

●歌　訣

猛虎出洞一陣風，風吹草動群禽驚；

撲食勇猛難逃避，縱山跳澗顯威風。

起勢：輕步站。

第一動（右勢）

左腳在前，腳尖微蹺；右腳在後，雙膝微屈下蹲，重心在後腿；上身自然下沉，頭上頂，收尾，提肛；左手屈肘上提，手腕放鬆，五指自然彎曲，掌心朝下；右手同左手動作，左手微前，右手微後，左肩領前，目視前方，有蓄含待發之意（圖3-95）。

●圖 3-95　　　　　●圖 3-96

第二動

接上式，右腳向前進一步，左腳跟進半步，成右雞形步；同時，雙手向前上方推出，高度與肩平，五指手指朝上，掌心朝前，指分掌凹，拇指交叉，目視前方（圖3-96）。

第三動（左勢）

接上式，左腳上前一步，隨後右腳上前一步，足尖上蹺，雙腿微屈下蹲，重心在後腿，上身自然下沉，頭上頂，收尾，提肛；手腕放鬆，五指自然彎曲；屈肘上提，右手微前，右肩領前，目視前方（圖3-97）。

第四動

接上式，左腳上前一步；右腳跟進半步，成左雞形步；同時，雙手向前上方推出，高度與肩平，五手指向上，指分掌凹，拇指交叉，目視前方（圖3-98）。

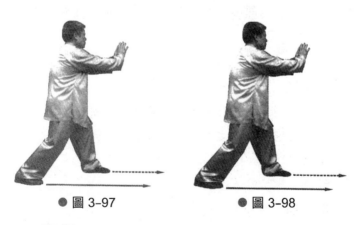

● 圖 3-97　　　　　　　● 圖 3-98

●要 領

虎為獸中之王，速度快，動作猛，生性凶狠，凡來勢勇猛者，常用餓虎撲食來形容。因此，虎撲之勢在心意六

合拳中，取其長，借其意，仿其形，而用於練功。

第一動時，左腳在前，腳尖上蹺，腳尖有找鼻尖之意；右腳在後，屈膝下蹲，重心後移，右腿勁力有蓄含之意，沉肩與收尾形成中節上下束身蓄勁；兩臂裹含，兩手虛提，兩肘沉收，形成周身上下虛含沉裹，雖沒用力，但意勁十足，目視遠方，有待發之勢。

第二動時，右腳向前邁出時，左腳猛力蹬出，上身隨腿蹬之慣性，束身迅速向上反彈，沉肩裹背改變力的方向，使周身之力注入雙掌發出。

●要　求

上下動作協調一致，蹬勁、長身、出掌的動作同時完成，不但速度快，而且要打出爆發彈性力，眼要看得遠，出掌的技擊目標也要遠在百米外，而不是推出為止。總之，心要狠，意要毒，力要猛，速度要快，動作要合，雖是練拳，但要有餓虎撲食之意，長期盤練，自然上身。

三、猴　形

●歌　訣

猴形須知身有靈，偷桃獻果顯本領；

看它一身無定式，縱橫跳躍一身輕。

1. 猴形一式

起勢：輕步站。

第一動（右勢）

左腳在前，右腳在後，前腳掌著地，雙腿彎曲，重心在左腿，成左雞形步；右肩在前，右手屈肘上提至面前，五指各分，手指向上，掌心朝前，小臂和大臂成一直角，

大臂同肩高；左手放於右肘內側，大拇指和食指成圓形，扶於右肘處；頭上頂，目隨前手所變（圖3-99）。

第二動（左勢）

接上式，右腳向前邁進一步，左腳跟進半步，前腳掌著地，重心在前，成右雞形步；隨步所變，腰向右旋轉，右肩隨腰所變，右手隨腰旋轉，由上向下按至胸前，扶於左肘內側；左手由右肘內側向上穿插至面前，掌心朝前，眼看前手（圖3-100）。左右勢反覆練習。

● 圖 3-99　　　　　● 圖 3-100

2. 猴形二式

起勢：輕步站。

第一動（右勢）

左腳在前，右腳在後，腳前掌著地，雙腿彎曲成左雞形步；腰向左旋，右肩在前，沉肩，裏膀，收尾，提肛；右手向前上方伸出，略高於頭，五指各分，手指向前，掌心朝下；左手扶於小腹左側，掌心向下，手指朝前；頷內收，頭上頂，目視前手擊出的方向（圖3-101、圖3-102）。

● 圖 3-101

● 圖 3-102

第二動（左勢）

接上式，右腳向前邁進一步；左腳跟進半步，前腳掌著地，成右雞形步；左手隨步的變化而變，要求同第一動（圖3-103）。這樣步、手交叉變化，進左步出右手，進右步出左手，反覆練習。

● 圖 3-103

●要 領

猴有縱身之靈，躥蹦跳躍，周身輕靈，速度快，有很好的彈性力，收如伏貓，動如放箭。心意拳中採用猴洗臉和猴摘桃之勢。

第一動時，左腳在前，重心在前，左腿要弓，右腿在後，前腳掌落地要輕靈，右膝靠近左腿彎部，兩膝向內撐勁；腰向左旋，腰部要有撐勁，撐勁是虛靈的意勁，而不是用力去撐；兩肩要下沉，收尾塌腰，使整個上身向下沉束，不是用力下壓，而是束中含虛，虛中有靈，如上弦之箭，隨時有待發之意；兩背向前裹含，兩手隨腰肩變化而

變，在面前左右撥轉，預防不測。

練習猴形，周身虛含輕靈，氣沉丹田，束身裹背，動作緊密協調，手腳與旋腰動作高度一致，整個動作看似虛實，而內在卻有蓄而待發之勢。

第二動與第一動要求相同，動作相反。

四、馬 形

●歌 訣

人學烈馬踏蹄功，戰場之上顯神通；

英雄四海揚武威，全憑此式出奇功。

起勢：輕步站。

第一動（右勢）

接上式，左腳向前一步；同時，兩手由胸前向斜前方鑽出，手指向前，掌心向下，目視前方（圖3-104）。

第二動

接上式，右腳提起前蹬，左腿微屈；兩手由上向下撕拉至右大腿兩側成拳；頭上頂，目視前腳尖（圖3-105）。

● 圖 3-104

● 圖 3-105

第三動

接上式，右腳落地變弓步，左腳跟進半步；於兩腳下踩的同時，雙拳外旋，向斜前方擊出，拳背向前，略低於肩，目視前方（圖3-106）。

第四動（左勢）

接上式，右腳前進一步；左腳跟進半步，重心在右腿；雙拳變掌向前上方鑽出，手指向前，掌心向下，目視前方（圖3-107）。

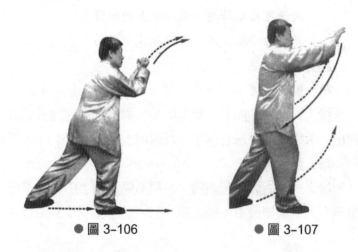

● 圖3-106　　　　● 圖3-107

第五動

接上式，左腳提起前蹬，右腿微屈；雙手由上向下撕拉至左大腿兩側成拳；頭上頂，目視前腳尖（圖3-108）。

第六動

接上式，左腳落地變成弓步，右腳跟進半步，重心在左腿；兩腳下踩的同時，雙拳外旋，向斜前方擊出，拳背向前，略低於肩，目視前方（圖3-109）。左右勢可反覆練習。

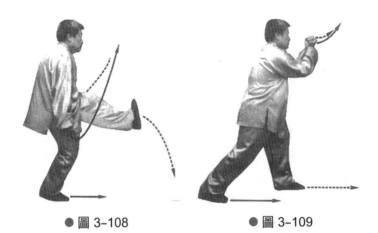

● 圖 3-108　　　　　● 圖 3-109

●要 領

馬有踏蹄之功，馬在跑得最快時，四蹄生風，沾地而
起，收回後蹄能超過前蹄，展開前後腿能伸平，說明了馬
在奔跑時，不但快，而且周身協調，有很好的爆發彈性
力，這是練習馬形要吸取之處。

進前腳過後腳速度要快，右腳向前進時，兩膝要摩擦
而過。前腳提起前蹬，其力在腳跟；左腿彎曲，腳趾抓
地，站立要穩，重心在左腿；臀要收，並有下溜之意，這
樣站立得比較穩；上身向下束勁，膝上提，手下拉，臀內
收，肩下沉，肘下垂，整體型成合勁，腳手動作要同時進
行，緊密配合，腳手齊到，目視前方，準備出擊。

五、雞 形

●歌 訣

　　將在智謀不在勇，敗中取勝逞英雄；

　　視看雞鬥虛實敏，才知羽化有顯通。

1. 雞形一式

起勢：輕步站。

第一動（右勢）

左腳向前一步，右腳跟進一步，成左雞形步，重心偏向前腿；同時，腰向左旋，右手由左胯處向前上方穿出，掌心向後，手指朝上；左手微屈肘上提，放於右胯外側，五指朝前，掌心向下；目視前方，呈吸氣狀（圖 3-110、圖 3-111）。

● 圖 3-110　　　● 圖 3-111

第二動

接上式，右手向右旋轉，並變掌為拳，由上向下沉拉，至右胯外側下；同時，右腿上步提膝，左腿膝部微屈，支撐全身，成金雞獨立式，目視右手（圖 3-112）。

第三動（左勢）

接上式，右腳前進一步，左腳跟進半步，成右雞步；同時，左手變掌向前上方鑽出，手背朝前，上身右旋；右手貼於右腰側，掌心向下，目視前方（圖 3-113）。

● 圖 3-112

● 圖 3-113

第四動

接上式，右腳上前一步，左腿提膝；同時，身體左提，左手翻掌，向下撕拉變拳於左胯外側下，目視左手（圖 3-114、圖 3-115）。左右勢反覆練習。

● 圖 3-114

● 圖 3-115

●要 領

雞有爭鬥之勇，心意六合拳中對雞形很重視，拳經云：「步步不離雞腿，把把不離鷹捉。」心意拳要求走雞形步，除此之外，還取雞能打善戰之巧。

第一動時，進左步跟右步，雙腿彎曲，扣膝裹胯，勁力裹合，重心穩而又輕靈；腰向左旋，右肩有找左胯之意，右肘有找右膝之意，沉肩裹胯，含胸拔背。

練習第一動時，出右手出左腳與旋腰同步完成，不可有先有後，周身動作緊密協調，腳到手到，手到眼到，目視前手，成吸氣狀。

第二動時，接第一動，翻手提拿並向右轉腰下拉，右膝快速上提；右手下拉與右膝上提要同時完成，手向下用力，膝向上用力，動作要快，用力要猛，合力要足；內氣下沉，左腳站立要穩，頭上頂，目視前方，成呼氣狀。

此形可走直趟反覆盤練，左勢動作與右勢相反，要求相同，收勢可採用鷹捉雷聲之勢。

2. 雞形二式

起勢：輕步站。

第一動（右勢）

接上式，左腳在前，右腳前進一步，左腳進半步，右腳在前；雙手同時向前方平插，高與胸平，掌心向上，目視前方（圖3-116）。

● 圖 3-116　　　　　　　● 圖 3-117

第二動

接上式，左腳抬起，而後右腳單腿起跳向前蹬出。要求是一個騰空動作，力達腳跟。接下左腳落地，單腿支撐；在右腳向前蹬的同時，兩手向兩邊分開，掌心向外，手指向上，目視前方（圖 3-117）。

第三動

接上式，右腳向前一步，左腳跟進半步，重心偏後腳；雙手同時由兩側向胸前匯攏向前推出，掌心朝前，目視前方（圖 3-118）。

第四動（左勢）

接上式，左腳前進一步，右腳跟進半步，成左雞形步；雙手同時往兩側翻掌，變為掌心向上、向前方穿出，目視前方（圖 3-119）。

● 圖 3-118　　　　　　● 圖 3-119

第五動

接上式，左腿起跳前蹬，力達腳跟，身體騰空後，右腳單腿落地；在左腳向前蹬的同時，雙手向兩側分掌，掌心向外，目視前方（圖 3-120）。

第六動

接上式，左腳向前一步，右腳跟進半步；雙手同時由兩側向胸前合攏向前推出，掌心向前，目視前方（圖3-121）。

接下來，右腳前進一步，左腳跟進半步，其餘參照第一動，反覆練習。

● 圖 3-120

● 圖 3-121

●要 領

第一動時，左腳向前進一步，其勁力是右腿向前蹬勁，催前腳邁出。做動作時要兩腿彎曲，重心在左腿，兩膝內扣，收臀提肛，沉肩鬆胯，上身束含，兩手向前平伸，要有向前的拔勁，兩肘下沉，兩背裹勁，兩臂向內撐勁担有縮身而進之意，目視前方，意念集中。

第二動時，跳起不是原地跳，而是向前進身跳起前蹬，雙手在跳起時，由向前伸變成外旋並向兩邊分開。此動作模仿雞在爭鬥時雙翅拍打、起腿外蹬的動作，做時要求起跳、蹬腳與雙掌分開協調一致，蹬腳、分掌同時完成，並要有力度有彈性，動作要快。

第三動腳落地時，雙手隨即變雙掌向前合力推出，落

地時雖重心在左腿，但要求左腿仍要有向前的催勁，左腿的蹬勁與前手的推出要到位，要同起同落，不可有先後遲緩之分，蹬出的力一定要催到手上。

六、燕　形

●歌　訣

一藝求精百倍功，功成之路自然通；

扶身試看燕抄水，才知男兒高世風。

起勢：輕步站。

第一動

右腳向前進一步，落地時腳尖外擺，雙腿屈膝下蹲；左膝藏於右腿彎後邊，左腳前腳掌著地；同時，右手隨右腳向前下方穿出，掌心朝上，手指朝前；左手屈肘上提，扶於右大臂內側，目視前手方向（圖 3-122）。

第二動

接上式，身子高度不變，左腿向前進一步；同時，右手由掌變拳，向後拉至右胯外側；左手在右手後拉時，沿右臂上邊向前下邊推出，掌心朝下，小指朝前，目視前手方向（圖 3-123）。

● 圖 3-122

● 圖 3-123

第三動

接上式，左腳向前進一步，腳尖向左斜，右腳跟進半步，雙腿屈膝下蹲；身體左旋，左手同時收於腹前，變為掌心向上後，向前下方穿出；右手變掌扶於左大臂內側，目視前手方向（圖3-124、圖3-125）

● 圖 3-124

● 圖 3-125

第四動

接上式，身體高度不變，右腳向前一步；同時，左手變拳向後拉至左胯外側；右手沿左臂上側向前下方推出，掌心向下，小拇指朝前，目視前手方向（圖3-126、圖3-127）。

● 圖 3-126

● 圖 3-127

接下來，右腳向前進一步，腳尖向右斜，左腳跟進半步，接下參照第一動，反覆練習。

● 要領

第一動時，後腳向前邁進時，腳要向外橫踩而出，腳尖轉向右邊，腳後跟用力，當右腳出腳時，左腿屈膝下蹲並支撐全身重量，上身隨之向下束含，兩背向內裹勁，腰向右旋勁；右手、肘、肩迅速向前下方沉插進攻，左肩、肘、手向內裹含，扶於右肩內側，有待發之意，周身動作協調一致，快速而又虛靈，如燕子抄水之勢。

第二動時，身子高度不變，左腳上前進一步，後腳要有蹬勁，前腳要有踩勁；腰向右旋勁，右手隨腰旋向後變拳拉勁；左手變掌向前推出。左手向前出與右手後拉要同時完成，雙手的變化也要與進步旋腰緊密配合，所有動作一動無有不動，一停無有不停，緊密完整，快速有力。

七、鷂 形

● 歌訣

古來鷂子有翱翔，兩翅展開似鳳凰；

入林只把雀來捉，鑽天入林本領強。

起勢：輕步站。

第一動

接上式，左腿向前邁進一步，右腳跟進半步，雙腿彎曲，重心偏前；左手由下抬至頭部左上邊，掌心向外；右手由下向前上方擊出，高度與肩平，掌心向上，手指向前；於兩手變化的同時，腰向左旋轉，目視前手方向（圖3-128、圖3-129）。

● 圖 3-128　　　　　● 圖 3-129

第二動

接上式，右腳上前邁進一步，左腳跟進半步，重心偏前；腰隨之向右旋轉，右手隨腰旋轉屈肘後拉至頭部右上邊，掌心向外，手指向前；左手向左旋轉的同時向前擊出，變至掌心向上，手指朝前，高度與肩平，目視前手（圖 3-130）。

接下來參照第一動，反覆練習。

● 圖 3-130

●要 領

鷂為飛禽，生性凶猛，動作奇快，鷂子在飛行中可快速翻身，側身入林，直上鑽天，變換自如，速度快而動作

猛是它的特長。心意拳取鷂子入林之勢為拳用，身轉步進，雙手隨身所變，連續交替進攻，防不勝防。

第一動時，左腳向前進一步，進步時兩腳踝要摩擦而行，兩膝內扣，落地要有踩勁，後腳要有催勁；腰向左轉要有擰勁，右肩向左旋要有找左胯之意，右手向前伸時，要肩催肘進，肘催手出，意念要遠，上身要束，兩肩要沉，兩肩有找兩胯之意；兩手一前一後，隨身而變，周身下沉，目視前方。

第二動時，接第一動，右腳前進一步，左腳緊跟半步。右腳進步速度要快，落步要穩，如踩毒物，落地生根。在進右步的同時，腰向右旋，左手隨腰所變而出，右手變為架掌。練鷂形時，要手腳齊到，腳手交叉變化，出左腳時出右手，出右腳時出左手，腳的蹬勁與腰節的旋擰勁要協調一致，手、腳、腰同時變化，高度協調。

八、蛇　形

●歌　訣

蛇有撥草奇功能，左右明撥任意行；

節節靈通首尾應，曲直盤旋剛柔功。

起勢：輕步站。

第一動（右勢）

接上式，左腳向前邁進一步，右腳跟進半步，成左雞形步，重心在左腿；腰向左旋轉，右手從右胯處微微上提，然後隨腰旋轉，並向左胯外側下按，手指向下，掌心向外；左手屈肘上提至右面部外側，手指向上，掌心向外，右肩領前（圖3-131、圖3-132）。

●圖 3-131　　　　　●圖 3-132

第二動

接上式，右腳向前偏右 30°邁進一步，左腳跟進半步；腰向左旋轉，右手隨腰旋轉之勢，從左胯處向右上方畫弧挑擊，高度與頭平，掌心向上；左手從右面處向下壓按，落至左胯內側；重心下沉，頭上頂，意在右手（圖 3-133、圖 3-134）。

●圖 3-133　　　　　●圖 3-134

第三動（左勢）

接上式，右腳前進一步，左腳跟進半步，成右雞形步；腰向右旋轉、沉合，同時右手收至左面部外側，掌心

向外；左手由腰部下插於右胯外側，掌心向外（圖3-135）。

第四動

接上式，左腳向前偏左 30°進一步，右腳跟進半步；腰向左旋，左手隨腰轉同時向左前上方挑出，高度與頭平，掌心向上；右手從左面處向右胯下按去，落至右胯內側，目視前方（圖 3-136）。

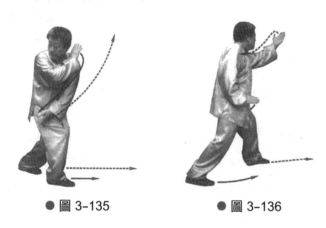

● 圖 3-135　　　　　● 圖 3-136

接下來參照第一動，左右反覆練習。

●要 領

蛇有撥草之能。蛇身腰靈活，節節貫通，起伏屈伸，撥草而行，速度極快，如走平地。心意拳取蛇撥草之能，乘隙而入，攻擊對方，為拳所用。

第一動時，左腳進一步要有踩勁，如樹生根，右腳在後虛靈著地；腰向左旋要有擰勁，但不是向左硬擰，而是上身束含，腰節旋擰，如彈簧一樣，雖向左擰勁，一旦鬆手，會自動反彈；右肩隨腰向左旋擰，有找左胯之意，右手隨肩旋擰並向下沉插；左手放於右面外側，要有向外推

的意思；整體重心下沉，兩肩向裏裹勁，上身下沉縮勁，腰節撐勁，如蛇調身盤旋撐勁，有待發之勢。

本勢要求進步、旋腰與手的下插同時完成，要做到身隨意動，眼隨手動，手隨腳動，上下協調，動作一致。

第二動時，接第一動，重心前移，左腿蹬勁，催右腳邁出；右手隨腰的右旋之力旋轉挑出，右臂和肩要有向外的旋撐勁。此動要求後腿的蹬勁與腰的旋勁合力聚於右臂之上。左肩向內沉裹，左手向下沉按。此動要求動作變化要快、要靈，進手與出手同時完成，兩手分開與腰的旋轉也要同步而行。周身下沉，眼隨手變。

九、熊　形

●歌　訣

熊勢沉穩如泰山，出洞入洞無遮攔；
搖動兩膀千鈞力，驚散虎狼威無邊。

1. 熊形一式

起勢：輕步站。

第一動（右勢）

接上式，左腳上前一步，右腳跟進半步，成左雞形步；同時，身體左旋，右手從右胯處向前上方托出，大臂與小臂成直角，手高度與頭平，掌心向上，掌根用力；左手屈肘上提，扶於右肘內側；頭上頂，目前視（圖3-137）。

第二動（左勢）

接上式，右腳上前一步，左腳跟進半步，成右雞形步；腰向右旋，左手向前上方托出，大臂與小臂成直角，

手高度與頭平，掌心向上，力達掌根；右手輕扶於左肘處，頭上頂，目前視（圖3-138）。

● 圖 3-137

● 圖 3-138

左、右勢可反覆練習。

2. 熊形二式

起勢：輕步站。

第一動（右勢）

接上式，右腳上前一步，左腳跟進半步，右腳在前，左腳在後，雙腿彎曲，成右雞形步；同時，右手變拳，向前上方伸出，高度與眼平；左手變拳貼於肘處，目視前方（圖3-139）。

● 圖 3-139

● 圖 3-140

第二動

接上式，左腳上步，身體同時向右旋轉90°，兩膝相扣，兩腳尖內扣；左拳裏合於右臂裏側，兩臂交叉於胸前，身體裏含蓄勁，目平視（圖3-140）。

第三動

接上式，右腳由左腿後面向左側跨出一步，成右弓左蹬步；身體隨步旋轉180°，肩、肘、雙拳同時向對方撞擊，雙臂微屈，目視拳擊方向（圖3-141）。

第四動（左勢）

接上式，左腳上前一步，右腳跟進半步，成左雞形步；左拳同時收至左肩外側後向前上方鑽出，高與眼平；右拳貼於左肘處，目視前方（圖3-142）。

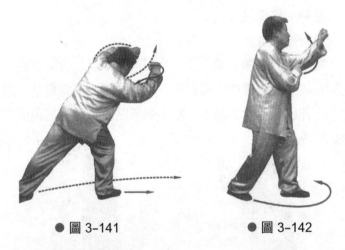

● 圖 3-141　　　　　● 圖 3-142

第五動

接上式，右腳上前一步，身體同時向左旋轉90°，兩膝相扣，兩足尖內扣；右拳裏合於左臂裏側，兩臂交叉於胸前，目平視（圖3-143、圖3-144）。

● 圖 3-143

● 圖 3-144

第六動

接上式，左腳由右腿後向右側跨一步，成左弓右蹬步；身體隨步旋轉 180°，肩、肘、雙拳同時向對方撞擊，雙臂微屈，目視拳擊方向（圖 3-145）。

接下參照第一動，左右反覆練習。

● 圖 3-145

●要領

熊是一種看似笨拙，實則凶猛沉穩的動物，力大無比，其掌擊石斷樹易如反掌。心意六合拳取其熊形動作沉穩、周身裹含、兩手收發從心、如上弦之箭含而不露、蓄而待發、顧打結合、後發制人之特長。在心意六合拳中，起勢動作均為熊形，並在每個動作中強調起是熊，落是鷹，並有鷹熊競志和鷹熊合演之說。拳經云：「起是熊，落是鷹，去意好似捲地風。」可見熊形在心意六合拳中之

重要。

　　練熊形時，不管是拗步或是順步，要求都一樣，左勢和右勢的區別只是動作相反，要求相同。

　　熊形一式進步時，動作要快，落步要穩，兩膝扣合，兩肩沉勁，兩膀裏勁，兩肘下垂夾肋，上身整體下沉束勁；前手沉肩上托意在掌根，後手沉肩垂肘扶於前肘內側，兩肘不但下沉，而且要同時往裏合勁；頭上頂，尾內收，肩下沉。頭上頂與鬆膀尾內收形成縱向合勁，裏背夾肋形成橫向合勁，周身縱橫裏合，一可提高抗擊打能力，二可使自身內力充實，含而不露。出手與上步要動作一致，整體要高度協調，手隨意發，腳隨手變，顧打結合，蓄而後發，後發制人。

　　熊形二式第二動時，背要有橫向拔勁，胸要含，沉肩，墜肘，交叉裏肘，雙肩裏合帶動雙臂，像壓縮的彈簧；兩膝相扣，足尖要扣，周身下沉。

　　隨後第三動，轉身要迅速，周身像彈簧一下鬆開，後足要蹬，前足要踩，旋腰帶動肩、肘、拳同時向對方擊去。周身發力要協調一致。

十、鷹　形

●歌　訣

　　　　出手似箭回似鈎，把把捉拿不罷休；

　　　　恨天無環地無把，撕破乾坤神鬼驚。

起勢：輕步站。

第一動（右勢）

接上式，左腳向前邁進一步，右腿跟進半步，成左雞

形步；右手由右胯處向前上方鑽出，手指向上，掌心向後，略高於頭；左手屈肘上提於左胯處，手指向前，掌心向下；腰向左旋，右肩在前，目視前方（圖 3-146 正、圖 3-146 反）。

第二動

接上式，右腳上前與左腳平；左手向前上方穿掌，掌心向上，與右手平，目視前方（圖 3-147）。

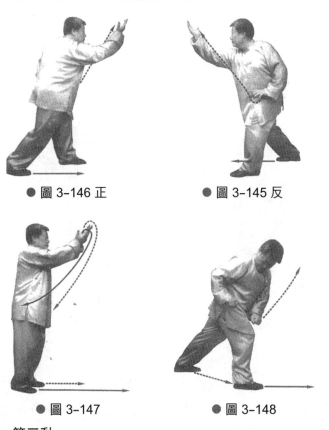

● 圖 3-146 正　　　　● 圖 3-145 反

● 圖 3-147　　　　● 圖 3-148

第三動

接上式，右腳進一步，左腳進半步，成右雞形步；腰

向右旋變為左肩領前，右手隨腰之旋轉由上向後下方拉回落至右胯外側，變掌為拳；左手隨腰旋轉與右手同時向下拉，落至右膝上方；腰右旋，頭上頂，目視前下方（圖3-148）。

第四動

接上式，右腳上前一步，左腳跟進半步，成右雞形步；同時，左手變為掌心向上向前上方穿出，略高於頭；右手變掌，掌心向下於右胯處，目視前方（圖3-149）。

第五動

接上式，左腳前進一步與右腳平；右手變為掌心向上向前上方穿出，與左手平，目視前方（圖3-150）。

● 圖 3-149

● 圖 3-150

第六動

接上式，左腳前進一步，右腳跟進半步，成左雞形步；腰向左旋，左手隨腰旋向後下方拉回至左胯外側變為拳；右手同時往下拉回至左膝上方變為拳，目視前方（圖3-151、圖3-152）。

● 圖 3-151　　　　　　● 圖 3-152

●要 領

鷹是猛禽，目光似箭，嘴爪銳利，行動極為靈敏神速，俯衝而下，勢若閃電，捕捉食物速度快而猛，捉拿準而狠。心意六合拳取鷹有捉拿之精而為拳，要求「出手無空回，空回非奇拳」和「步步不離雞腿，把把不離鷹捉」。練鷹捉把有「恨天無環」之狠勁。鷹捉把又被心意六合拳定為收勢之法，可見鷹形和鷹捉在心意六合拳中的重要位置。

第一動時，出右手旋腰與出右腳動作要同時完成，進步出手要快，要有衝天捉拿之意，腰要向左撐勁，右手向上鑽勁，右臂與肩要向左撐勁；左肩下沉，左手向下塌勁；兩腳跟向外撐勁，兩膝向裏合勁，含胸拔背，裏禩豎項。此動作要協調一致，手腳齊動，一動無有不動，一停無有不停。周身上下旋撐裏含，勁力內蓄，手起步追，撲擊而去，速度迅猛，二目逼人。

第二動時，接第一動，右腳快速進步，左腳急跟其後，在進步的同時，腰迅速向右旋轉，兩手隨腰右旋，反手變鷹捉之勢向後下方猛力捉拿撕拉。手拉要與上步高度

配合，動作要猛，速度要快，發力要毒。在做此動作時，除以上要求外，還要做到，身體有前衝之勢，手拉有塌天之勢，腳如踩毒物，頭要頂，牙要叩，周身內外合一（鷹捉的手形與握拳不同，可參考前邊鷹捉手型）。

第四節

買氏四把捶

心意六合拳是我國古老的傳統內家拳之一，相傳為宋代名將岳飛所創。心意六合拳動作簡單，內涵豐富，集健身、技擊為一體，並有很好的養生作用，本門前輩壽齡多在九十歲以上。究其原因與本拳的科學性和習練本拳時要領的合理性有很大關係。在練拳時首先要做到心定神寧、神寧心安、心安清靜、清靜無物即心無雜念。做每一個動作都要求在內心與意合，意與氣合，氣與力合；在外手與足合，肘與膝合，肩與胯合。整個動作的完成必須是發之於心，動之於意，作用於拳，使內在的心、意、氣、力與外部的手、足、胯、膝動作時能高度協調配合，使之周身內外動作時做到一動無有不動，一停無有不停，使所有的動作變化在心意的支配下形成完美的結合。透過長期習練可開發人體潛能，機體健壯，動作靈活，內氣充實，反應靈敏，精力充沛而健康長壽。

四把捶是心意六合拳中最古老的傳統套路。它由挑領、鷹捉、斬手、橫拳四個動作組成。因為心意六合拳的每一個動作稱做一把，這個傳統套路由四個動作組成，所

以叫「四把捶」。這個套路雖然動作不多，但卻被門內人士稱做是密不傳人的「四把捶」，上乘「四把捶」，也有千金難買「四把捶」的說法。其原因是這四個動作不論從健身方面，還是從練功方面，都是非常有代表性的。

從要領要求上講：一要排除雜念；二要舌頂上齶；三要身體自然下沉；四要收尾提肛；五要牙齒叩。

1. 排除雜念。在練拳時首先要做到排除雜念，這樣可以把思想上的一切不愉快都能夠忘掉，進入一種清靜無物的境界，內氣便可自然運行。

2. 舌頂上齶。舌為肉梢，舌的上頂蠕動，可促使肌肉內質發生變化，使任督二脈溝通而自然運行，舌捲氣降，舌上頂既可促使內氣下沉，又可促使口內產生大量津液，潤喉止渴，滋養周身。

3. 身體自然下沉。可使周身肌肉自然放鬆而得到充分的休息，肩沉氣可貫肘，肘沉氣可貫手，氣沉者氣貫丹田，如此周身的內氣與肌肉自然放鬆下沉，可使全身輕鬆，大腦清醒，也可減輕平時肌肉和內氣對內臟形成的壓力，使其整體處於上虛下實的狀態，內氣下沉可使內沉入丹田，丹田即是小腹，每次下沉之氣形成的衝擊力量可促使腸蠕動，腸蠕動力量的加大可有效地改善和治療便秘。總之，周身自然下沉可達氣血暢通、根基穩健、修身養性、延年益壽之效果。

4. 收尾提肛。收尾塌胯，可改變日常腰部的角度，使長期受力的腰椎角度發生變化而得到調整和緩解，特別是有腰疼的患者有減輕腰部壓力、緩解腰疼症狀之作用。提肛可固其內氣，提高肛部肌肉的收縮力，痔瘡患者習練

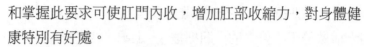

和掌握此要求可使肛門內收，增加肛部收縮力，對身體健康特別有好處。

5. **牙齒要叩**。牙齒為骨梢，周身之骨都在身體的裏邊，而牙齒卻在外邊，所以牙齒為骨露在外邊的部分，又為骨之梢節，在運動時，每當動作發出的同時牙齒都要用力叩合，只有這樣才能調動周身骨骼的力量，如此反覆配合運動叩齒，可增加骨密度而使牙齒堅固，到老成行，預防骨質疏鬆。

從動作要求上講：一動作要整齊協調；二動作要有束長彈性；三動作要旋轉彈性；四動作要用意不用力。

1. **動作要整齊協調**。練習心意六合拳時首先要做到六合：即心與意合，意與氣合，氣與力合，手與足合，肘與膝合，肩與胯合，也就是說練習時內在的心、意、氣、力與外部的所有動作要整齊一致，高度協調配合，一動無有不動，一停無有不停。經由這樣反覆的長期練習可使周身協調、反應靈敏、動作靈活、內外合一、變換自如。

2. **動作要有束長彈性**。心意六合拳經說：「束身而起，長身而落，束長二字一命亡。」束有縮身沉合之意，長有伸長拔遠之意。在心意六合拳習練過程中的每一個動作都要做到自然放鬆沉合，迅速長身反彈，這樣反覆練習，可激活身體各部功能使其產生很大的爆發彈性。

我們的身體因力量與彈性的增加則可行動自如、輕鬆靈活，由於運動時上身的束長變化，使我們的頸椎、胸椎、腰椎不斷發生形狀變化，「三椎」由於不停地收縮與拔長的變化而得到鍛鍊和人為的意念牽引，可使「三椎」疾病得到緩解和治療。

3. **動作要有旋轉彈性**。心意六合拳非常重視對腰部旋轉彈性的訓練，如「四把捶」中的橫拳，十大形之龍形、猴形、燕形、鷂形、蛇形等，在腰部的旋轉幅度上都有很嚴格的要求。在練動作時，不論是順步或是拗步，要想把腿部的力量順利地傳送到上肢，就需要由腰部進行轉換，從而使腿部的力量與腰部自身的旋轉力量合為一體送到梢節，在力的傳送過程中，腰部起著非常大的作用，所以，對腰部的旋轉訓練，可使腰部變化靈活，收發自如，而且具有很好的爆發彈性力。此外，腰節的旋轉訓練對便秘和腰部疾病也有明顯的改善與調理作用。

4. **動作要用意不用力**。由於意念不僅能夠支配動作快速變化，而且還可調動體內所有潛在因素，所以在習練心意六合拳時，要做到意由心生，氣隨意變，力隨氣發，整齊協調，完整一致，一動無有不動，一停無有不停，唯有如此，才能使整個動作達到隨心而動、隨意而發、勁力渾厚、輕靈快速、富有彈性的效果。另外，尤其需要注意的是，在習練過程中，決不可使用犟勁與拙勁。

一、預備式

面向南方自然站立，兩腳併攏，兩手下垂於身體兩側（圖 3-153）。

●**要 求**

身體直立，下頜微微內收，頭上頂，牙自然叩合，舌頂上齶，呼吸自然，目視前方，兩肩下沉，兩膀微微內扣，胸部自然放鬆，雙手垂於身體

● 圖 3-153

兩側，兩腳併攏，腳掌平穩落地，腳心有內收之意，尾部微收，肛門微提，思想入靜，周身自然下沉，意念引氣下行至丹田部位。

二、熊出洞

接上式，右腳向後退一步，身體向左轉 90°；左腳尖上蹺，腳跟著地，左腳在前，雙腿屈膝下沉，重心在右腿；左手放於左膝上方，右手放於右胯外側，兩臂微微內收，兩掌心朝下，沉肩墜肘，兩胯下塌；頭上頂，目平視，為吸氣狀，成熊出洞姿勢（圖 3-154）。

● 圖 3-154　　　　　● 圖 3-155

三、出手横拳

接上式，左腳向前邁一步，成左弓步，右手由右胯處變拳向前上方擊出，高度與肩平，拳眼朝上，拳峰朝前；左手與右手同時向前推出，扶於右拳手腕處，手指朝上，手背朝外（圖 3-155）。

●要求

前腳踩勁，後腳蹬勁，右手出拳時要與後腳的蹬勁和

腰的左旋勁緊密配合，整個動作要高度協調，腳手和勁力
及周身動作要落到一個點上，不能有先後遲緩之分。

出拳如放箭，要打出彈性，意念要放遠，意隨目走，
手隨意出，成呼氣狀，兩肩沉勁，兩膀裹勁，兩手向前有
伸撥之勁。總的要求，後腳蹬勁、前腳踩勁、腰旋勁、頭
頂勁、牙叩勁和排氣要同時完成，使周身之力聚於右拳，
打出周身的合力。

四、上步挑領

第一動

接上式，右腿上一步，左腿屈膝下蹲，右腿在前，腳
尖上蹺，腳跟著地，重心在左腿；隨身子的下蹲，右手由
上向下沉劈，落於右膝內側，掌心向左，手指向下；左手
屈肘上提，放於右面外側，指節向上，掌心向外（圖
3-156 正、圖 3-156 反）。

● 圖 3-156 正　　　　　● 圖 3-156 反

●要 求

左腿屈膝下蹲，單腿支撐全身重量，右腳內鉤，有找

鼻尖之意，上身束勁，兩肩沉勁，兩膀裹勁，兩膝扣勁，兩臂向內合勁。此動作的核心要協調一致，勁力裹含，蓄而待發，頭上頂，目平視，成吸氣狀。

第二動

接上式，右腳向前邁進一步，成右弓左蹬步；右手由下向上挑擊，手指向前，掌心向左；左手由右面外側下按至右膝內側，手指朝前，掌心向下（圖3-157）。

● 圖 3-157

●要求

右手上挑應是左腿的蹬勁與上身的束長勁合力而發出的，不是單純的單臂挑出去。左腳蹬勁、右腳踩勁、上身長勁和右手挑勁動作要高度協調，緊密配合，做到動作要合，速度要快，勁力要整。右手向上挑，左手向下按，兩手的發放意念要遠，整個動作的完成要反映出心狠、意毒、力猛，要打出火燒身的靈勁與彈力。兩手勁力對分，頭上頂，氣下沉，目平視。本式突出反映中節的拔勁，又叫拔中節和恨地無環。

五、鷹捉把

第一動

接上式，左腳上前邁一步，腳跟著地，腳尖上蹺，腿微屈，膝內扣；右腳屈膝下蹲，重心在後腿；左手左旋上躦略高於頭，手指向上，掌心向右；右手由上向下落至左

肘內側，目視右手（圖3-158）。

●**要　求**

周身重心下沉，收尾提肛，沉肩塌腰，裹背束身，兩手上伸拔勁，周身下沉束勁，二力對稱。

第二動

接上式，右腳向前邁出一步，成左弓右蹬式；兩手由上旋轉下按，落至左膝內側，左手在前，右手在後，兩手手指向前，掌心朝下，目視前方，成排氣狀（圖3-159）。

●**要　求**

右腳蹬勁催左腳，邁出成左弓右蹬步；兩手猛反掌下按，上身由束身虛含隨之變為上頂長勁，使上身迅速發出向上的反彈力；兩手在軀幹長身的同時，反手下按，形成對掙力。兩手下按的速度要快，發力要猛，意念要遠，落如霹雷擊地之勢。

此勢又稱「恨天無環」。此勢練習中節的束長彈性和兩手的撕、拉、捉之猛勁。練習時，前腳踩、後腳蹬和長身、頭頂、兩手下按高度協調，動作一致。

● 圖 3-158

● 圖 3-159

六、斬 手

第一動

接上式，重心前移，右腿屈膝上提，腳尖朝前；左腿微屈，支撐全身重量；右手上提的同時，反手變拳，屈肘，小臂右旋上躦，拳高與眉齊，拳峰向上，拳背向外，左手屈肘上提，扶於右小臂內側（圖3-160）。

●要 求

右腿提膝與右手衝拳要動作一致，右膝與右肘對照，兩肩下沉，兩臂內裹，含胸拔背，尾內收，整個身體型成周身勁裹含，意念集於右拳，目視右拳前方，有蓄而待發之勢。

第二動

接上式，右腳迅速向前下放落踩，成右弓步、左蹬步；右拳迅速左旋並向前下方擊出，左手扶於右肩內側（圖3-161）。

●圖 3-160

●圖 3-161

●要 求

右腳下落時要快,踩勁要狠,右手向前下方擊出要與右腳下踩同時完成。此動左腿蹬勁、右腳踩勁、二肩內裹下沉、上身向下沉束與右拳下擊要同時完成,動作一致,速度要快,勁力要猛,意念要毒,重在練習上身的束長勁,又稱為蹲中節。

七、上步橫拳

第一動

接上式,重心後移,右腳與右拳同時向後拉回;在右腳拉回未落地時,左腳迅速跳起,並屈膝上提,膝提到與胯的高度平為止,腳尖向前;然後右腳落地,膝部微屈,並支撐全身重量;右拳同時變掌,並反手向下落至右肋內;左掌從右手上邊躦出,向前擊出,高度與鼻尖平,手指向前,掌心斜向前方;頭上頂,目平視(圖3-162)。

●要 求

下邊跳步換腿與上邊手的變換要動作一致,右腿支撐全身動作要穩,左手在前,要沉肩墜肘,兩手為掌要虛、要靈,上身要裹背束身,周身下沉,束含內裹,虛中有靈。

第二動

接上式,左腳上提,向前下方邁出落地,成左弓步;同時,腰向左旋,右手隨腰之旋轉向前上方撩出,至右肩高度平為止;左掌由前向後回拉,至右肩內側為止,目視前方(圖3-163)。

● 圖 3-162

● 圖 3-163

●要 求

進左步與右手撩應同時進行，動作要快，配合要好；出右掌要與腰的左旋緊密協調，周身上下一動無有不動，腳進手追，意動力至。

第三動

接上式，周身重心前移，左腳隨身體的前移向前收回，在右腳未落地時，左腳上跳提膝，提膝高度與胯平，腳尖上蹺，有前踏之意；然後右腳落地，膝部微屈，右腿支撐全身重量；右手隨右腳的跳起，迅

● 圖 3-164

速屈肘拉至右肋外側，手指向前，掌心朝裏；左手在右手拉的同時向前撩出，至左小腿內側，目視前方，有蓄而待發之勢（圖3-164）。

●要 求

兩手與兩腳的動作變換要高度協調，要收尾沉肩，含

胸拔背，上身束身裹含，重心下沉，整體看好像猴子束身
蹲著一樣。

第四動

接上式，左腳直接向前邁
出一步落地，右腳蹬勁，成左
弓右蹬式；右手從右胯處變
拳，直接向前上方擊出，高度
略低於肩，拳峰向前，拳眼向
上；左手在右拳前擊時與右拳
會合，扶於右拳後邊手腕處，
手指向上，掌心向內，頭上
頂，目視前方（圖3-165）。

● 圖 3-165

●要 求

左腳落地與右手擊出動作要一致，速度要快。出橫拳
時，右拳要從右胯處走斜線，直接擊出。拳經云：「出橫
不見橫。」出拳的速度越快越好，出拳走的路線越近越
好。上身由上動的束身與出手落步緊密配合，並迅速向上
反彈，由束身變為長身，右腿的蹬勁與上身的反彈長勁兩
勁合一送到右拳，使右拳打出周身的合勁。除此之外，在
出拳發勁時還要做到，舌上頂，牙要叩，氣要排，周身要
下沉，意念要放遠。

八、轉身挑領

第一動

接上式，轉身，左腳在後，屈膝下蹲；右腿在前，腳
跟著地，腳尖上蹺，重心在左腿；右手由上向下沉劈，落

於右膝內側，掌心向左，手指向下；左手屈肘上提，放於右面的外側，手指向上，掌心向外；頭上頂，目平視，成吸氣狀（圖3-166）。

● **要 求**

左腿屈膝下蹲，單腿支撐全身重量，右腳尖內鉤，要有找鼻尖之意，上身束勁，兩肩沉勁，兩膀裹勁，兩膝扣勁，兩臂向內合勁，勁力裹含，蓄而待發。

第二動

接上式，右腳向前邁進一步，成右弓左蹬步；右手由下向上挑出，手指向前，掌心向左；左手由右面外側下按至右膝內側，手指朝前，掌心向下；頭上頂，氣下沉，目平視（圖3-167）。

● 圖 3-166

● 圖 3-167

● **要 求**

右手上挑應是左腿的蹬勁與上身的束長勁合力而發出的，不是單純的單臂挑出去。左腳蹬勁、右腳踩勁、上身長勁和右手挑勁動作要高度協調，緊密配合，做到動作要合、速度要快、勁力要整。右手向上挑，左手向下按，兩

手的發放意念要遠，整個動作的完成要心狠、意毒、力猛，打出火燒身的靈勁與彈力。兩手勁力對分。本勢突出反映中節的撥勁，又叫拔中節和「恨地無環」。

九、鷹捉雷聲把

第一動

接上式，左腳上前邁一步，腳跟著地，腳尖上蹺，腿微彎曲，兩膝內扣；右腿屈膝下蹲，重心在右腿；左手左旋上躦略高於頭，手指向上，掌心向左；右手由上向下落至左肘內側，目視左手（圖3-168）。

●**要 求**

周身重心下沉，收尾提肛，沉肩塌腰，裹背束身，兩手上身撥勁，周身下沉束勁，二力對稱。

第二動

接上式，右腳向前蹬勁，催右腿向前邁出，成左弓右蹬步；同時，軀幹部分向上長身而起，頭上頂，目平視，兩手向內翻轉下按，落至左腿內側，左手在前，右手在後，兩掌心朝下，手指朝前；在兩手落下的同時，口中要

●圖 3-168

●圖 3-169

發出震雷般的「噫」字聲（圖3-169）。

●要 求

周身動作要一致，後腳蹬勁與前腳踩勁同時完成，發聲要洪亮，要做到聲隨意發，手隨聲落，動作協調，發力剛猛，有落如霹雷擊地之勢，心意拳稱此把為「恨天無把」，就是要求打出周身的合力。周身動作與勁力和發聲同時完成。要認真練好此把，細心琢磨其中之奧妙。

十、收 勢

第一動

左腿上步，然後左手由胸前向上穿出高過頭頂，手指向上，掌心向前，左手向上穿出扶於右手上邊，雙手掌心向前重疊上舉，周身直立，目視雙手（圖3-170）。

●要 求

向右旋轉時以腰為軸，動作緩慢均勻，兩手廣納地氣。

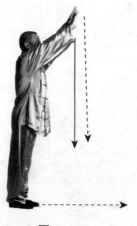

● 圖 3-170

● 圖 3-171

第二動

右腳蹬勁，左腳前進一步，左腳在前右腳在後成左弓右蹬之勢，雙手突然由上向下猛力下拉如向下拋物之勢，落至左膝內側，左手在前右手在後，雙手手指朝前，掌心朝下，周身動作整齊協調，剛猛有力，口發「噫」字聲，頭上頂，目視前下方（圖 3-171）。

第三動

接上式，兩手翻成掌心向上；重心在右腿（圖3-172），左腿向右腿靠攏，落在右腳左側，間距約尺許；兩臂平伸於身體兩側，兩手高度與肩平（圖 3-173）。

● 圖 3-172　　　　　● 圖 3-173

●要 求

周身放鬆，頭上頂，目內視，意念集於兩手。

第四動

接上式，兩臂從兩側向頭頂匯合，合至兩手距離如肩寬時停止（圖 3-174）。

●要 求

兩手向頭頂移動時，動作要慢，意想兩手收天地之靈

氣，兩手在頭頂時，兩掌心相對。

第五動

接上式，身體直立，兩手變為掌心朝下，手指相對，從頭頂走胸前，緩慢向下落至小腹時停止（圖 3-175）。兩手在小腹處略停片刻後，向兩邊分開，垂於身體左右兩側，掌心向腿，手指朝下，成立正姿勢（圖 3-176）。

● 圖 3-174　　　● 圖 3-175　　　● 圖 3-176

●**要 求**

在兩手向下落時，意想兩手接天地之靈氣隨手下落，貫於泥丸宮，並隨兩手動作而行，由上到下，沉於丹田。

第五節

馬三元派四把捶

馬氏四把捶，由馬學禮先師的高足馬三元先生所傳。馬三元一支傳人極少，但已故恩師呂瑞芳先生卻繼承了馬氏練法。馬氏心意拳為家傳，馬三元學藝於馬學禮，馬三

元傳孫河，孫河傳丁四（呂瑞芳的太老爺），丁四傳呂金
梁（呂瑞芳的爺爺），呂金梁傳呂青魁（呂瑞芳的父親），
呂青魁傳呂瑞芳，呂瑞芳傳李泇波等人。

　　馬氏四把捶動作適中，變換靈活，編排合理，動作
虛、含、裹、合收發自如，節奏感強，靜如繡女藏身，動
如猛虎傷人；慢如小溪流水，快如翻江倒海，長期演練，
內外兼修，潔內華外，內活外順。至今此拳已鮮為人知。

一、起　勢

第一動

　　兩腳並立，周身自然站立，沉肩拔背，頭上頂，氣下
沉，兩手垂於身體兩側，手指下垂，掌心貼在大腿兩側，
意念集中，呼吸自然，二目平視（圖 3-177）。

第二動

　　兩腳並立，兩手向外翻轉至掌心朝前，然後，兩手從
兩側慢慢抬起，高度與兩肩平，掌心朝上，呼吸均勻，目
視前方（圖 3-178）。

● 圖 3-177

● 圖 3-178

第三動

接上式，兩腳併攏，身體直立；兩手從兩邊慢慢向上移動至兩肩上方，兩臂直立微屈，手指向上，兩掌心相對，兩臂距離同肩寬；目視前方，成吸氣狀（圖3-179）。

第四動

兩腳不變，兩手由上經胸前慢慢向下，落至小腹前，掌心向下，手指相對，兩臂微屈，意想內氣隨兩手而下，沉入丹田，貫於兩腿，達之湧泉，兩腿隨之微屈，成呼氣狀，二目平視（圖3-180）。

● 圖3-179

● 圖3-180

第五動

身體向左旋轉90°，左腳向前邁出一步，右腳隨身轉動，左腿在前，右腿在後，成左雞形步；兩手自然放鬆，五指微屈，手腕微垂，兩臂屈肘，左手在前，右手貼於左肘內側，兩手高度與肘平，目平視（圖3-181）。

● 圖3-181

●要 求

沉肩垂肘，含胸拔背，中節要束，兩膀要裹，臂要平，臀要收，肛要提，膝要扣，腰塌勁，頭頂勁，呼吸自然。

二、左單把

第一動

右腳向前邁進一步，身體隨重心前移；左腿抬起，屈膝上提；右腿微屈，支撐全身重量；左手隨之左提上躦，高度與鼻尖平，五指自然彎曲，掌心朝面；右手扶於左肘內側，目視前方（圖 3-182）。

●要 求

身法要求同上動，此動為過渡動作，周身束含，兩膀兩臂內裹，周身有蓄而待發之勢，成吸氣狀。

第二動

接上式，左腳向前邁進一步，右腳跟進半步，左腳在前，右腳在後，雙腿微屈，成左雞形步；左手外旋變掌向前推出，手指斜上，掌心斜前，高度與肩平；右手略向左旋，放於左胸前，目視前方（圖 3-183）。

● 圖 3-182

● 圖 3-183

●要 求

右腳蹬勁，左腳踩勁，左手隨步同出，肘部微屈，要速度快，發力猛，向外呼氣。

三、望眉斬

第一動

右腳邁進一步，身體重心隨右腳前移；左腳抬起，屈膝上提；右手變拳向上抬起至右肩上方，略高於頭，手背朝前；左手下按落至左膝上方，成呼氣狀，目視前方（圖3-184）。

●要 求

此勢是過渡式，聯貫性強，不可作為單勢動作，有長身而起、起而待落之勢。

第二動

接上式，右腳向前邁進一步，左腳跟進半步，右腳在前，左腳在後，雙腿彎曲，成右雞形步；右手由上向下猛砸，高度略低於胸，拳心朝上；左手由下向上與右肘匯合，貼於左肘內側，目視右手（圖3-185）。

● 圖 3-184　　　　　● 圖 3-185

●要 求

上動與此動速度要快，聯貫性要強，右拳向下砸時應是周身的合勁，手隨步落，成呼氣狀，動作完整一致。

四、鷹捉

第一動

接上式，右腳向前邁進一步，左腳跟進半步，腳尖點地；雙手由下向前上方撲出，手指斜上，掌心斜前，高度略高於頭，成吸氣狀，目視雙手（圖3-186）。

●要 求

此動是過渡式，雙手向上猛撲和下一動作連接緊密，中間不停頓。

第二動

接上式，左腳向前邁進一步，右腳跟進半步，左腳在前，右腳在後，成左弓右蹬式；雙手由上向下猛按，落至左膝內側，左手在前，右手在後，兩掌心朝下，與膝同高，目視前方（圖3-187）。

● 圖 3-186

● 圖 3-187

●要 求

兩手向下猛落，手下按，頭上頂，中節長拔，兩手下按要配合中節的束長勁，力要大、要猛，意想若天上有把，就有把天拉塌之勢。成呼氣狀。

五、挑 捶

第一動

右腳上前進一步，其腳跟著地，腳尖上蹺；左腿在後，雙腿屈膝下蹲，重心在左腿；右手向下沉插落於右膝處，手指向下，掌心向左；左手屈肘上提，放於右面外側，掌心朝外，手指朝上，成吸氣狀，目視前方（圖3-188、圖3-189）。

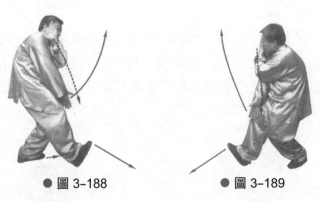

● 圖 3-188　　　　　● 圖 3-189

●要 求

腰塌動，頭頂勁，束身裹背，有蓄而待發之勢。

第二動

接上式，右腳向前邁進一步，左腳跟進半步；右手變拳向前上方挑出，拳眼向上，高度與頭平；左手在右手上挑的同時向下按，落至右大腿內側，略高於膝，手指朝

前，掌心朝下，目視前方，成呼氣狀（圖 3-190、圖
3-191）。

● 圖 3-190　　　　　　　● 圖 3-191

●要　求

後腳蹬、前腳踩、中節長勁與右拳上挑要同時完成，
動作要一致。此動作練的是中節束長勁，又稱為拔中節
勁，意想如果地球有個環的話，要把地球挑上天去，所以
此動又稱「恨地無環」。

六、鷹　捉

第一動

接上式，左腳向前邁進一步，右腳跟進半步，雙腿微
屈，重心在後；左右兩手同時收回到胸前，然後向上躦
出，兩手指向上，掌心朝面，略高於頭；目視雙手，成吸
氣狀（圖 3-192）。

●要　求

收臀，沉肩，含胸，裹背，兩臂內旋，有待發之勢。

第二動

接上式，左腳向前邁進一步，右腳原地不動，左腳在

前，右腳在後，成左弓右蹬式；同時，雙手向內翻轉下按，落至右膝內側，掌心朝下，手指朝前，左手在前，右手隨後，高度略高於膝；目視前方，成呼氣狀（圖3-193）。

●要 求

此勢與前邊鷹捉把要求相同，手隨意出，腳隨手落。

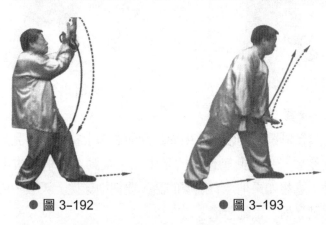

●圖 3-192　　　　　　　　　●圖 3-193

七、仙人掛拐

第一動

接上式，左腳向前邁進一步，右腳跟進半步，右腳尖點地；雙手由下變拳從胸前向上躜出，高度與頭平，雙拳心朝面；目視雙手，成吸氣狀（圖3-194）。

●要 求

進步與兩手收回上躜動作要一致，配合要協調。

第二動

接上式，右腳跟落地，身體重心後移下沉，重心偏後腿，左腳在前，右腳在後，成左雞形步；雙手握拳由上向

下沉砸，落於腰前，拳心朝上，大臂和小臂成 90°，左手在前，右手在後；目視前手，成呼氣狀（圖 3-195）。

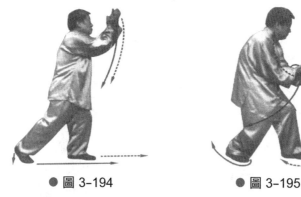

● 圖 3-194   ● 圖 3-195

●**要 求**

兩手下落沉砸與身體下沉要高度配合，兩拳有下砸之意，兩肘內裏有回收之意。

八、轉身挑領

第一動

接上式，身體向右旋轉 90°，兩腳隨身轉動，右腳在前，腳跟著地；左腳在後，重心在左腳；右手沉插落於右膝內側，手指朝下，掌心向左；左手屈肘上提，放於右面外側，掌心朝外，手指向上；目視遠方，成吸氣狀（圖3-196）。

●**要 求**

兩膀裏勁，中節束勁，有蓄而待發之勢。

第二動

接上式，右腳向前邁進一步，左腳跟進半步；右手由下向前上方挑出，手指朝前，掌心向左；左手在右手上挑

的同時，下按至右膝的內側，手指朝前，掌心朝下；目視前方，成呼氣狀（圖3-197）。

●要 求

力由中節發，周身動作協調配合，完整有力，腳到手到，周身齊到。

●圖3-196

●圖3-197

九、鷹 捉

第一動

接上式，左腳向前邁進一步，腳跟著地，腳尖上曉，身體重心下沉後移至右腿；雙手收至胸前，然後由胸前向上躦出，兩手指朝上，掌心朝面，左手高於頭，右手扶於左肘內側；目視上手，成吸氣狀（圖3-198）。

●要 求

周身裹含，有待發之勢。

●圖3-198

第二動

　　左腳向前邁進一步，左腳在前，右腳在後，成左弓右蹬式；兩手由上向內翻轉下按，落至左膝內側，左手在前，右手在後，兩手指朝前，掌心向下，兩手略高於膝；目視前方，成呼氣狀（圖3-199、圖3-200）。

● 圖 3-199　　　　　　　　● 圖 3-200

●**要 求**

　　手下按，頭上頂，周身動作緊密協調，力隨意發，手隨腳落。

十、望眉斬

第一動

　　右腳向前邁進一步，左腳跟進半步，腳尖點地；右掌變拳，向上舉至右肩上方，拳背朝前，略高於頭；左手下按於左胯前方，掌心朝下，手指朝前；目視前方，成吸氣狀（圖3-201）。

●**要 求**

　　抬手與上步同時完成，此式為過渡式。

第二動

接上式，右腳向前邁進一步，左腳跟進半步，右腳在前，左腳在後，成右雞形步；在右腳落地的同時，右拳由上向下斬截而下，落至右膝上方，拳心朝上，右肘貼在腰部右側；左手由下向上合勁，匯於右肘內側；目視右手，成呼氣狀（圖3-202）。

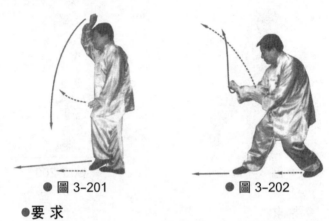

● 圖 3-201　　　　　● 圖 3-202

●要 求

右手與右腳要一致，身體上下要有合勁，周身齊到，腳隨手落。

十一、鷹　捉

第一動

接上式，右腳向前邁進一步，左腳跟進半步，腳尖點地；身體隨進步之勢向前上方撲出，兩掌心向前，手指向上；目視雙手，成吸氣狀（圖3-203）。

●要 求

此勢是鷹捉過渡勢，此勢兩手向上伸拔，內氣下沉，給第二動打下基礎。

第二動

左腳邁出一步，左腳在前，右腳在後，成左弓右蹬式；兩手由上向下猛按至左大腿內側，兩手指朝前，掌心朝下，略高於膝；目視前下方，成呼氣狀（圖 3-204）。

●**要 求**

後腳蹬、前腳踩、頭上頂、手下按與呼氣要同時完成，氣隨意發，手隨腳落。

● 圖 3-203

● 圖 3-204

十二、挑 捶

第一動

接上式，右腳向前邁出一步，腳跟著地，腳尖上蹺，兩腿屈膝下蹲，重心在左腿；左手屈肘上提至右面外側，手指朝上，掌心向外；右手向下沉插於右膝內側，掌心向左，手指向下；目視前方，成吸氣狀（圖 3-205）。

●**要 求**

周身勁力裹含，有蓄而待發之勢。

第二動

接上式，右腳向前邁進一步，左腳跟進半步，右

腳在前，左腳在後，成右弓左蹬式；右手變拳，由下向前上方挑出，拳心向左，略高於頭；左手由上向下猛按至右膝內側，掌心向下，手指向前；目視前方，成呼氣狀（圖3-206）。

● 圖 3-205　　　　　　● 圖 3-206

●要　求

兩手同時運動，一手往上，一手往下，兩手同起同落，手的起落與前腳的踩勁要一致。

十三、鷹　捉

第一動

右腳向前邁一步，左腳跟進半步，右腳在前，左腳在後，成右雞形步；雙手抱於胸前，然後向上躦出，右手變掌立於面前，略高於頭，手指向上，掌心向右；左手屈肘扶於右肘內側，目視前手，成吸氣狀（圖3-207）。

●要　求

進步與雙手變化密切配合，手上躦，肩下沉，周身勁力裹含，有待發之勢。

第二動

接上式，左腳向前邁一步，成左弓右蹬式；雙手由上同時向內旋轉下按，落至右膝內側，左手在前，右手在後，兩手指朝前，掌心向下；目視前方，成呼氣狀（圖3-208）。

● 圖 3-207

● 圖 3-208

●要 求

周身協調，手腳齊到，有恨天無把之勢。

十四、單　把

第一動

接上式，右腳向前邁進一步，腳跟著地，腳尖上蹺，右腳在前，左腳在後，雙腿彎曲，重心在左腿；雙手放鬆虛含，目視前方，成吸氣狀（圖3-209）。

●要 求

含胸拔背，收臀提肛，束身蓄勁，有待發之勢。

第二動

接上式，右腳上前進半步，右腳在前，左腳在後，雙

腿彎曲,成右雞形步;身體左旋 90°,右手向前推出,掌心向前,手指向上;左手屈肘上提,扶於右手腕處;目視前方,成呼氣狀(圖 3-210)。

● 圖 3-209　　　　　　● 圖 3-210

●要 求

手腳齊到,後蹬前踩,意念放遠。

十五、望眉斬

第一動

左腳向前邁進一步,支撐全身重量;右腿屈膝上提,右膝與胯同高,小腿下垂;左掌變拳內旋上揚至左肩前上方,拳背朝前,略高於頭;目視前方,成吸氣狀(圖 3-211)。

●要 求

此動為過渡式,動作要緊密配合,上下一致,意想手動,有待發之勢。

第二動

右腳向前邁進一步,左腳緊跟前進一步,左腳在前,

右腳在後，雙腿彎曲，成左雞形步；左手在進右步的同時向下猛落至左膝上方，拳心向上；右手扶於左肘內側，目視前手，成呼氣狀（圖3-212）。

● 圖 3-211

● 圖 3-212

● **要 求**

左拳與左步同起同落，腳踩拳砸，動作高度協調配合，速度要快，勁力要猛。

十六、轉身挑捶

第一動

接上式，身子向右旋180°，右腳在前，腳尖上蹺，腳跟著地；左腳在後，雙腿彎曲，重心在左腿；右手向下沉插，落於右膝內側，手指朝下，掌心向左；左手屈肘上提，放於右面外側，手指朝上，掌心向外；目視前方，成吸氣狀（圖3-213）。

● **要 求**

動作協調，轉身與雙臂動作同時完成，周身虛含而待發。

第二動

接上式，右腳向前邁一步，右腳在前，左腳在後，成右弓左蹬式；右掌變拳向上挑出，高度與頭齊，拳眼朝上；左手下按，落至右膝內側，掌心朝下，手指朝前；目視前方，成呼氣狀（圖3-214）。

●要 求

後腳蹬勁，前腳踩勁，右拳上挑和左手下按動作要一致，手到腳到。右拳上挑要用周身勁，特別是中節要發出強大的束長彈性力。

● 圖 3-213　　　　● 圖 3-214

十七、鷹　捉

第一動

接上式，左腳上前邁進一步，腳跟著地，腳尖上蹺，雙腿彎曲，重心偏向右腿；右拳變掌，雙手收於胸前，然後由胸前往上鑽，左手略高於頭，手指朝上，掌心向右；右手扶於左小臂內側，目視前手，成呼氣狀（圖3-215）。

●要 求

周身勁力裹含，有蓄而待發之勢。

第二動

接上式，左腳向前邁進一步；雙手向內翻轉下按，落至左膝內側，左手在前，右手偏後，雙手手指朝前，掌心向下；頭上頂，目平視，成呼氣狀（圖3-216）。

●圖3-215　　　　　●圖3-216

●**要 求**

動作要快，手腳齊到，有落如劈雷擊地之勢。

十八、箭步抄手虎撲把

第一動

接上式，右腳向前邁進一步，身體重心前移，左腿屈膝上提，右腿支撐全身重量；雙手由下向前上方撲擊，目視前方，呼吸自然（圖3-217）。

●**要 求**

此勢為過渡式，左腳提起並不停頓，上步要快，手隨腳出，腳要躦，手要撲，動作要完整一致。

第二動

接上式，左腳前邁而落地；在左腳前邁的同時，雙手

由上向回猛拉，置於腹前有收回反撲之勢；目視前方，成吸氣狀（圖3-218）。

●要 求

此動和上動緊密聯繫，為過渡式，手的動作與步相配，步邁出而未落地。

● 圖 3-217

● 圖 3-218

第三動

接上式，左腳落地，右腳跟進半步，成左弓右蹬勢；同時，雙手由胸前向外推出，雙手手指朝上，掌心向前；目視前方，成呼氣狀（圖3-219）。

● 圖 3-219

● 圖 3-220

●要 求

此勢和前兩式要求動作連貫，速度快，後腿蹬勁，前腳踩勁，周身合力推出雙掌，在雙掌推出時，口中要發出「噫」字聲，要聲隨意發，手隨聲落，發聲要洪亮，有雷聲之勢。

十九、收 勢

接上式，身體向右轉 90°，左腳向右腳靠攏並立；雙手自然垂於身體兩側，手指朝下，掌心貼於兩腿外側；目視前方，呼吸自然（圖 3-220）。

●要 求

周身自然下沉，頭上頂，目平視，氣入丹田。

第七節　心意把合演

心意把合演拳譜

起勢熊出洞，出手橫拳生，右勢挑領把，左進鷹捉成，懷抱頑石把，搖閃左右行，上步中門頭，斬手轉身迎，提膝加反背，單把疾步衝，追風趕月進，翻身變裏橫，四梢要聚齊，鷹捉發雷聲。

一、起勢

第一動

兩腿直立，兩腳尖並立，兩臂下垂，兩手垂於兩大腿

外側，周身自然直立，頭要正，腰要直，目視前方（圖3-221）。

●要求

周身自然，不可挺胸努勁，舌頂上齶，眠齶上頂，雙目平視。

第二動

接上式，兩手掌外翻，掌心朝外，兩手掌慢慢向上托起至頭頂上方，然後，兩手順胸前緩慢落下，雙手落至小腹時，兩腿隨之微微彎曲，目視雙手（圖3-222、圖3-223）。

● 圖 3-221

●要 求

兩手外翻時動作要慢，手掌帶動小臂向外旋轉，兩手上托時要均勻緩慢，用意不用力，當手落至丹田（小腹）時，兩腿隨之彎曲，手與腿下落速度要保持一致。

● 圖 3-222

● 圖 3-223

二、熊出洞

第一動

接上式，左腳向前邁出半步，同時身體向右旋轉，兩腿彎曲，重心偏向右腿，左腳後跟著地，兩臂彎曲，大臂下垂，小臂平托，兩手腕自然下垂，左手在前，右手在後，置於左肘內側（圖3-224）。

●要 求

目視前方，身體束含，兩手收抱胸前，周身蓄勁，有蓄而待發之勢。

第二動

接上式，右腿蹬勁，左腳向前邁出一步，成左弓右蹬式，同時，右手變拳向前直擊，左手變掌向前同時擊出，並與右拳會合於拳的內側（圖3-225）。

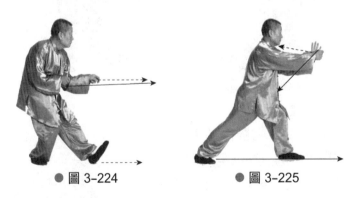

● 圖 3-224　　　　● 圖 3-225

●要 求

左腳前進要與右拳前擊保持一致，兩手與兩腳要齊動齊停，拳頭高與胸平，兩肘有下垂之意，似曲非曲，似直非直，目視前方。

三、挑　領

第一動

接上式，右腳前進一步，腳跟著地，腳尖上蹺，右腳在前，左腳在後，雙腿自然彎曲，重心偏向左腿，右手變掌下落至右膝內側，左臂屈肘上提，左手背貼於右面外側，雙目平視（圖3-226正、圖3-226反）。

●要　求

兩腿彎曲，重心偏後，成前三後七狀，上身自然下沉，左右內裏中束，收尾含胸，目視前方。

● 圖 3-226 正

● 圖 3-226 反

第二動

接上式，右腳向前邁進一步，成右弓左蹬式，同時右手向上彈出，左手向下拋落至右膝內側（圖3-227）。

●要　求

進右腿時，左腿在後要有蹬力，右手由下向上時要用彈力快

● 圖 3-227

速向上彈出，左手向下時應如快速拋物一般，做動作時要周身一致動作整齊。

四、鷹　捉

第一動

接上式，左腳向前邁進一步，腳後跟著地，腳尖上蹺，兩腿彎曲，重心偏向右腿，左手上穿，掌心向面，肘部成直角，右手下落至左肘內側，目視左手（圖3-228）。

●要　求

兩腿彎曲度不可過大，上身含胸沉肩，收尾提肛，精神專注，有待發之勢。

第二動

接上式，右腿蹬勁，左腳向前邁進一步，成左弓右蹬式，兩手反手下按，落於左膝內側，左手在前，右手在後，掌心向下，頭上頂，目視前下方（圖3-229）。

●要　求

進步時要後腿催前腿，勁力為後蹬前踩，兩手下按要有速度，如往下拋物一般。

● 圖 3-228

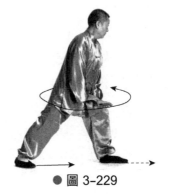

● 圖 3-229

五、懷抱頑石

第一動

接上式，左腳前進一步，右腳跟進半步，雙腿屈膝下蹲，重心偏前，腰向左旋轉雙臂成弧形，兩掌心相對如抱物狀，置於身體左側，目視雙手（圖 3-230 正、圖 3-230反）。

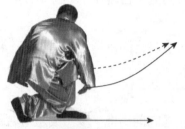

● 圖 3-230 正

● 圖 3-230 反

第二動

接上式，右腳向前邁進一步，左腳跟進半步，兩腿彎曲，重心偏後，腰部迅速右轉，雙手借右轉之彈力向前推出，兩掌心向前，手指向上，兩大拇指交叉，雙臂似曲非曲（圖 3-231）。

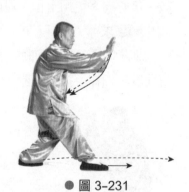

● 圖 3-231

●要 求

雙腿下蹲，兩手如抱重物，左腿蹬勁，腰節快速右旋，腰腿二力匯於雙臂合力推出，如快速拋物於數丈之外。

六、右搖閃把

第一動

接上式，左腳前進一步，右腳跟進半步，腰部向左旋轉，雙手向左後方按拉，身體重心略向前傾，目視雙手方向（圖3-232）。

● 圖 3-232

●要 求

左腳在前，腰向左轉，腰與腿要有蓄擰之勁，為下一動作發勁打好基礎。

第二動

接上式，右腳前進一步，左腳跟進半步，腰部向右旋轉，雙臂隨腰旋轉而動，雙手與小臂同時向前反手擊出，小臂與大臂成直角，掌心向面部，手指向上，右肘彎曲，小臂直立，左手掌扶於右肘內側（圖3-233）。

●要 求

做此動作進步速度要快，腰部轉動要與雙手後拉下按保持一致，並與進步速度保持一致。

七、左搖閃把

第一動

接上式，右步向前進一步，左步向前跟進半步，腰向右旋轉，雙手由上向右下方按拉，重心偏前，目視雙手（圖3-234）。

●圖 3-233　　　　　●圖 3-234

●要　求

此動作與右動向反，要求與右動相同。

第二動

接上式，左腳前進一步，右腳跟進半步，雙腿彎曲，腰向左猛旋，雙臂與雙手藉腰之力反轉前擊，左小臂直立，掌心向面，手背向前，右手掌扶於左肘內側，目視前方（圖 3-235）。

●要　求

周身上下動作整齊，速度要快，發力要猛，周身齊動。

八、中門頭

第一動

接上式，右腳前進一步，右手向前上方穿出，掌心向上，左手落於左胯外側，雙腿彎曲，重心略偏前，目視右手（圖 3-236）。

●要　求

右手與右腳動作整齊協調。

● 圖 3-235

● 圖 3-236

第二動

接上式，左手從右手上邊穿出，掌心朝上，同時左腳前進一步，成左弓右蹬式，雙手翻手變拳，向下猛拉，左手落於左膝內側，右手向後拉至右胯處，同時用前額自前下方撞擊（圖 3-237）。

● 要 求

進左步，雙手下拉和頭部前撞要同時完成，整個動作協調一致，勁力整齊，不可有先後快慢之分。

九、轉身斬手

第一動

接上式，左腳尖內扣，身體向右後轉，同時右腿屈膝上提，右手隨身右轉屈肘向前上方衝出與鼻同高，左手變掌扶於右肘內側，目視前方（圖 3-238）。

● 要 求

右腳屈膝上提時腳尖要向上微勾，右拳上擊要與右膝上提動作一致，兩膀內扣，收尾含胸，左腿屈膝微蹲支撐全身重量。

● 圖 3-237

● 圖 3-238

第二動

接上式，左腿蹬勁，右腳藉左蹬之力快速落地前踩，成左弓右蹬式，同時右拳反手向前斜下方擊出，左手扶於右大臂內側，目視拳擊方向（圖 3-239）。

● 圖 3-239

●要 求

右腳落地與右拳擊出動作要整齊，不可有快慢之分，右拳擊出要與身體中節的束勁相配合，拳頭前擊與中節束合要動作一致，二勁合一，此乃心意六合拳束勁的習練方法，長期配合習練威力巨大。

十、反 背

第一動

重心後移，右腿屈膝上提，左腿微屈獨立支撐全身重量，右手反手上攢，拳心向上，左手屈肘扶於右大臂內側，目視拳擊方向（圖 3-240）。

●要 求

左腿站立，重心下沉支撐全身重量，沉肩含胸，收尾提肛，周身勁力裹含，有待發之勢。

●圖 3-240　　　　　　　●圖 3-241

第二動

接上式，左腳跳起，右腳落地支撐全身重量，同時左手快速向前推出，與肩同高，右手後拉至右胯外側，目視前方（圖 3-241）。

●要 求

雙腿換步跳要與左手推出右手後拉動作一致。左膝微屈支撐全身重量要穩，左肘下垂成似曲非曲，似直非直之狀。

十一、右單把

接上式，左腳向前邁進一步，右腳過左腳快速前進一步，雙腿彎曲，重心偏後，同時右掌快速向前推出，與肩同高，左手扶於右肘內側，目視

●圖 3-242

前方（圖 3-242）。

●要 求

右腳與右手動作要整齊，周身動作要協調一致，做到一動無有不動，一停無有不停。一枝動，百枝搖。

十二、左追風趕月

第一動

接上式，左腳邁進一步，右腳跟進一步，雙腿彎曲成左弓右屈式，重心偏前，同時身體左轉，右手隨身轉至身體左側插至左胯外側，掌心朝外，左手屈肘上提放至右面外側，掌心朝外，目視右手（圖 3-243）。

●要 求

右手轉腰下插要與左腿進步同時進行，左腿與右肩在前，使腰部產生很大的擰勁，為下一動作發力做好準備。

第二動

接上式，右腳向前猛進一步，成右前左後的斜雞步，重心偏於左腿，同時右手向斜前方撩出，小指朝前，拇指朝後，左手在右手撩出的同時，由上向斜下方拉至左胯外側，目視前方（圖 3-244）。

● 圖 3-243

● 圖 3-244

●要 求

右腳右手與左手動作一致，勁力要剛猛有力。

十三、右追風趕月

第一動

接上式，右腳前進一步，左腳跟進半步，雙腿彎曲，成右弓左屈式，重心偏前，身體右轉，左手轉至身體右側面，左手插至右胯外側，掌心朝外，右手屈肘上提置於左面外側，掌心朝外，手指朝上，目視左手（圖3-245）。

●要 求

轉腰、左手下插與右腿進步要同時到位，右胯與左肩旋轉擰勁，使腰胯產生很大的旋轉彈性，為下動發力做好準備。

第二動

接上式，左腳向前猛進一步，成左前右後的斜雞步，重心偏於右腿，同時左手向斜前方撩出，小指在前，拇指在後，右手在左手撩出的同時，由上向斜下方拉至右胯外側，目視前方（圖3-246）。

● 圖 3-245

● 圖 3-246

●要 求

左手與右手要有對拉之力，動作時左右手對拉要與左腿進步動作一致，速度要快，發力要猛。

十四、翻身右裏橫

第一動

接上式，身體向右後翻轉，步子成兩腿交叉微屈狀，右手隨身而動，由身體右側向上畫圓，右腳由身體前面向右進一步，右手在右步邁動的同時由上向下繼續畫圓（圖3-247）。

●要 求

身體向右後翻轉要與右手畫圓同時進行，動作要協調一致。

第二動

接上式，左腿從身前向右邁出一步，成雙腿彎曲狀，重心偏於右腿，右手由右上向右下從胸前畫一圈後，屈肘向右前方撞擊，左手扶於右肘內側（圖3-248）。

●圖 3-247

●圖 3-248

●要 求

下邊步子進兩步與上邊右手在胸前畫一圓圈要同時進行，上下動作要高度協調。經柔和順，眼隨手變。

十五、翻身左裏橫

第一動

接上式，身體向左後翻轉，左腿由後向前邁進一步，左臂隨身翻轉，左手由下從胸前向左上方畫圓（圖3-249）。

●要 求

下邊進步與左手畫圓要同時進行，周身上下動作要協調一致，做到——動無有不動、眼隨手變的效果。

第二動

接上式，左手落至左肩外側，由掌變拳，肘部彎曲，頭隨身體向拳擊方向一同撞去，右手變掌屈肘扶於左肘內側。雙腿彎曲，重心偏於左腿（圖3-250）。

● 圖 3-249

● 圖 3-250

●要 求

左手左肩與頭的左側隨身體一齊向左撞擊，做此動作，腿的蹬勁、腰的旋勁、周身之力合為一體，全力向左撞擊，動作要整齊協調，周身齊動。

十六、轉身鷹捉雷聲

第一動

接上式，右腳尖後轉，身體從右向後轉，左腳向前進一步，落於右腳旁，左右手同時隨身轉動並向上穿插高過頭頂，舉起後雙手翻轉，變成兩掌心向前手指向上，左手掌壓在右手背上（圖3-251）。

●要 求

手與身體同時變化，不可有先後之分，兩腿並立，兩手上舉內氣下沉，形成周身對拉之勢，為下動發力作好蓄勁的準備工作。

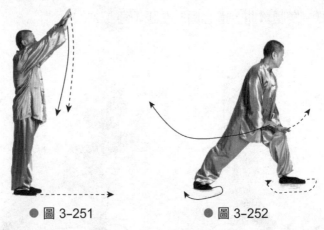

●圖 3-251　　　　　●圖 3-252

第二動

接上式，右腿蹬勁，左腿向前邁進一大步，成左弓右

蹬式，兩手隨之由上而下猛落落至左膝內側，左手在前，右手在後，掌心朝下，手指朝前，同時口發「噫」字聲（圖3-252）。

●要　求

左腿邁出與兩手下落要動作一致，兩手下落要猛要快，如向腳下拋物一般，在手腳落地的同時口發「噫」字聲，此為排氣為聲，氣由丹田出，此發聲在心意六合拳中稱之為「雷聲」，所以要做到力隨聲發，手隨聲落。

十七、收　勢

第一動

接上式，左腳尖內扣，身體重心轉向右腿成右弓左直的斜弓步，同時右手隨步變化由左向右畫圓至右膝前方，左右雙臂分別向左右兩邊張開（圖3-253）。

●要　求

雙臂分左右張開時隨身體右轉而轉動，整個身體與步子一齊轉動，動作協調。

● 圖 3-253

第二動

接上式，左腿向右腿合併，身體慢慢站立，兩手掌從

身體兩側向上抬至頭部上方，再由上從胸前緩慢下按至丹田處，兩腿隨之微微彎曲，稍停片刻兩腿慢慢直立，兩手隨之垂於身體兩側，目視前方（圖 3-254、圖 3-255）。

● 圖 3-254

● 圖 3-255

第七節

十大真形合演

十大真形是心意六合拳的一部分，由龍、虎、猴、馬、雞、燕、鷂、蛇、熊、鷹組成。在心意六合拳的習練過程中不是模仿這些動物的外形動作，而是相形取意，取其以上十種動物的真形及先天賦予他們的本能與特性，使心意六合拳更加剛猛靈活，實用多變。

十大真形合演是以十大真形的十個動作組合起來的一個綜合套路，編排合理，快慢相間，剛柔相濟，雖動作簡單，但內含豐富，易學難精。

●歌 訣

　　十大真形妙無窮，飛禽走獸靈意生，

　　起勢束身熊出洞，出手橫拳招架難，

　　轉身抱石身蓄勁，長身進步虎撲踐，

　　左右野馬奔槽勢，跳步起身雞蹬枝，

　　左右猴式身自靈，龍顯三折九曲體，

　　提膝捉拿顯雞形，轉身下勢燕抄水，

　　進步轉身蛇撥草，鷂子入林勢凶猛，

　　神鷹捉帶一式成，黃鷹卡嗉去意凶，

　　轉身進步塌天意，鷹捉收勢發雷聲。

一、起 勢

　　兩腳並立，兩臂自然下垂，雙目平視，抿頜上頂，兩腿併攏，兩手垂於身體兩側，排除雜念，舌頂上齶，氣沉丹田，周身自然下沉（圖 3-256）。

● 圖 3-256

二、引氣歸元

接上式，兩手外旋，兩掌心向外，慢慢從身體兩側向上托至頭頂上方，然後兩掌心向下從胸前緩緩落下至雙腿彎曲小腹處，隨之雙膝微微彎曲，雙目隨手而下，目視雙手（圖3-257、圖3-258）。

● 圖3-257

● 圖3-258

三、熊出洞

接上式，身體向左旋轉，右腳向後退一步，左腳後跟著地，左腳左手在前尖上蹺，兩腿自然彎曲，重心偏於右腿成前三後七、目視前方狀，兩肩下沉，含胸撥背，兩小臂上抬至平，手腕彎曲，左手在前，右手在後置於左肘處，目視前方目標，周身蓄

● 圖3-259

勁,有待發之意(圖 3-259)。

四、橫　拳

接上式,左腳向前邁出一
步,右腿在後,成左弓右蹬式,
橫拳時右手變拳向前直擊,拳眼
向上,拳頭四指中節彎曲,目視
前方,拳的棱角處朝前,左手變
掌與右拳同時向前擊出,置於右
拳內側手腕處,目視拳擊方向
(圖 3-260)。

● 圖 3-260

五、旋腰抱石

接上式,左腳前進一步,右腳跟進一步,隨之身體向
左轉,左腳在前,兩腿彎曲下蹲,兩手置於身體左側如抱
石狀,目視雙手(圖 3-261 正、圖 3-261 反)。

● 圖 3-261 正

● 圖 3-261 反

六、虎　撲

接上式,右腳猛向前進一步,左腳跟進一步,成右弓

左蹬式，隨之腰向右虎撲，右腳在前成弓步旋轉，雙手隨身體而變，於右腳進步的同時猛向前推出，速度要快距離要遠，雙目前視遠方的目標（圖3-262）。

● 圖 3-262

七、左右野馬奔槽

第一動

接上式，左腳過右腳前進一步，雙手變拳向後下方斜拉至兩胯外側，左腳著地，同時右腳前蹬，腳後跟用力腳尖上勾（圖3-263）。

第二動

接上式，右腳下踩落地，右腳在前，左腳在後，成右馬形，右弓左蹬式，兩拳同時屈肘向斜前方擊出，目視前方（圖3-264）。

● 圖 3-263

● 圖 3-264

●要 求

雙拳前擊和前腳下踩動作要整齊協調，速度要快，用力要猛。

第三動

接上式，雙手變拳向後下方斜拉至兩胯外側，右腳落地，同時左腳前蹬，腳後跟用力腳尖上勾（圖3-265）。

第四動

左腳下踩落地，左腳在前，右腳在後，成左馬形，左弓右蹬式，兩拳同時屈肘向斜前方擊出，目視前方（圖3-266）。

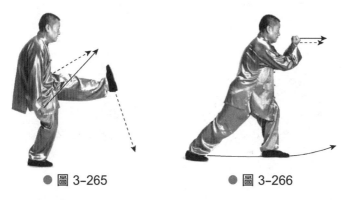

● 圖3-265　　　　　　● 圖3-266

●**要　求**

雙拳前擊和前腳下踩動作要整齊協調，速度要快用力要猛。

八、雞　形

第一動

接上式，雙手由拳變掌，掌心向上，向前上方穿插，右腳前，左腳後，同時右腳向前進一步，左腳同時跟進一步，身體上下束裹，雙手前托，目視前方（圖3-267）。

第二動

接上式，左腳提起在未落地之時突然右腿跳起前蹬，

右腳前，左腳後，前蹬時右腳尖內勾，用腳後跟的力量蹬出，同時兩手推雙把，掌由前向左右兩邊分開外推，兩掌心向外，手指直立，左腳先落地，右腳落在左腳前一步處，同時兩掌由左右兩邊匯於胸前，合力向前推出，此形動作時，手腳與身體要動作協調一致，整齊有力（圖 3-268）。

● 圖 3-267　　　　● 圖 3-268

九、猴　形

第一動

接上式，右腳向前進一步，左腳跟進一步，同時身體向右轉動，右腳前，左腳後，左手向斜前方穿插，掌心向上，手指朝前，右手後拉至右胯外側。作此動作時，左手與右手的動作要與雙腳的步子變化要一致，做到眼隨手變，手腳齊到，協調整齊（圖 3-269）。

第二動

接上式，左腳前進一步，右腳跟進一步，同時腰向左旋轉，左手隨身轉動，左小臂隨著向左自轉至掌心向前，小臂直立，手指向上，右手屈肘扶於左肘內側（圖 3-270）。

● 圖 3-269

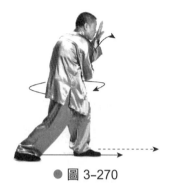

● 圖 3-270

第三動

接上式，右腳前進一步，左腳跟進半步，同時腰向右旋轉，左手隨身轉動並向前上方穿插，掌心向上，手指向前，右手扶於左肘內側，本動作要上下齊動，協調一致，目視前方（圖 3-271）。

第四動

接上式，左腳前進一步，右腳跟進一步，同時腰向左轉，左臂隨身轉動，小臂隨之轉至掌心向前，小臂直立，手指向上，右臂彎曲右手扶於左肘內側，目視前方（圖3-272）。

● 圖 3-271

● 圖 3-272

十、龍　形

第一動

接上式，左手反手向前上方斜插，掌心朝上，手指朝前，右手向後下拉至右胯外側。右腳與左手前插的同時向前進一步，左腳跟進一步。要求出手進步動作要整齊一致（圖3-273）。

第二動

接上式，左腳前進一步，右腳跟進一步，左手反手後拉至左胯外側，右手向前下方左腳方向推出，同時上身左旋兩腿彎曲下蹲，重心偏前。做此動作時，雙手、雙腿動作要整齊，做到一動無有不動，一停無有不停（圖3-274）。

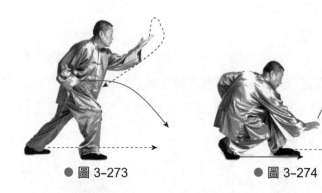

● 圖 3-273　　　　　　● 圖 3-274

第三動

接上式，左腳前進一步，右腳跟進一步，右手反手向前上方斜插，掌心向上，手指向前上，左手反手拉至左胯外側，目視前手，雙腿彎曲，重心偏前（圖3-275）。

第四動

身體右轉，右手反手後拉至右胯外側，左手向前下方

推出，同時雙腿屈膝下蹲，目視左手。做此動作雙手與雙腳和轉腰動作要協調一致，動力整齊，乾淨俐索，不可拖泥帶水（圖 3-276）。

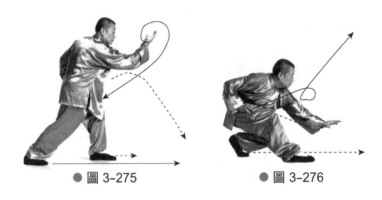

● 圖 3-275　　　　　● 圖 3-276

十一、雞　形

第一動

接上式，上身向左旋轉，右手反手向前上方穿出，掌心向上，手指向前，左手回拉至左胯外側，掌心向下，五指彎曲內扣成鷹捉手，左腳前進一步，右腳跟進一步，成左弓右蹬式，目視右手出擊方向（圖 3-277）。

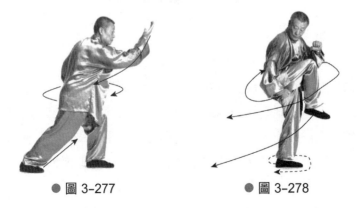

● 圖 3-277　　　　　● 圖 3-278

第二動

接上式，右腿屈膝上提，足尖微微上勾，左腿微屈支撐全身重量，身體微向右轉，右手反手下拉至右胯外側，五指彎曲內扣成鷹捉手，左手握拳屈肘上提，與肩同高，目視右手方向（圖3-278）。

十二、轉身燕形

第一動

接上式，右腳向後撤一步，腳尖落地，隨之身體向右後旋轉，雙腿腳尖著地隨身旋轉，成雙腿屈膝交叉下蹲式，右腿在前，左腿在後，右手隨身旋轉，反手向右腳方向前插，掌心向上，手指朝前，左手變掌屈肘回拉放於右大臂內側，目視右手方向（圖3-279）。

● 圖 3-279

第二動

接上式，右腿蹬勁，左腳快速猛向前一步，左腳在前，右腳在後，成斜身左蹬右弓式，同時身體迅速右旋，左手與左腳同時快速向前擊出，右手快速屈指後拉至右胯外側，目視前手方向。做此動作時，左手前擊，右手後拉與左腳進步，動作要快速整齊協調一致，一動都動，一停都停，不可有快慢之分（圖3-280正、圖3-280反）。

● 圖 3-280 正

● 圖 3-280 反

十三、蛇　形

第一動

接上式，身體向左旋轉，右手變掌向左下方穿插至左
胯外側，掌心朝上，左手屈肘上提至右臉外側，手掌直
立，掌心朝外，同時左腳前進一步，右腳跟進一步成雞形
步，重心偏前，目視右手。做此動作時，進步、轉身、旋
腰、插掌整個動作齊動齊停，動作協調一致（圖 3-281）。

● 圖 3-281

● 圖 3-282

第二動

接上式，右腳前進一步，腳外擺，雙腿彎曲，成右弓
左蹬式，同時右手從左胯向斜前方畫圓至前上方，手指朝

前，掌心朝上左手由右面向左下畫圓至左胯外側，目視前手。此動作是蛇形轉身的過渡動作，做時要輕柔活順，沒有停下的意思（圖 3-282）。

第三動

接上式，身體繼續向右旋轉，右手向身後穿插，左臂屈肘上轉至面前，高與眉齊，雙腳原地隨身旋轉，雙腿彎曲交叉，此動作是蛇形轉身的過渡動作，與上動都是運動的，不是停頓的，所以做時要輕柔聯貫（圖 3-283）。

● 圖 3-283

第四動

接上式，身體繼續向右旋轉，左手隨身旋轉的同時由上向身體右方斜下插至右胯外側，右手屈肘上提左太陽穴處，雙腿隨身旋轉成雙腿彎曲，兩腿交叉之式，目視左手方向（圖 3-284 正、圖 3-284 反）。

● 圖 3-284 正

● 圖 3-284 反

第五動

接上式，身體向左旋轉，左手由右胯處向右前上方畫圓，與眉同高，右手由左太陽穴處向右下方畫圓至右胯外側，同時左腳向前一步，雙腿彎曲，左腿在前，右腿在後，重心偏於左腿，目視左手方向（圖 3-285）。

● 圖 3-285

第六動

接上式，身體向左繼續旋轉，左手由上隨身而轉並向身後穿插，右手隨身轉動的同時，由右胯外側屈肘畫圓至面前如頭高處，同時左腿向後插步，雙腿彎曲交叉。此動作為蛇形的過渡動作，手、腳、身體動作要協調一致，快速靈活（圖 3-286）。

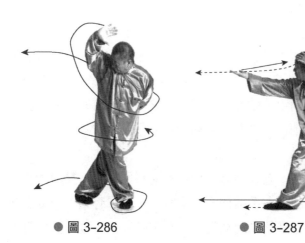

● 圖 3-286　　　　　　　● 圖 3-287

第七動

接上式，身體繼續向左旋轉，左手向身後所插方向不變，當身體轉到左手所指方向一致時，屈肘上拉，與眉同高，右手隨身旋轉的同時由上向下畫個半圓後向前穿，掌心向上，手指向前，雙腿腳尖著地隨身轉動，成雙腿彎曲，左腿在前右腿在後的雞形步，重心前三後七。目視右手方向（圖 3-287）。

十四、鷂　形

接上式，右腳前進一步，左腳跟進一步，雙腿彎曲，重心偏前，同時上身向右旋轉，左手反手前插，與肩同高，掌心朝上，手指朝前，右手屈肘後拉至右太陽穴處，做此動作手腳齊動，協調一致，乾淨俐索，目視左手方向（圖 3-288）。

十五、鷹　形

第一動

接上式，左腳前進一步，右腳跟進一步，雙腿彎曲，重心偏前，右手反手向前上方穿插，與眉同高，掌心朝上，手指朝前，左手反手回拉至左胯外側，五指彎曲內扣，目視前手。做此動作時，左胯在前，右肩在前，左胯與右腰有相合之擰勁，手腳動作變化要一致（圖 3-289）。

第二動

接上式，右腳猛進一步，左腳跟進一步，雙腿彎曲，重心偏右腿，左手前伸與右手會合，雙掌心朝下，雙手在右腳向前猛進的同時猛向回拉至右胯外側，做此動作時，

進步與雙手回拉動作要快速整齊，剛猛有力，目視雙手（圖 3-288 正、圖 3-290 反）。

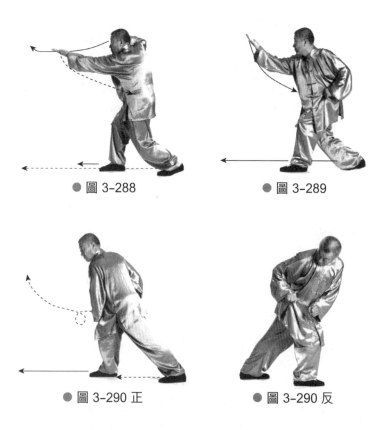

● 圖 3-288

● 圖 3-289

● 圖 3-290 正

● 圖 3-290 反

十六、黃鷹卡嗉

第一動

接上式，右腳前進一步，左腳跟進一步，雙腿彎曲，重心偏向右腿。左手向前上方穿插，掌心朝上，手指朝前，右手五指微屈內扣置於右胯外側，目視左手方向（圖 3-291）。

● 圖 3-291　　　　　　　　● 圖 3-292

第二動

接上式，左腳前進一步，右腳跟進一步，雙腿彎曲，左腳在前，重心偏於左腿，右手快速前擊與眉齊高，右手出擊時虎口張開成半圓形，中指、無名指、小指握拳，此手法是心意拳中少用的手形，專用於打擊敵人咽喉，殺傷力極強，左手五指內扣回拉至左胯外側，目視前手方向（圖 3-292）。

十七、轉身鷹捉雷聲

第一動

接上式，身體向後轉，雙腳並立，右手隨身轉動並拉回後反手向上穿出，高過頭頂，同時左手也隨之向上穿出與右手會合，左手在後，右手在前，雙手手指朝上，掌心朝前，目視雙手（圖 3-293）。

第二動

接上式，左腳邁出一步，成左弓右蹬式，雙手迅速由上向下猛落至左膝內側，身體上拔頭上頂，口發「噫」字聲，此動作雙手下落要與左腳進步同時完成，動作要快、

猛，雙手下落要如快速向下拋物一般，要有霹雷擊地之勢。口中發聲，不是由嗓子發的音，而是氣由丹田而發，排氣為聲，聲似洪鐘（圖3-294）。

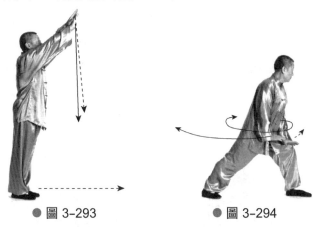

● 圖 3-293　　　● 圖 3-294

十八、收　勢

第一動

接上式，左腳尖內扣，身體重心轉向右腿成右弓左直的斜弓步，同時右手隨步變化由左向右畫圓至右膝前方，左右雙臂分別向左右兩邊張開。雙臂分左右張開是隨身體

● 圖 3-295

右轉而隨之轉動，整個身體與步子一起轉動，動作協調一致（圖3-295）。

第二動

接上式，左腿向右腿合併，身體慢慢站立，兩手掌從身體兩側向上抬至頭部上方，再由上從胸前緩慢下按至丹田處，兩腿隨之微微彎曲，稍停片刻兩腿慢慢直立，兩手隨之垂於身體兩側，目視前方（圖3-296、圖3-297）。

● 圖3-296

● 圖3-297

第四節

八字功

起勢斬手勁剛猛，上步燕形截勁凶，雙腿並立裏含束，
跨步撩陰閃電行，挑領勢如弓斷弦，鷹捉頭頂手下拋，
雲手步快身靈活，三折九曲龍身現，捉拿領帶是龍形！
有人悟透八字意，剛猛虛靈此中求。

一、起 勢

第一動

雙腳並立，周身下沉，抿頷上頂，排除雜念，舌抵上顎，牙齒閉合，呼吸自然，兩手下垂於身體兩側，排除雜念，氣沉丹田，二目平視（圖 3-298）。

第二動

接上式，兩手向外翻轉，掌心朝外，頭微向右旋轉，目視右手，然後雙手從身體兩側均勻上托至與肩同高，目視右手隨右手動作而變（圖 3-299）。

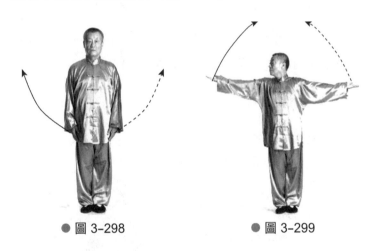

● 圖 3-298　　　　　　　● 圖 3-299

第三動

接上式，兩手繼續從身體兩側均勻上托至頭頂上方，兩臂上舉，兩肘微屈，兩手直立掌心相對，手指朝上，身體直立，目視上方雙手方向（圖 3-300）。

第四動

接上式，兩手由上緩慢由胸前向下移動至小腹處，兩

● 圖 3-300

● 圖 3-301

手手指相對，掌心朝下，兩臂彎曲，兩肘外撐，兩腿屈膝微蹲，兩腳並立，目視雙手（圖 3-301）。

二、熊出洞

接上式，身體向左旋轉，右腿後撤一步，左腳尖上蹺，腳後跟著地，雙腿彎曲，重心前三後七，兩臂同時屈肘上提，兩小臂平托於腰部上方，左手在前，右手在後，兩手腕自然彎曲，右手至左肘彎處，含胸拔背，目視前方。做此動作時，手腳動作變化要整齊一致，不能有快慢之別（圖 3-302）。

● 圖 3-302

三、斬（斬手）

第一動

接上式，重心前移，左腳站立，膝蓋微屈，單腿支撐全身重量，右腿屈膝上提，足尖微上蹺，右手變拳反手向斜前上方擊出，左手變掌屈肘上提至右肘內側，沉肩墜肘，含胸裹背，目視前方。做此動作時右膝上提與右拳前擊動作要整齊，速度要一致（圖3-303）。

第二動

接上式，右腳向前一步落地，左腿在後成右弓左蹬式，同時右手反手向前斜下方擊出，左手為掌扶於右大臂內側，目視右拳擊出方向（圖3-304）。

● 圖 3-303

● 圖 3-304

四、截（燕形）

第一動

接上式，身體向右旋轉，右手拉回反手變掌向前下方穿出，掌心朝上，手指朝前，左手屈肘扶於右大臂內側，

在右手拉回的同時，右腿拉回腳尖外擺前蹬，左腳隨身右轉屈膝下蹲，成雙腿盤坐、右前左後式，身形裹合，目視前手方向（圖3-305）。

第二動

接上式，左腳猛向前疾進一步，雙腿彎曲，左腿在前，右腿在後，重心偏向右腿，成弓不弓馬不馬的斜蹲式，左手在左腳進步的同時猛向前推出，掌心朝下，手指向右，用掌的外沿朝前，同時，右手變拳屈肘後拉至右胯處，成右拉左推式，目視左手方向。做此動作手腳齊動，速度要快，出勢要猛（圖3-306）。

● 圖3-305

● 圖3-306

五、裹（追風趕月）

第一動

接上式，左腳尖外擺，左腳在前，右腳在後，雙腿彎曲，重心適中，身體隨之左轉，左手掌反手變拳上攢，右手為拳在右胯外側，目視左手方向（圖3-307）。

● 圖3-307

第二動

接上式，身體向左旋轉，右腳隨身轉動的同時前進一步，與左腿合併，雙腿屈膝微蹲，右臂屈肘左轉與左臂合併於胸前，雙手握拳，拳心向內，整體束身裹合，勁力裹合，蓄而待發，目視雙手（圖 3-308 反、圖 3-308 正）。

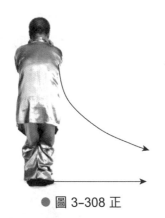 

● 圖 3-308 正　　　　● 圖 3-308 反

第三動

接上式，右腳快速前插，左腿彎曲下蹲，成右前左後的斜馬姿勢，重心偏向左腿，同時，右手變掌向前撩出，掌根朝前，手指朝下，左手為拳向後拉至左胯外側，做此動作要乾淨俐索，協調整齊，目視右手擊出方向（圖 3-309）。

● 圖 3-309

六、挑（挑領）

第一動

接上式，身體立起，身體微向右轉，左腳向前一步，右腳過左腳向前進一步，腳後跟著地，腳尖上蹺，雙腿彎曲，重心偏後，右臂屈肘右手下插至右膝內側，手指朝下，掌心向左，左手屈肘上提至右面外側，手指向上，掌心向右，中節束勁，兩膀裹勁，蓄而待發，目視前方（圖3-310正、圖3-310反）。

●圖 3-310 正　　　　●圖 3-310 反

第二動

接上式，右腳向前邁進一步，成右弓左蹬式，同時右手由下向上彈至頭頂斜上方，左手由右面外側向下拋擊至右膝內側，做此動作右手向上與左手向下動作要一致，有對拉反彈之意，左腳蹬勁，右腳踩勁，與兩手之動作一氣呵成，周身整體動作剛猛有力，富有彈性，頭上頂，目平視（圖3-311正、圖3-311反）。

● 圖 3-311 正

● 圖 3-311 反

七、頂（鷹捉）

第一動

接上式，左腳前進一步，腳後跟著地，腳尖上翹，右腿彎曲在後，重心前三後七。左手由右膝內側屈肘上穿至面前，掌心朝面，手指朝上與頭同高。右手屈肘下落至左肘內側，做此動作左手上穿、右手下落要與左腳進步的動作一起完成，兩臂裹合有上鑽之意，身體下沉，目視斜上方（圖 3-312）。

第二動

接上式，左腳前進一步，右腳在後，成左弓右蹬式，兩手在進步的同時沉肘下落至左膝內側，掌心向下，手指朝前，頭與身體上張頂勁，做此動作兩手沉肘下落如向腳下拋物一般，下落的速度快而猛，要有入地三尺之意，不是用力下按。整體而言，後腿蹬勁、前腳踩勁、身體頂勁與雙臂下拋之力要整齊協調，快速一致（圖 3-313）。

● 圖 3-312

● 圖 3-313

八、雲（雲手）

第一動

圖 3-314 接上式，右腳前進一步落地，左腳跟進一步，兩腿彎曲，重心偏向後腿，右手隨右手進步的同時向右前畫圓至前方，與胸同高，掌心朝下，手指朝前，左手屈肘隨至右肘內側（圖3-314）。

● 圖 3-314

第二動

接上式，左腳前進一步，雙腿彎曲，左前右後，重心前三後七。左手從右肘處沿右臂外側反手前推，掌心朝前，手指朝下，與腰同高，右手內旋向後抽拉至左肘內側。做此動作兩手變化要與左腳進步同時完成，不可有快慢之別，周身勁力裹含，目視斜前方（圖3-315）。

第三動

接上式，右腳蹬勁，左腳快速前進一步，同時雙手藉後腳之蹬勁快速前推，動作要整齊，速度要快，發力要猛，目視前方（圖3-316）。

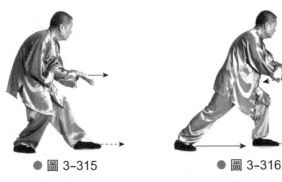

● 圖 3-315　　　　　　● 圖 3-316

九、領（龍形）

第一動

接上式，左腳前進一步，右腳跟進一步，雙腿彎曲，重心偏前，成左前右後之雞形步。同時右手由下向前上方反手穿插，掌心向上，手指朝前，高與眉齊，左手由掌變鷹捉手向後猛拉至左胯外側，做此動作手腳變化要一致，速度要快，目視前手穿出之方向（圖3-317）。

第二動

接上式，右腳前進一步，左腳跟進一步，身體右轉，雙腿隨身轉動屈膝下蹲。右手突然反手由掌變鷹捉手向右下拉至右胯外側，左手藉身體右轉之旋轉力向前下方快速推出，掌心朝下，手指朝前推至右腳方向，此動作左手在前，右手在後，腰部旋轉擰勁，手腳交叉運動，動作協調一致，腳手齊到，發力剛猛，目視左手方向（圖3-318）。

● 圖 3-317

● 圖 3-318

第三動

接上式，右腳前進一步，左腳跟進一步，雙腿彎曲，重心偏前，左手由下反手向前上方穿出，掌心向上，手指朝前，右手反手變鷹捉手回拉至右胯外側。做此動作腳手交叉，動作整齊，速度要快，目視左手擊出方向（圖3-319）。

第四動

接上式，左腳快速前進一步，右腳跟進一步，身體向左旋轉，雙腿屈膝下蹲。右手借腰左旋之力快速向前下方推出，掌心向下，手指朝前左手變鷹捉手反手回拉至左胯外側。目視前手方向（圖3-320）。

● 圖 3-319

● 圖 3-320

十、轉身斬手

第一動

接上式，身體立起，左腳尖內扣，身體向右旋轉至向後方向（即轉身向後），右手隨身轉動至右胯外側，然後變拳屈肘向前上方擊出，高與眉齊，左手屈肘變掌扶於右肘內側。右腿屈膝上提，腳尖上蹺，左腿膝蓋微屈支撐全身重量，身體下沉，收尾提肛，目視前手擊出方向（圖3-321）。

第二動

接上式，右腳落地下踩，右腳在前，左腳在後成右弓左蹬式，同時右手反手向前下方擊出，左手屈肘扶於右肘內側，目視右拳擊出方向（圖3-322）。

● 圖 3-321　　　　　　● 圖 3-322

十一、截（燕形）

第一動

接上式，右腳尖外擺，身體向右旋轉，雙腿隨身體之

右轉屈膝下蹲，右腳在前，左腳在後，右手隨身右轉反手變掌向前下方穿插至右腳上方，掌心向上，手指朝前，左手屈肘扶於右肘內側，周身勁力裏含，目視前手方向（圖3-323）。

第二動

接上式，左腳快速前進一步，雙腿屈膝下蹲，左腳在前，右腳在後，重心偏向右腿，左手快速前擊，手掌外沿朝前，掌心朝下，右手與左手同時變鷹捉手反手後拉至右胯外側，目視前手方向（圖3-324）。

● 圖 3-323　　　　　　　　● 圖 3-324

十二、裏（追風趕月）

第一動

接上式，身體向左旋轉，左腿隨身左轉腳尖外擺，左腳在前，右腳在後，雙腿彎曲，左手變拳反手向前上方躦出，拳心朝上，右手為拳置於右胯外側，目視前手方向（圖3-325）。

第二動

接上式，身體繼續右轉，右腿隨身轉動至右腳與左腳合併而立，雙腿屈膝微蹲。右手隨身轉動，屈肘上提與左臂匯於胸前，兩拳心向裏，高與眉齊，勁力裏含，目視雙

拳（圖 3-326）。

第三動

接上式，右腳向前快速跨出一步，雙腿屈膝下蹲，重
心偏後，同時右拳變掌由胸前向下畫半圓，快速前撩至右
膝上方，左拳由胸前向內畫圓落至左腰處，變鷹捉手，右
手前撩，左手後拉，二力相爭。目視前手方向（圖
3-327）。

● 圖 3-325　　　　　● 圖 3-326

● 圖 3-327

十三、挑（挑領）

第一動

接上式，身體立起，左腳前進一步，右腳過左腳前進

一步，腳後跟著地，腳尖上蹺，雙腿彎曲，重心前三後七，右手掌下插至右膝內側，掌心向左，手指朝下，左手屈肘上提至右面外側，兩臂裏合，含胸拔背，蓄而待發，目視斜前方（圖3-328）。

第二動

接上式，右腳前進一步，成右弓左蹬式，在進步的同時，雙手分別向上下反彈而出，右手由下向上彈出高過頭頂，手指朝上，掌心向左，肘微彎曲。左手由右面處向下拋出落至右膝內側，掌心向下手指朝前，頭上頂，目視前斜下方（圖3-329）。

●圖3-328

●圖3-329

十四、頂（鷹捉）

第一動

接上式，左腳前進一步，腳後跟著地，腳尖上蹺，左腳在前，右腳在後，雙膝彎曲微蹲，重心偏後，左手屈肘上躦，掌心向面，手指向上，與頭同高，右手屈肘下落至左肘內側，手指朝上，掌心扶於左側處，周身勁力裏含，

蓄而待發，目視前手（圖 3-330）。

第二動

接上式，右腿蹬勁，左腳前進一步，成左弓右蹬之勢，雙手在進步的同時反手下按，如向下拋物，左手在前，右手在後，兩掌心向下，手指朝前，頭上頂，目平視（圖 3-331）。

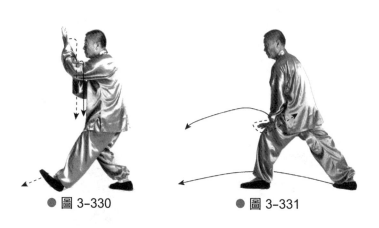

● 圖 3-330　　　　　● 圖 3-331

十五、雲（雲手）

第一動

接上式，左腳前進一步，右腳跟進一步，左腳在前，右腳在後，雙腿屈膝微蹲，重心前三後七，在右腳進步的同時身體向右轉動，右手向右前方屈肘畫圓，高與胸齊，掌心向下，左手隨身右轉至左胯外側，周身高度配合，目視前手（圖 3-332）。

第二動

接上式，左腳前進一步，右腳跟進半步，左腳在前，右腳在後，雙腿彎曲，重心前三後七，左手從右手上邊穿

出，手腕外旋，掌心向上，手指向前，右手與左手前穿的同時屈肘後拉扶於左肘內側。周身勁力裹含，有待發之勢。沉肩墜肘，收尾提肛，頭上頂，目平視（圖3-333）。

● 圖3-332

● 圖3-333

第三動

接上式，左腳前進一步，右腳跟進半步，左腳在前，右腳在後，成左弓右蹬式，雙手隨前蹬之勢向前快速推出，目視前推之遠方（圖3-334）。

● 圖3-334

十六、收勢（鷹捉雷聲）

第一動

接上式，身體向右後旋轉，雙腿並立，右手隨身右轉畫圓，然後由胸前向上穿出高過頭頂，手指向上，掌心向前，左手向上穿出扶於右手上邊，雙手掌心向前重疊上舉，周身直立，目視上手（圖3-335）。

第二動

接上式，右腳蹬勁，左腳前進一步，左腳在前，右腳在後，成左弓右蹬式，雙手突然由上向下猛力下拉如向下拋物之勢，雙手下落有拋物之意，落至左膝內側，左手在前，右手在後，雙手手指朝前，掌心朝下，周身動作整齊協調，剛猛有力，口發「噫」字聲，頭上頂，目視前下方（圖 3-336）。

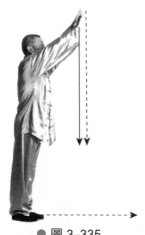

● 圖 3-335

● 圖 3-336

第三動

接上式，身體向右旋轉，雙腿隨身轉動，成右弓左蹬式，重心偏向右腿，右手向右畫一平圓，掌心朝下，雙手左右各分，目視右手（圖 3-337）。

● 圖 3-337

第四動

接上式，身體轉正，雙腳相併，身體直立，雙手上

翻，心手向上從身體兩側向上慢慢托起至兩肩上方，雙掌心相對，手指向上，目視上方（圖3-338）。

第五動

接上式，雙手由上從胸前徐徐下落至小腹處，兩掌心向下，手指相對，兩臂屈肘成半圓形，兩腿隨之屈膝下蹲，目視雙手（圖3-339）。

第六動

接上式，雙腿緩慢立直，上身隨腿的立直也慢慢領順，由腰脊向上到胸椎頸椎節節虛領上頂，雙手當身體站直時由小腹處慢慢移至大腿兩側，自然下垂，掌心向內，手指向下，頭部眼齶上頂，目視前方（圖3-340）。

● 圖3-338　　　● 圖3-339　　　● 圖3-340

第四章 心意六合拳器械

第一節

六合刀

六合刀是我師呂瑞芳先生所傳，屬六合拳中的短兵器，共 36 勢。此刀法樸實無華，簡潔明快，勢勢勁力渾厚，氣勢逼人，實用性強，習至純熟，刀人合一，隨意變化。至今此刀已不多見。

一、預備式

周身放鬆下沉，成立正姿勢，刀尖朝上，刀刃朝前，刀背順貼在左臂前，右手自然下垂，貼在身體右側，手指朝下；頭上頂，目平視（圖 4-1）。

● 圖 4-1

二、弓步衝拳

第一動

接上式，重心向左腳轉移，右腿屈膝上提，膝與大腿

面平，小腿下垂，左腿站立單獨支撐全身重量；右手握拳做衝拳準備，左手握刀，刀背貼在左臂前，刀刃朝前，刀尖朝上，目左視（圖4-2）。

第二動

接上式，右腳落地的同時，左腳抬起，向左邁出一步，腳尖向前；右腳尖隨轉向左方，成左弓右蹬式，身體隨步變動，向左轉90°；左手握刀姿勢不變，隨身轉動，仍垂於身體左側；右手在身體轉過來的同時，向前衝出，拳的高度與肩平，拳心朝下，目視出拳方向（圖4-3）。

●圖4-2

●圖4-3

三、右勢斜劈刀

第一動

接上式，身體重心移向右腿，並屈膝略下蹲，左腳拉回，落在右腳前方，身體同時向右旋轉90°；左手握刀，由左下方向右上方移動，高度略高於頭，刀柄朝上，刀背斜貼在左胳膊上，刀尖朝左下方；右手屈肘上提，扶在刀柄處，做接刀準備，目視左下方（圖4-4）。

第二動

接上式，右手接刀，身體向左轉 90°；左腳向左邁出一步落地，右腳向前邁出一步，雙腿彎曲，右腳在前，左腳在後，成右雞形步；隨上右步的同時，右手接刀向前下方斜劈，右手高度與右胯平，刀尖斜上，刀刃斜前；左手扶於右手握刀處，頭上頂，目平視劈刀方向（圖4-5）。

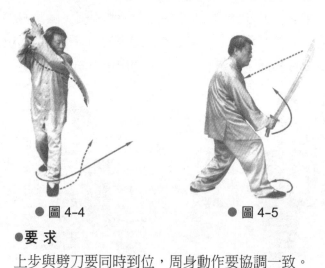

●圖 4-4　　　　　　　　　　●圖 4-5

●要 求

上步與劈刀要同時到位，周身動作要協調一致。

四、回身反刺刀

第一動

接上式，右腳尖向左扣，左腳原地不動，身子隨腳變化向左轉 90°；右手握刀向左旋轉，刀隨手變，刀身轉至右跨外側，刀尖朝左下方，刀刃斜下方；左手扶於右手處，目視刀尖所指方向（圖4-6）。

第二動

接上式，左腳尖向左轉 90°，右腳不變，左腳在前，

右腳在後，雙腿屈膝略下蹲，成左雞形步，身體隨步轉動，向左旋轉右手由原來位置移動至胸前，刀身平放胸前，刀刃朝上，刀尖朝前；左手扶於右手握刀處，雙手合一，做刺刀的準備，目視刀刺的方向（圖4-7）。

● 圖 4-6　　　　　　　● 圖 4-7

第三動

圖 4-8 接上式，左腳向前邁一步，右腳跟進半步；右手握刀，左手扶於右手處，雙手合力向前推出，刀尖朝前，刀刃向上，目視前方（圖 4-8）。

● 圖 4-8

●**要 求**

進步和刺刀同時完成，動作要協調一致。

五、上步推刀

第一動

接上式，右腳進一步，左腳跟進半步，右腳在前，左腳在後，成右雞形步；右手握刀，拉回至胸部右側，使刀身橫於胸前，高度略低於肩，刀尖朝左，刀柄朝右，刀刃朝前；左手扶於刀背左側，雙手托刀，做向前推刀姿勢，目視前方（圖4-9）。

第二動

接上式，左腳向前邁進一步，右腳跟進半步，成左雞形步；在進步的同時，雙手向前平推刀，高度與肩平，目視前方（圖4-10）。

●圖 4-9　　　　　　　●圖 4-10

●**要 求**

上步與推刀要動作一致，同時進行，刀停步落，手腳齊到。

六、轉身裹腦藏刀

第一動

接上式，左腳尖向內扣，右腳原地不動，身體重心移至右邊，身體向右旋轉 45°；左手屈肘向右移動至面前，高度與鼻尖平；右手握刀，向左肋下移動，刀背貼於左肋後側，刀刃向外，刀尖斜上，目視左方（圖 4-11）。

第二動

接上式，右腳尖抬起向右旋轉 90°，落地後，左腳也抬起向右旋轉 90°，身體隨步旋轉；右手握刀隨身旋轉，由左肋經胸前轉至身體右側，落至右胯外側，高度與胯相同，刀尖朝前，刀刃朝外；左手隨身轉動上架，放於頭部的左上方，目視刀身（圖 4-12）。

● 圖 4-11 　　　　　● 圖 4-12

第三動

接上式，身體向右旋轉 90°，雙腿交叉，左膝蓋頂在右膝的腿彎處；右手握刀，手向右上方移動，刀身從頭頂右側轉向左側左肩上方，刀刃朝外，刀尖朝後；左手由原

位移至右肋處，目視前方（圖 4-13）。

第四動

接上式，左腳向前邁一步，右腳不動；右手握刀，從原來位置經胸前向左胯處落下，成刀尖向前、刀刃朝下狀；左手由右肋處向前推出，高度與肩平，目視前方（圖4-14）。

●圖 4-13　　　　　　　●圖 4-14

七、左攔門刀

第一動

接上式，右腳向前一步，腳尖外擺，左膝蓋頂在右膝腿彎處，身體隨步前移；右手握刀，移至頭頂處，刀尖朝下，貼於後背上；左手由原位置移至右肩內側，目視左前方（圖 4-15）。

第二動

接上式，左腳向前邁進一步，右腳跟進半步，成左雞形步，身體重心在前；右手握刀向前推出，高度與鼻尖平，刀柄朝前，刀刃朝外，刀背貼在右臂處；左手在右手

● 圖 4-15　　　　　　● 圖 4-16

向前推刀的同時與右手匯合，雙手合力向前推出，目視前方（圖 4-16）。

●**要 求**

進步與推刀要同時到位。

八、右攔門刀

第一動

接上式，左腳向右邁一步，右腳跟半步，左腿在前，右膝頂在左腿彎處；右手握刀，由原右邊經腦後到左肩，停在胸前，高度與肩平，刀尖朝左，刀刃向外，目視右邊（圖 4-17）。

第二動

接上式，右腳向前進一步，左腳跟進半步，成右雞形步，身體隨步前移；右手握刀，向右上方推出，左手扶於刀柄處，右手高度與鼻尖平，刀刃朝外，刀背貼於左臂外側，目視右手方向（圖 4-18）。

● 圖 4-17

● 圖 4-18

九、左弓步立推刀

接上式，身體向左旋轉 90°，雙腳尖隨身向左轉 90°，成左弓右蹬步；右手握刀，手腕向左旋轉，使刀變成刀尖朝下，然後右手向左膝後推刀；左手扶於刀身下方刀背處，上身隨推刀之勢向左移動重心，目視前方（圖 4-19）。

● 圖 4-19

十、轉身掛刀

接上式，左腳向前一步，右腳跟進半步，左腳在前，右腳在後，右膝頂在左膝後腿彎處，身體向左旋轉；右手握刀，由右上方向左下方轉動掛刀，右手落至左胯前，刀尖朝左上方，目視刀尖（圖 4-20）。

● 圖 4-20

十一、上步右劈刀

接上式，右腳上前進步，左腳跟進半步，成右雞形步，身體向右旋90°；右手握刀從左胯處經左肩到胸前，落至左膝前方，高度與右膝平，刀尖斜上方，刀刃斜前方；左手扶於刀柄處，目視劈刀方向（圖4-21）。

● 圖 4-21

十二、進步反刺刀

接上式，左腳向前邁一步，右腳跟進半步；右手握刀向右旋轉，屈肘上托，變成刀刃向上、刀尖向前；左手扶於刀柄處，然後雙手向前推刀，目視刺刀方向（圖4-22）。

● 圖 4-22

●要　求

進步與刺刀要動作一致，同時完成。

十三、上步平推刀

接上式，左腳向前邁一步，右腳跟進半步，成左雞形步，身體隨進步前移；右手握刀，手腕向左旋轉，刀身向左後方向轉動，橫平於胸前，高度與肩平；左手扶在刀背左側，目視前方（圖4-23）。

● 圖4-23

十四、裹腦左勢藏刀

第一動

接上式，右手握刀，由原位置經左肩走腦後，周身旋轉一週到左肋處停止，刀背貼在左肋處，刀尖朝後；左手上架放於頭部左側，與頭同高，目視前方（圖4-24）。

● 圖4-24

● 圖4-25

第二動

接上式，身體向右旋轉 90°；右手握刀隨身轉動，右

手停至身體右前方，高度與腰平，刀刃朝外，刀身橫至腰部前方約半尺許，刀尖向左；左手扶於右手腕處，目視刀身（圖4-25）。

第三動

接上式，左腳尖向左扣，右腳以左腳為圓心轉動180°，落在左腳左側，身體隨步旋轉；右手握刀，由前向右經腦後轉至身體右側，高度略低於肩，刀尖斜下，刀柄右上方；左手扶於右手腕處，目視刀身（圖4-26）。

第四動

接上式，身體向左旋轉90°，左腳尖向左旋轉並向前邁進一步，右腳跟進半步，雙腿彎曲成左雞形步；右手握刀向左轉動，經右肩過後腦，從左肩處向下落至右胯外側，刀尖朝前，刀刃朝下；左手推出，胳膊似曲非曲，似直非直，高度與肩平，目視前手所指方向（圖4-27）。

●圖4-26　　　　　　　●圖4-27

十五、左攔門刀

第一動

接上式，身體向左旋轉90°；右手握刀從右胯處向左

肩上方移動，在手變動的同時，手推刀動，刀尖領前，落至左臂外側，刀背貼於左臂外側，刀尖向下，目視刀尖方向（圖 4-28）。

第二動

接上式，右腳向前邁進一步；右手握刀從左肩上方向身後旋轉一周，落至胸前，刀背貼在右臂處，刀刃朝前，刀尖向右上方，目視前方（圖 4-29）。

● 圖 4-28

● 圖 4-29

第三動

接上式，左腳向前邁進一步，右腳跟進半步，成左雞形步，身體向左旋轉 90°；右手握刀，左手扶於刀柄處，雙手合力向前推刀至左前方，高度與肩同高，刀背貼在左臂外側，目視前方（圖 4-30）。

● 圖 4-30

十六、右攔門刀

第一動

接上式，右手握刀從原處繞腦後旋轉一圈，落至左肩前方，高度略高於肩，刀背貼在左臂外側，刀尖斜下；左手扶於右手處，目視刀身方向（圖4-31）。

第二動

接上式，右腳向前邁進一步，左腳跟進半步；右手握刀隨進步向前推刀，右手高度與頭平，刀背貼於左臂外側，目視刀身（圖4-32）。

● 圖4-31

● 圖4-32

十七、左步撩刀

第一動

接上式，左腳向前邁進一步；右手握刀由原處向後下方旋轉，身體隨右手向右轉動90°，目隨刀動（圖4-33）。

第二動

接上式，身體向左旋180°，雙腿屈膝略蹲，左腳在前，右腳在後；右手握刀由原位從下向上撩刀，並隨身旋

轉至胸前止，刀刃朝上，刀尖朝前；左手扶於右手處，目
視刀尖所指方向（圖4-34）。

● 圖4-33

● 圖4-34

十八、右步撩刀

接上式，右腳向前邁一
步，左腳跟進半步，成右雞形
步；右手握刀，刀鋒向後轉
動，經身體左側向前撩刀，身
體隨撩刀動作向右旋90°，右
手撩至左肩上方為止，刀刃向
上，刀尖朝前；左手扶於右手
處，目視刀身前方（圖4-35）。

● 圖4-35

十九、右弓步刺刀

第一動

接上式，左腳向前邁出一步，右腳跟進半步，成左雞
形步；右手握刀向右後方向移動；左手向前平伸，目視前
方（圖4-36）。

第二動

接上式，左腳向前邁進一步，右腿屈膝上提，小腿下垂，腳尖微微上蹺；右手握刀，從後由下向前撩刀，至胸前時止，刀尖朝前，刀刃朝上，高度與胸齊；左手扶於刀柄處，目視刺刀方向（圖4-37）。

● 圖4-36　　　　　　　　　● 圖4-37

第三動

接上式，右腳向前邁進一步，左腳跟進半步；右手推刀向前平刺，在刺刀的同時，身體左轉90°，右手向右旋轉，使刀刃朝上變刀刃朝下；同時，左手向後分開伸平，目視刺刀方向（圖4-38）。

● 圖4-38

二十、左刀入鞘過渡式

第一動

接上式，步子不動；右手握刀，手腕向左轉動，使刀尖由前轉向後下方，右手高度不變，刀尖左下方，刀刃向外，為下個動做作好準備（圖4-39）。

第二動

接上式，右腳向左腳處移動，與左腳並立，雙腿屈膝略下蹲；右手握刀，刀尖向左胯處運動，停在左胯外側；左手扶在右手腕處，身體略左旋，如刀入鞘之狀，目視刀身（圖4-40）。

● 圖 4-39

● 圖 4-40

二十一、左刀出鞘勢

接上式，右腳向右邁出一步，左腳跟進半步，成右雞形步，身體向右旋轉90°；右手握刀隨身轉動至右前上方，高度略低於頭，刀背貼於左臂外側，刀尖朝後斜下方；左手扶於右手腕處，目視刀身（圖4-41）。

● 圖 4-41

二十二、轉身虛步藏刀過渡式

第一動

接上式，右腳尖向外擺，左腳
抬起，身體向右轉動 180°，左腳落
在右腳左側，雙腳並立，雙腿屈
膝；右手握刀隨身轉 180°，落至身
體左側，右手高度與右胯平，刀身
平放，刀尖朝後，刀刃朝外；左手
扶於右手腕處，目視刀身（圖
4-42）。

● 圖 4-42

第二動

接上式，右腳向右邁出一步，身體右旋 180°；右手
握刀隨身旋轉 180°，落至右胯外側，高度同右胯；左手
在轉動時與右手分開，向右上方架掌，目視落刀處（圖
4-43）。

● 圖 4-43

● 圖 4-44

第三動

接上式，左腳向左一步，右腳隨之向右旋轉，雙腿彎

曲，左腳在前，右腳在後，身體隨步右旋 90°；右手握刀，在身體右旋的同時，手由原處經後背從左肩處拉至右胯外側，刀尖朝前，刀刃朝下；左手向前推掌，高度同肩，目視前手遠方（圖 4-44）。

二十三、右上步斜劈刀

第一動

接上式，左腳尖外擺 90°，右腳抬起，落至左腳右側，雙腳並立，雙腿屈膝，身體隨步向左旋轉 180°；右手握刀隨身向左旋轉 180°，然後刀尖從身體左側向上挑，目隨刀動（圖 4-45）。

第二動

接上式，右腳向右邁出一步，左腳跟進半步，成右雞形步，身體向右旋轉 90°；右手握刀走身體左側繼續向上運動，當手運動至頭頂時向下猛劈；左手扶於刀柄處，與右手同時落下，目隨刀動（圖 4-46）。

● **要 求**

上右步與劈刀同時進行，刀落步到。

● 圖 4-45　　　　● 圖 4-46

二十四、左上步劈刀

第一動

接上式，右腳拉回並於左腳內側，雙腿屈膝略下蹲；右手握刀，手腕左旋至刀尖朝下，身體左旋 90°，在刀身隨身體左旋的同時，從身體左側向左上方挑刀，目隨刀動（圖 4-47）。

第二動

接上式，身體左旋 90°，左腳向前邁出一步，右腳跟進半步，雙腿屈膝，成左雞形步；右手握刀，在隨身右旋的同時，從身體左側上挑至頭頂時，猛向前下方劈刀；左手扶於右手處，右手高度略高於左膝，刀尖斜上，刀刃斜前，目視刀身（圖 4-48）。

● 圖 4-47

● 圖 4-48

二十五、右扣步掛刀

接上式，左腳向右移動一步，並向內扣腳尖；右腳原地不動，成雙腿彎曲、雙膝內扣狀，身體隨步向右轉動 90°；右手握刀，隨身轉動的同時向右拉動刀柄，刀身隨

手下掛至左胯外側，高度同左胯，刀柄在前，刀刃朝下，刀尖朝後，目隨刀動（圖4-49）。

二十六、反身劈刀

接上式，雙腿跳起，身體向右旋轉180°，兩腳隨身轉動，落地時左腳在前、右腳在後，雙腿彎曲，成左雞形步；右手握刀隨身向右翻身向下斜劈刀，右手落至左膝上方，刀尖斜上，刀刃斜下；左手扶於右手處，目視刀身（圖4-50）。

● 圖4-49

● 圖4-50

二十七、左進步反刺刀

接上式，左腳向前邁進一步，右腳跟進半步，雙腿彎曲；右手握刀，手腕向左轉動，屈肘上托至胸前，並雙手向前推出刺刀，目視前方（圖4-51）。

二十八、右雞步下按刀

接上式，右腳向前進一步，左腳跟進半步，雙膝彎曲，成右雞形步，在進步的同時，身體向右旋轉90°；右

手握刀，手腕向右旋轉至刀刃朝下，後隨身旋轉，右手向後拉刀下按，右手拉至右膝外側，高度與膝平，刀刃朝下，刀尖朝上方，目視刀身（圖4-52）。

● 圖 4-51　　　　　● 圖 4-52

二十九、左弓步前刺刀

接上式，左腳向前邁進一步，右腳跟進半步，雙腿屈膝，身體向左旋轉 90°；然後右手握刀，左手扶於右手處，雙手合力向前刺刀，目隨刀變（圖4-53）。

● 圖 4-53

● **要　求**

刺刀與進步同時完成。

三十、右提膝反刺刀

第一動

接上式，左腳尖向內扣，身體向右旋轉 180°；右腿屈膝上提，右膝與胯同高，小腿下垂，腳尖微上蹺，有前踏之意；右手握刀隨身轉動，向上翻轉，使刀尖向上至相反方向，刀刃向上，刀尖向前；左手扶於右手處，目視前方（圖 4-54）。

●**要 求**

轉身與翻刀要同時完成，動作要協調一致。

第二動

接上式，右腳向前邁進一步落地，左腳跟進半步，成右雞形步；右手在右腿邁步的同時向前推刀直刺，刀刃朝上，刀尖朝前；左手在右手前刺刀的同時，向左推掌，目視刺刀方向（圖 4-55）。

●圖 4-54　　　　　　　●圖 4-55

●**要 求**

進右步與前刺刀高度協調，同起同落，動作一致。

三十一、快步左劈刀

第一動

接上式，左腳向前邁出一步，腳落地的同時，身體向右旋轉 180°；右手腕向左旋轉 180°，至刀刃朝下，然後右手握刀，隨身旋轉向右撩刀，目視撩刀方向（圖 4-56）。

第二動

接上式，右腳快速向前進一步；右手握刀，手腕向右翻轉，由後經右肩上方，做向前劈刀的準備工作，目視前方（圖 4-57）。

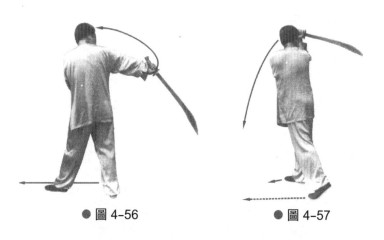

●圖 4-56 　　　　　　●圖 4-57

第三動

接上式，左腳向前快速邁進，右腳跟進半步，雙腿彎曲，成左雞形步；右手握刀，隨進步的同時快速向斜前方猛劈，右手落至。左膝內上方，刀刃斜前，刀尖斜上；左手扶於右手腕處，目視刀劈方向（圖 4-58）。

● 圖 4-58

●要　求

連上三步，速度要快，刀隨步變，步停刀落，動作要
協調，刀劈要有力。

三十二、右反身抹刀

第一動

接上式，左腳向右邁出一步，落至右腳外側，同時身
體向右旋轉 90°；右手握刀向左旋轉手腕，並向身體左側
撩刀；左掌放於右肩內側，目視刀身（圖 4-59）。

● 圖 4-59

● 圖 4-60

第二動

（右反身抹刀）接上式，左腳提起準備向前邁步，身體向右旋轉90°；右手握刀，從左肋外側經胸前移至右肩上方，刀刃朝上，刀尖朝後下方；左手扶於右肘處，目視右邊（圖4-60）。

第三動

接上式，右腳向前邁進一步，左腳跟進半步，雙腿彎曲，成右雞形步；右手握刀，由右肩上方經腦後到左肩上方；左手扶於右手處，雙手合力向右前方推出，刀刃朝外，右手略高於肩，目視右手（圖4-61）。

三十三、左提膝上挑刀

接上式，左腳向左旋轉180°，右腿屈膝上提，右膝高度與右胯同高，小腿下垂；右手握刀並隨身向左轉動，刀由原位置下走，在提膝的同時向上挑刀，刀刃朝前，刀尖向上，右手位置與膝同高，停於右膝前，目視刀身（圖4-62）。

● 圖 4-61

● 圖 4-62

三十四、快速進步大劈刀

第一動

接上式，右腳落地，左腳向前
邁進一步；右手握刀走身體右側，
由下向後旋轉至右肩上方，刀尖朝
後下邊，刀刃朝斜上方；左手扶於
右手腕處，目視前方（圖4-63）。

第二動

接上式，右腳向前邁一步，落
於左腳內側；右手握刀，左手扶於
刀柄處，身體直立，目視前方（圖
4-64）。此為過渡式。

● 圖 4-63

第三動

接上式，雙腿屈膝下蹲；雙手握刀，從頭頂向前下方
快速劈下，目視刀身（圖4-65）。

● 圖 4-64

● 圖 4-65

● 要 求

連進數步，由頂向下大劈刀，動作要協調，進步要快，劈刀要猛，雙腳快速前進，刀隨身變，步隨刀落。

三十五、上步轉身接刀

第一動

接上式，左腳向右旋轉扣步，落於右腳前方，身體向右旋轉 90°；右手握刀並向左旋轉，刀尖向上，刀背貼於左肋處，右手放於左胯處；左掌扶於右肘處（圖 4-66）。

第二動

接上式，左腳向右前方邁出一步，腳尖內扣，身體右旋 180°，右腳隨身右旋 90°，雙腿屈膝略蹲，雙膝內扣，刀隨身轉，仍停於左肋處，目視左下方（圖 4-67）。

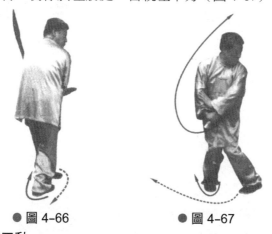

● 圖 4-66　　　　● 圖 4-67

第三動

接上式，身體向右旋轉 90°，左腳向前邁進一步，雙腳隨身右轉；右手握刀，從左肋處向右肩上方舉刀，右手略高於頭，刀尖朝後下方，刀刃斜上；左手扶於右肘處，

目視前方（圖4-68）。

第四動

接上式，右腳向前進一步，左腳緊跟半步，雙腿彎曲，成右雞形步；右手握刀由右肩上方經腦後到左肩，然後向右前方推刀，右手略高於頭，刀刃朝外，刀尖斜下，目視刀身前方；左手扶於右手處，準備接刀（圖4-69）。

●圖4-68　　　　●圖4-69

三十六、收　勢

第一動

接上式，左腳向右腳處邁一步，落於右腳內側；在左腳落地的同時，右腿屈膝上提，膝與胯同高，右腿支撐全身重量，小腿下垂；左手接刀後，落於身體左側，左手握刀，刀尖朝上，刀刃朝外，右手垂至身體右側，目視前方（圖4-70）。

●圖4-70

第二動

接上式，右腳落地，左腳抬起並向左移動一步，落地後成左弓右蹬式，身體向左旋轉 90°；右手握拳向前擊出，拳與肩平；左手握刀垂於身體左側，目視前方（圖4-71）。

第三動

接上式，左腳拉回，落於右腳左側，身體向右旋轉90°，身體正面直立，兩手垂於身體兩側，目視前方（圖4-72）。

● 圖 4-71

● 圖 4-72

第一節

五行刀

五行刀是心意六合拳的短器械。五行刀為雙手刀，練習時雙手握刀。此刀動作不多，短小精悍，刀隨身變，刀人合一，動作勇猛，實用性強。

練習此刀時，劈刀扎刀都要是周身的合勁，不可單用胳膊或局部力量。整個套路節奏感強，變化快慢相兼，剛柔相濟。進步扎刀，動作快，勁力猛，周身協調，習者可認真盤練。

一、預備式

身體直立，目視前方；左手握刀，刀背貼於左肩前，刀尖向上；右手自然垂於身體右側，兩肩下沉，頭上頂，氣沉丹田（圖4-73）。

二、接刀式

右腿微屈，重心在後腿；左腳向右前方邁進半步，輕微著地，身體向右旋轉約90°；左手握刀向前上方抬起，手高度約與頭齊，刀背貼在左臂外側；右手由下向上抬起，接刀在手，目光從刀刃上邊向前平視（圖4-74）。

● 圖4-73

● 圖4-74

三、右劈刀

第一動

雙手握刀，右手握在刀柄下部，身子向左旋轉 180°；左腳向左邁出一步，變成左腳在前、右腳在後；雙手舉刀過頭，手的高度與鼻尖高度平，目視落刀方向（圖4-75）。

第二動

右腳向前邁進一步，雙腿彎曲，成右雞形步；雙手握刀，由上向下斜劈，刀尖斜上，刀刃朝前，雙手落至右胯前；頭上頂，眼看刀劈方向（圖4-76）。

● 圖 4-75

● 圖 4-76

●要 求

向下劈時，刀要猛，兩肩要沉，兩膀要裹合，後腿蹬勁，前腳踩勁，兩膝內扣。

四、退步帶刀

第一動

右腳向後退一步；同時，雙手握刀，向外旋轉刀柄，並由下向肩部回拉，刀柄高度約同肩高，刀尖朝前，刀刃向上，眼看刀尖（圖4-77）。

●**要 求**

做這個動作時，退右步與刀的拉回動作要一致，刀隨身動。

第二動

接上式，左腿向後退一步，落在右膝的右後邊，雙腿彎曲，左膝頂在右腿彎處，身體下蹲；雙手隨身後移，握刀仍在肩前（圖4-78）。

● 圖 4-77   ● 圖 4-78

五、上步右劈刀

第一動

接上式，左腳向前邁進一步，身體向左旋轉；雙手握

刀柄隨身轉動，變成雙手握刀向前劈的姿勢，雙手與鼻尖高度平，刀尖朝後上方，刀刃朝斜上方，目視前方（圖4-79）。

第二動

接上式，右腳向前邁進一步，右腳在前，左腳在後，成右雞形步；同時，雙手握刀向前斜劈而下，雙手高度與胯平，刀刃斜前方，刀尖朝上（圖4-80）。

● 圖 4-79

● 圖 4-80

● **要 求**

下劈迅速要快，步到刀落，目隨刀變，成呼氣狀。

六、扣步掛刀

接上式，左腳尖向左內扣，上身隨腳左旋；雙手隨身轉動，向左拉動刀柄，成右掛刀姿勢，刀身斜落在身體右側，刀刃朝下，刀尖略低於刀柄，目視刀身；兩腳成內八字，兩膝扣勁，腰節擰勁（圖4-81）。

● 圖 4-81

七、提膝劈刀

第一動

接上式，身體向左旋轉，左腳尖向外擺；刀隨身體轉動，雙手屈肘上提，高度與肩平，刀柄朝前，刀刃朝上，目視前方（圖 4-82）。

第二動

接上式，右腿提膝，膝平面與胯同高，小腿下垂；左腿落地支撐全身重量；雙手握刀向前劈下，雙手高度與右膝平，落於右膝前方，刀尖朝上，刀刃朝前，目視前方（圖 4-83）。

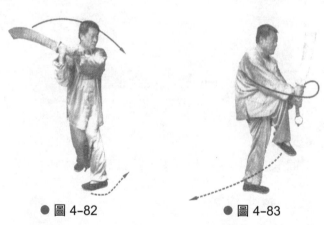

● 圖 4-82   ● 圖 4-83

●要 求

左腿支撐全身，站立要穩，兩手向下劈拉，而不是砍。

八、退步右帶刀

第一動

接上式，右腿向後退一步，成左弓右蹬式；雙手握刀

隨身後拉，同時雙手屈肘上翻，高度與肩平，刀尖朝前，刀刃朝上，目視前方（圖 4-84）。

第二動

接上式，左腿向後退一步，雙腿屈膝下蹲，左膝放於右腿彎處；雙手握刀半放於胸前，高度與肩平，刀尖朝前，刀刃朝上，目視刀尖處（圖 4-85）。

● 圖 4-84　　　　　● 圖 4-85

九、右退步帶刀

第一動

接上式，身體向左旋轉 180°；刀隨身動，當轉身面朝後時，雙手托刀，向左拉回放於胸前，高度與肩平，刀尖朝右，刀刃朝上，目視刀身（圖 4-86）。

第二動

接上式，右腿從左腿後向左退一步，落於左腳左側，雙腿屈膝下蹲，右膝頂在左腿彎處；雙手握刀，隨身而落於胸前，刀尖朝右，刀刃向上，目視刀尖方向（圖 4-87）。

● 圖 4-86　　　　　　　　● 圖 4-87

十、反手平刺刀

第一動

接上式，身體向右旋轉 90°，成左腿在前、右腿在後的左弓右蹬式；雙手握刀於胸前，高度略低於肩，刀刃朝上，刀尖朝前，目視前方（圖 4-88）。

第二動

接上式，左腳向前邁進一步，右腳跟進半步，成左雞形步；同時，握刀向前平刺而出，刀尖朝前，刀刃朝上，目視前方（圖 4-89）。

● 圖 4-88　　　　　　　　● 圖 4-89

十一、進步掛刀

接上式，右腳向前邁進一步，左腳跟進半步，同時，上身向右旋轉，左膝頂在右腿彎處；雙手握刀，右手向左旋轉刀柄，雙手由上向下斜拉刀至右膝旁，刀刃朝下，刀尖朝前，刀身前高後低，目視刀身處（圖4-90）。

十二、進步扎刀

接上式，左腳向前邁進一步，右腳跟進半步，成左弓右蹬步；在進步的同時，身體向左旋轉，並雙手握刀向前扎刀，目視前方（圖4-91）。

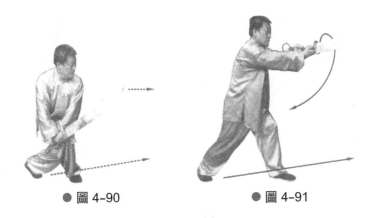

● 圖4-90　　　　　　　● 圖4-91

十三、上步推刀

第一動

接上式，右腳向前邁進一步，左腳跟進半步；在進步的同時，雙手握刀轉動刀柄，使刀由前向左後方向旋轉，變為刀柄在前、刀身在頭部左側（圖4-92）。

●要 求

上步與刀的變動同時進行,刀隨身變,目隨刀走。

第二動

接上式,雙手握刀,由左向右轉動刀柄,刀身由左肩上方至頭頂過來到右肩外側,雙手高度與肩平,刀尖斜後,刀刃朝前,目視前方(圖4-93)。

● 圖 4-92

第三動

接上式,左腳向前邁出一步,右腳跟進半步;雙手握刀向前推刀,刀尖向右,刀刃朝上,目視前方(圖4-94)。

● 圖 4-93

● 圖 4-94

●要 求

進左步與雙手向前推刀動作一致。

十四、反身提膝扎刀

第一動

接上式,身體向右旋轉,刀尖轉向身體右後方,雙手

握刀放於胸前，刀刃朝上，重心略偏左腿，目視刀尖所指方向（圖4-95）。

● 圖 4-95

第二動

接上式，左腳跳起，身體在跳起時向右旋轉90°，然後右腳落地站立，單腿支撐全身重量；左腳在跳起時向上提膝，膝蓋與胯同高，小腿下垂；在跳起身體向右轉動的同時，雙手向前推刀，刀尖朝前，刀刃向上，目視前方（圖4-96、圖4-97）。

● 圖 4-96

● 圖 4-97

十五、轉身帶刀

接上式，左腳向前邁進一步，右腳跟進半步，在進步的同時，身體向右旋轉；雙手沉肘反刀，並手握刀柄向後拉帶刀，雙手放於面前，高度與眉齊，刀尖朝左，刀刃朝上，目視刀尖方向（圖4-98）。

● 圖 4-98

十六、上步劈刀

第一動

接上式，身體向左旋轉，雙手握刀隨身轉動，然後雙手反轉刀柄，變成刀刃朝下，使刀從身體左側由後向前撩刀，由於身體的旋轉，兩腿成交叉式，右腿在前，左腿在後，目隨刀走（圖 4-99）。

● 圖 4-99　　　　　● 圖 4-100

第二動

接上式，身體向右旋轉，雙手握刀由後向前撩起；當

身體轉向正面時，右腿向前邁一步，左腿向前跟進半步，成右雞形步；雙手隨反刀下劈，落於右膝上方，刀尖朝前上方，刀刃斜前方，目視劈刀方向（圖4-100）。

十七、退步右帶刀

接上式，右腳向後退一步，左腳再向後退一步，雙腿屈膝下蹲，左膝頂於右腿彎處；身體隨退步向右旋轉，並屈肘翻刀，在退步的同時，雙手後拉帶刀於面前，高度略低於鼻尖，刀尖朝左，刀刃朝上，目視刀尖方向（圖4-101）。

● 圖 4-101

十八、上步劈刀

第一動

接上式，左腳向前邁進一步，右腳在後，重心略偏後腿，身體在進步的同時，向左旋轉；雙手握刀，隨身轉動，成雙手舉刀下劈的姿勢，雙手在面前，高度與眉齊，刀身在頭頂上，刀尖向後上方，刀刃斜上方，目視前方（圖4-102）。

●要 求

進步、轉身和舉刀要同時，動作要協調。

第二動

接上式，右腳上前進一步，左腳跟進半步，右腳在前，左腳在後，成右雞形步；在進步的同時，雙手握刀向

下猛劈，雙手落至右膝上方，雙手高度與胯同高，刀尖向上，刀刃斜前方，目視劈刀方向（圖4-103）。

●要 求

劈刀時兩臂不可伸直，仍應微屈。

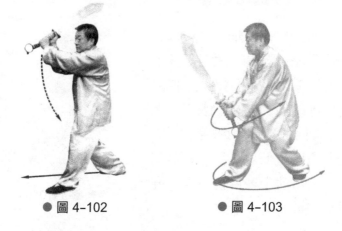

●圖 4-102　　　　　●圖 4-103

十九、轉身提膝劈刀

第一動

接上式，右腳以左腳為圓心向左方向出步，腳尖向裏扣，身體隨步向左旋轉；同時，雙手握刀隨身轉動，由上動位置向左拉動刀柄於身體右側，雙手略高於膝，刀尖向後，刀刃朝下，目視刀身（圖4-104）。

●要 求

整個動作要身隨步轉，刀隨身變，周身一致，刀人合一。

第二動

接上式，雙腳向左旋轉，左腳尖外擺，身體隨腳步向左旋轉180°；雙手握刀隨身轉動，當身體轉至正面時，

刀尖向後，雙手舉起刀柄，做向前劈的準備，刀身落於右肩上方，刀刃朝上，刀柄環朝前，目視前方（圖4-105）。

第三動

接上式，右腿提起，膝蓋與胯同高，小腿下垂；左腿立直微屈，支撐全身重量；雙手握刀在提膝的同時，向下劈拉刀柄於右膝前，雙手與右膝同高，刀尖朝上，刀刃向前，目視前方（圖4-106）。

● 圖 4-104　　● 圖 4-105　　● 圖 4-106

二十、退步帶刀

第一動

接上式，右腳向後退一步，成左腿在前、右腿在後姿勢，雙腿彎曲，重心偏於前腿，身體隨退步向後移動；雙手握刀姿勢不變，目視前方（圖4-107）。

●要 求

因此式是過渡式，所以，雙手有向後帶刀的意識。

第二動

接上式，左腿向後退一步，雙腿屈膝下蹲，右膝蓋頂

在左腿彎處，身體隨退步向後移動，在後移的同時向右旋轉 90°；雙手握刀，隨身體右旋之勢屈肘翻刀向後拉，停於胸前，雙手高度與肩平，刀尖朝左，刀刃朝上，目視刀尖所指方向（圖 4-108）。

●**要 求**

做動作時，退步、轉身與拉回帶刀，要協調一致標。

● 圖 4-107

● 圖 4-108

二十一、上步扎刀

左腳向前邁進一步，右腳跟進半步，成左雞形步，身體在進步的同時，向左旋轉 90°；雙手握刀，隨身轉動的同時向前直扎刀，刀尖朝前，刀刃朝上，目視扎刀方向（圖 4-109）。

● 圖 4-109

●**要 求**

進步扎刀和轉身要同時進行。

二十二、上步掛刀

接上式，右腳向前邁進一步，左腳在後，雙腿屈膝下蹲，左膝頂在右腿彎處，身體隨步前移；同時，雙手握刀翻手回拉下掛，落至右膝外側，刀尖向前上方，刀刃向下，目視刀身（圖4-110）。

● 圖 4-110

●要求

這個動作進步要快，步向前進，刀向後拉，動作要協調一致，進步轉身與掛刀同時完成。

二十三、上步扎刀

接上式，左腳向前邁進一步，右腳跟進半步，成左雞形步；身體在進步的同時向左旋轉，並雙手向前扎刀，高度略低於肩，刀尖朝前，刀刃朝下，目視前方（圖4-111）。

● 圖 4-111

●要 求

進步要快，扎刀要猛，扎刀、進步、轉身要同時完成。

二十四、轉身帶刀

接上式，左腳尖向內扣，身體向右旋轉 90°，雙腿微屈，雙膝內扣；雙手握刀拉回到胸前，在拉回的同時，刀尖由前向上畫圓至相反方向，刀身高度與肩平，刀尖向右，刀刃向上，目視刀尖方向（圖4–112）。

●圖4–112

二十五、轉身接刀

接上式，右腳向後以左腳為圓心轉動半周落地，成左腳在前、右腳在後姿勢，雙腿屈膝下蹲，重心偏於右腿；

●圖4–113

●圖4–114

刀隨身變，當身子旋轉到位時，雙手握刀上抬至右上方，刀背貼在左臂上，刀柄朝右斜上方，刀尖為左斜下方，目視前方，做接刀勢（圖4-113）。

二十六、收　勢

接上式，左腳拉回右腳左側，雙腿直立；左於接刀後落至身體左側，刀尖朝上，刀刃朝前，刀背貼在左臂前方（圖4-114）。

第三節

心意刀

一、起　勢

第一動

身體自然站立，兩腳併攏，左手握刀，刀背靠近身體，刀尖朝上，右手自然下垂五指併攏手指朝下貼於右大腿外側，兩肩下沉，頭上頂，目平視（圖4-115）。

第二動

接上式，左腳站立支撐全身重量，右腿屈膝上提，膝蓋與腰同高，腳尖略微上勾，左手握刀，右手自然下垂於身體右側（圖4-116）。

第三動

接上式，右腳落地，左腳抬起，身體向左轉，左腳向左邁進一步落地成左弓右蹬式，同時左臂隨身體左轉之勢

●圖 4-115

●圖 4-116

向左前上抛出，高與肩平，左手腕外翻掌心朝上，左手握刀，刀身平放於左肩臂上，刀尖朝後，刀刃朝外，刀背朝裏，目視前方（圖 4-117）。

第四動

步子不變，左掌變拳向前擊出，與肩同高，拳心向下，拳面向前，右手握刀在右拳擊出的同時由上落至身體左側，目視右拳擊出方向（圖 4-118）。

●圖 4-117

●圖 4-118

二、上步劈刀

第一動

身體向右旋轉，雙腳自然彎曲隨身轉動，右腿支撐全身重量，左腿向右移動屈膝落於右腳前方，左手持刀隨身轉動由身體左側提至前上方，與頭同高，刀身斜貼於左肩臂上，刀尖斜下，刀柄刀彩斜上，右手屈肘上提扶於刀柄之上，為下動接刀做好準備，頭略向左轉，目視前下方向（圖4-119）。

第二動

接上式，身體向左旋轉，左腳向左前方邁出一步，右腳快速前進一步，雙腿彎曲，右腳在前，左腳在後，重心前三後七，雙手握刀，右手在前左手在後隨身左轉，於右腳落地的同時由上向下猛劈，刀身前高後低雙手握刀右前左後落於右膝內上方，目視刀劈方向（圖4-120）。

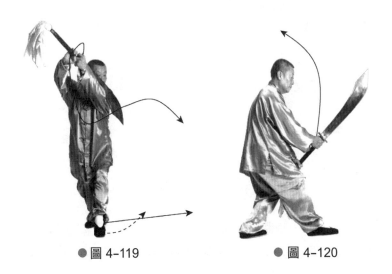

● 圖 4-119　　　　　　　● 圖 4-120

三、左攔門刀

第一動

接上式，右腳向左邁出一步，雙腿微屈，成交叉狀，右手握刀手向上抬高過頭頂，刀身前半部落在左肩部，右手與刀身形成一三角形，頭藏於三角之下，左手掌屈肘扶於右肩內側（圖4-121）。

第二動

接上式，左腳前進一步，右腳跟進一步，雙腿彎曲，重心略偏前，右手握刀向身後轉動，當刀頭轉至右肩外側時，右手握刀前推，左手扶於刀柄處與右手合力一齊前推而出，周身勁力裹含，目視前方（圖4-122）。

● 圖4-121

● 圖4-122

四、右攔門刀

接上式，身體向右轉，左手扶於刀背之上撥動刀身，使刀頭向上畫圓至身體左側，雙腿隨身轉動，左腳向右腳

右邊邁出一步，然後右腳急進一步，同時雙手隨進步之力推刀而出，刀身背處橫貼於左肩外側，雙腿彎曲，重心偏向右腿，目視左前方（圖 4-123）。

五、上步立推刀

接上式，身體向左前轉動，右手握刀向前推出，刀身上下直立，刀尖朝下，刀刃朝前，左手推於刀身中部刀背處，雙腿彎曲，左前右後，重心偏於前腿，身體隨刀傾斜，右手在上左手在下，雙手前推，目視前方（圖 4-124）。

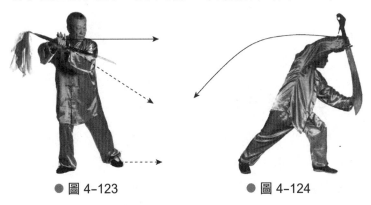

● 圖 4-123　　　　　● 圖 4-124

六、提膝挑刀

第一動

接上式，身體向右後方轉動，右手握刀向上畫弧後劈，左手與右手同時向左後平伸，重心移右腿，成右弓左蹬之勢，目視刀劈方向（圖 4-125）。

第二動

接上式，身體向左後轉，雙腳隨身後轉右腿猛然用力屈膝上提，腳尖上勾，左腿微屈，單腿支撐全身重量，右

手於轉身同時反手托刀猛力上挑，刀身直立，刀刃朝外，刀尖朝上，雙手屈臂握刀，與腰同高，目視前方（圖4-126）。

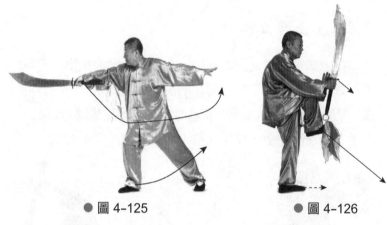

● 圖 4-125　　　　　　● 圖 4-126

七、上步劈刀

接上式，左腳向前蹬勁，右腳進步下踩，雙腿彎曲，右前左後，重心前三後七，雙手握刀快速前劈，刀身斜下，刀尖與頭同高，雙手與腰同高，此動作要求腳到手到，腳落刀落，周身齊動，力達刀身，目視刀劈方向（圖4-127）。

● 圖 4-127

八、上步刺刀

接上式，右腳前進一步，左腳過右腳急進一步，左腳在前右腳在後，前弓後曲，重心偏前，右手在前，左手在後，雙手握刀隨步變化，快速向前平刺，刀刃朝下高與肩平，要求刺刀與進步速度要快，發力要猛，動作要齊，目視前方（圖 4-128）。

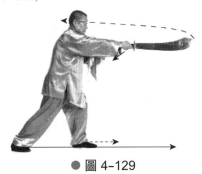

● 圖 4-129

九、疾步斜帶刀

接上式，右腳前進一步，雙腿彎曲，右前左後，重心偏前腿，右手握刀回拉，刀背上部貼在右肩上，雙手握刀，右手在上，左手在下，刀身斜挎身體有蓄而待發之勢，此動周身蓄勢，目視前方（圖 4-129）。

十、上步斜劈刀

接上式，左腳前進一步，左腳過右腳快進一步，雙腿彎曲，左腳在前，右腳在後，重心前三後七，雙手握刀快速向前斜劈而去，此動作腳進兩步，手劈一刀，但進步要快，劈刀要猛，進步與劈刀要動作一致，力隨意發，刀隨

腳落，目視刀劈方向（圖4-130）。

● 圖 4-129

● 圖 4-130

十一、轉　身

第一動

左腳尖內扣，左手脫刀變掌心向外向身體右側旋轉，身體隨之後轉，右手握刀，隨身轉動手在前，刀身後托於左肩下肋部，刀背貼近身體，刀刃朝外，雙腿彎曲，前左後右，重心前三後七，目視左手方向（圖4-131）。

● 圖 4-131

● 圖 4-132

第二動

右腳前進一步，雙腿彎曲，左腳在前右腳在後，重心前三後七，右手握刀圍身體向右旋轉至頭頂，然後刀從頭部左側轉到胸前再到身體右邊落於右胯外側，右手握刀與胯同高，刀尖朝前，刀刃朝下，左手前推高與眉齊，左臂似曲非曲，似直非直，目視前方（圖4-132）。

十二、上步劈刀

接上式，右腳前進一步，左腳跟進半步，雙腿彎曲，左前右後，重心前三後七，右手握刀由右胯處向後畫圓至頭頂，然後向前下方斜劈而下落至右膝內側，左手在右手劈下時握住刀柄下邊，與右手共同握刀合力下劈，此動作要求手到腳到，

● 圖 4-133

力到刀到，周身齊發，力到刀身，目視刀劈方向（圖4-133）。

十三、左攔門刀

右腳向左一步，左腳過右前進一步，雙腿彎曲，左前右後，重心偏向左腿，右手握刀向左上方過頭頂經左肩到右肩時，雙手匯合一處握刀前推高與肩齊，刀背貼於右肩臂外側，刀刃朝外，刀尖朝後，周身合力，目視右側（圖4-134）。

● 圖 4-134

十四、右攔門刀

接上式，身體右轉，雙腿隨身轉動，左腿過右腿向右邁出一步，右腿隨即向右前進一步，雙腿彎曲，右前左後，重心在右腿，左手掌撥動刀身使刀尖向上轉動，右手高度不變，當刀身高與左肩平時雙手握刀，隨身變化合力推出，左肩緊貼刀身，此動作要求進步與推刀同時進行，動作要整齊，發力要快，目視前方（圖 4-135）。

● 圖 4-135

十五、弓步立推刀

接上式，左步邁進一
步，右腳跟進半步，左腳
在前，右腳在後，成左弓
右蹬之勢，右手握刀前推
高過頭頂，刀柄朝上，刀
尖朝下，刀刃朝前，左手
推 在 刀 身 下 部（圖
4-136）。

●圖 4-136

十六、反身後劈刀

接上式，身體向後轉，右手握刀經頭頂隨身體後轉反
身後劈，落至與右肩同高，刀刃朝下，雙腿隨身轉動成右
弓左蹬之勢，左手為掌向後平伸，掌心朝下，此動作要求
右手向前刺刀和左手後伸動作要一致，不可有先後之分，
發力剛猛，目視刀劈方向（圖 4-137）。

●圖 4-137

十七、提膝挑刀

接上式，身體向左後旋轉，雙腿隨之後轉，右腿屈膝上提，左腿站立支撐全身重量，右手握刀隨身轉動由後向下向前畫一半圓，然後反手上挑至與腰同高，刀刃朝前，刀尖朝上高度過頭，左手屈肘上提扶於右手腕處，此動作要求挑刀與提膝動作要協調一致，

● 圖 4-138

不可有快慢之分，勁力裹含，目視前方（圖 4-138）。

十八、上步劈刀

接上式，右腳進一步落地，左腳跟進半步，雙腿彎曲，右前左後，重心在左腿，同時雙手握刀向前斜劈落至右膝上方，刀尖與頭同高，刀刃朝前，此動作要求進步與劈刀動作要一致，速度要快，發力要猛，目視刀劈方向（圖 4-139）。

● 圖 4-139

十九、上步刺刀

右腳前進一步，左腳過右腳邁進一步，左腳在前，右腳在後，成左弓右蹬之勢，在進步的同時，雙手握刀向前平刺，刀刃朝下，目視前方（圖4-140）。

● 圖 4-140

二十、上步帶刀

雙手握刀，右手在上，左手在下，肩部向右後旋轉，刀背貼在右肩處，同時，右腳前進一步，雙腿交叉，右腳在前，左腳在後，重心偏向後腿，成前三後七（圖4-141）。

● 圖 4-141

二十一、上步斜劈刀

接上式，右腳前進一步，左腳過右腳快進一步，雙腿彎曲，左腳在前，右腳在後，重心前三後七，雙手握刀快

速向前斜劈而去，此動作要求腳進兩步，手劈一刀，但進步要快，劈刀要猛，進步與劈刀要動作一致，力隨意發，刀隨腳落，目視刀劈方向（圖4-142）。

● 圖 4-142

二十二、轉身交刀

第一動

接上式，左腳尖內扣，左手脫刀變掌心向外向身體右側旋轉，身體隨之後轉，右手握刀，隨身轉動手在前，刀身後托於左肋部，刀背貼近身體，刀刃朝外，雙腿彎曲，右腳在前，左腳在後，重心前三後七，目視左手方向（圖4-143）。

第二動

接上式，身體繼續右轉，右手握刀從頭部右側向左盤頭而過，右腳隨向右邁出一步成弓步，左腿後蹬，左手隨身轉動屈肘上提與右手會合扶於刀柄處，刀背貼於左肩外側，刀刃朝外，刀尖朝後，目視左前方（圖4-144）。

● 圖 4-143

● 圖 4-144

二十三、收　勢

第一動

接上式，左手接刀後由胸前下落至身體左側，刀尖朝上，刀背立貼於左肩前方，右手隨之下落至身體右側，右腿屈膝上提隨即跺地落下，目視前方（圖 4-145）。

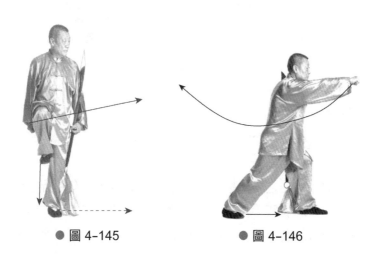

● 圖 4-145

● 圖 4-146

第二動

接上式，身體向左旋轉，左腳向前邁出一步，成左弓右蹬式，右手變拳向前擊出，與肩同高，目視前方（圖4-146）。

第三動

接上式，身體向右旋轉，左腳向右腳靠攏並立，左手握刀順立於左肩臂前方，刀尖朝上，刀刃朝外，右手下落於身體右側，目視前方（圖4-147、圖4-148）。

● 圖4-147　　　　　　● 圖4-148

第四節

心意槍

槍為兵器之王，槍是非常吃功夫的器械，有月棍年槍之說，習練者雙手托槍，利用雙臂的擰勁瞬間使槍的前方變成旋轉的圓形槍花，使槍身的前段產生很大的彈性。

習槍時，持槍要輕靈，步子要穩健，扎槍要中平、快速，力達槍尖，習練攔、拿動作時，要使身體及雙臂之力通過槍身達於槍尖，扎槍時動作要平穩，速度要快，意念要遠，槍扎一條線，速度如放箭，演練時槍隨意變，力隨槍出，身法、步法與槍動作要高度協調，形成槍人合一之境界。心意六合拳有脫槍為拳之說，也就是說要想練好拳、調好勁，槍的基本功練習是非常重要的。

拳中的束、長二勁就來自於槍的攔、拿之功，拳中的左右旋轉之力來自於槍的扎槍與劈槍之功，所以，要想練好心意拳，練槍的基本功是非常關鍵的。

心意槍動作簡單、古樸、內涵豐富，長期反覆盤練，可以調順周身勁路，練槍雖然吃力費功，但也不可死下功夫，練出一身的犟勁，而是用勁靈巧，快速多變，槍隨身變，力隨意發，整個動作是隨意而發，最終使整個動作的變化不是單純的形狀變化，而是隨意而發的意境變化。使身體和練槍一樣，周身協調一致，快速整齊而富有彈性，達到心到意到、意到氣到、氣到力到、周身一體、快速反應的效果。

一、起　勢

第一動

兩腳相併，身體直立，左手握槍高與胸齊，右手自然下垂，目視前方（圖 4-149）。

第二動

接上式，右手掌向外旋轉至掌心向外，慢慢向上抬起，眼看右手，隨右手變化而動（圖 4-150）。

第三動

接上式，右手繼續上抬至頭頂上方時，稍微停頓少許，經胸前向下落至右胯外側，眼一直隨手而變，當手停止時，頭向左擺動眼看左前方（圖4-151）。

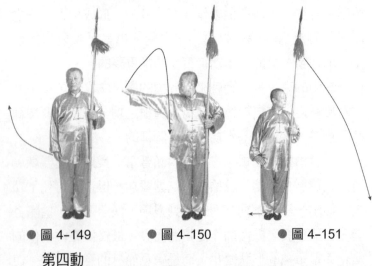

● 圖 4-149　　　● 圖 4-150　　　● 圖 4-151

第四動

接上式，身體向左旋轉，變雙手持槍向前推出，槍尖觸地，右腳後退一步，雙腿彎曲，左腳在前，右腳在後，重心偏向右腿，目視槍尖方向（圖4-152）。

● 圖 4-152

第五動

接上式，左手持槍，右手脫槍變掌，由下向右畫圓至頭頂右上方，掌心向上，胳膊成弧形，目視前方（圖4-153）。

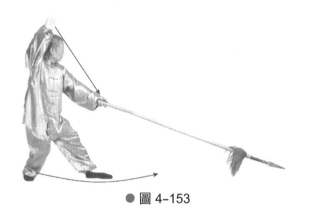

● 圖4-153

二、攔、拿、扎槍

第一動

接上式，右手從頭頂下落與左手會合接槍，目視前方（圖4-154）。

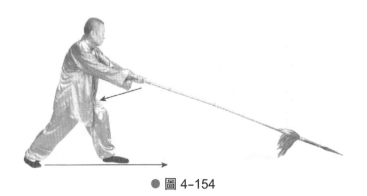

● 圖4-154

第二動

接上式，右腳前進一步，雙腿彎曲，重心偏前，右手在進右步的同時向後拉槍，雙手向左擰槍（攔槍），目視前方（圖4-155）。

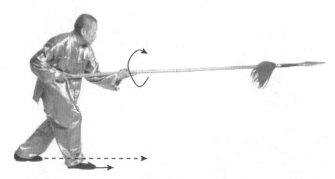

● 圖 4-155

第三動

接上式，左腳前進一步，右腳跟進一步，雙腿彎曲，重心前三後七，於進步的同時，雙手握槍向右旋擰，使槍身整體向右擰勁（拿槍），目視前方（圖4-156）。

● 圖 4-156

第四動

接上式，後腿蹬勁，前腿彎曲，成左弓右蹬之勢，同時，右手用力向前推動槍桿，左手握槍使勁從手中向前滑動而出，使槍快速向前刺出（扎槍），目視前方（圖4-157）。

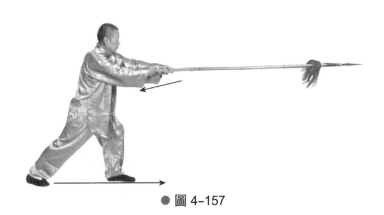

● 圖 4-157

第五動

接上式，右腳前進一步，雙腿彎曲，重心偏前，右腳進步的同時右手向後拉槍並向左擰轉槍身（攔槍），目視前方（圖 4-158）。

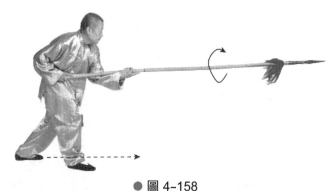

● 圖 4-158

第六動

接上式，左腳前進一步，雙腿彎曲，重心偏後，雙手握槍向右擰轉槍身（拿槍），目視前方（圖4-159）。

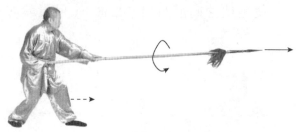

● 圖4-159

第七動

接上式，後腿蹬勁，前腿彎曲，成左弓右蹬之勢，同時，右手用力向前推動槍桿，左手握槍時槍身從手中向前滑動而出，使槍快速向前刺出（扎槍），目視前方（圖4-160）。

● 圖4-160

三、退步崩槍

第一動

接上式，右腳後退半步，左腿後退一步，雙腿彎曲下蹲，同時右手向後下方拉槍至右胯外側，左手向右旋轉下

按，目視槍尖方向（圖 4-161）。

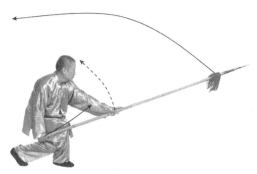

● 圖 4-161

第二動

接上式，身體立起，雙手握槍，右手由右胯處向前推，左手由前向後拉槍使整個槍身從身體左邊向後畫圓，目視槍尖（圖 4-162）。

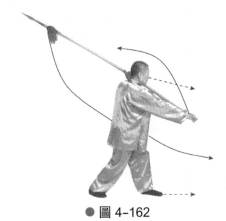

● 圖 4-162

四、透步下扎槍

第一動

接上式，左腳前進一步，成左弓右蹬之勢，雙手握槍

隨左腳進步向前推出，右手握槍在頭頂右上方，左手握槍前推與肩同高，目視槍尖方向（圖4-163）。

● 圖 4-163

第二動

接上式，右腳前進一步，右腳在前，左腳在後，兩腿交叉彎曲，雙手握槍向右旋擰，目視前方（圖4-164）。

● 圖 4-164

第三動

接上式，左腳前進一步，右腳跟進一步，成左弓右蹬之勢，右手握槍快速前推，左手平托槍身，槍由左手滑動而出，槍扎中平，目視前方（圖4-165）。

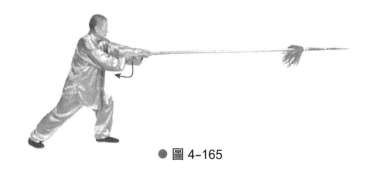

● 圖 4-165

五、左右攔門槍

第一動

接上式，右手向後拉槍，雙手握槍使槍身向左轉動在頭頂盤旋一圈至身體正前方，左手握槍與肩同高，同時腰向左擰勁，右手握槍借腰之擰勁推向左腋下。槍身平托，目視前方（圖 4-166）。

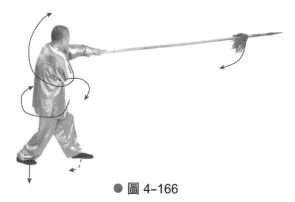

● 圖 4-166

第二動

接上式，左腳向左前方邁出一步，右腳再進一步，同時，身體向右旋轉，右手向右拉槍至右肩上方，左手握槍借腰右旋之力向前推槍，左手前推，右手後拉動作要一

致，周身動作要協調有力。目視槍尖，動作要快（圖4-167）。

● 圖 4-167

第三動

接上式，身體向左旋轉，右手握槍向右下旋擰至右胯外側，左手握槍平托槍身，雙腿彎曲左前右後，重心偏後，目視前方（圖 4-168）。

● 圖 4-168

第四動

接上式，右腿蹬勁，左腳前進一步，成左弓右蹬之勢，同時右手握槍借腿蹬腰旋之力向前推出，槍扎中平，目視前方（圖 4-169）。

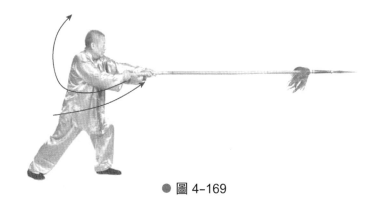

● 圖 4-169

六、狸貓上樹槍

第一動

接上式，右腿提腳前蹬，左腿支撐全身重量。右手握槍後拉至右肩上方，左手托槍與肩同高，目視前方（圖4-170）。

● 圖 4-170

第二動

接上式，右腳落於左腳前方，兩腿彎曲交叉下蹲，右手握槍下落並向右擰轉槍桿，至右胯外側，雙手平端槍桿，目視前方（圖4-171）。

● 圖 4-171

第三動

接上式，左腳前進一步，成左弓右蹬之勢，右手握槍前推，槍扎中平，目視前方（圖 4-172）。

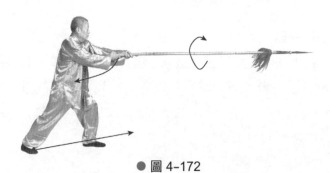

● 圖 4-172

七、攔拿扎槍

第一動

接上式，右腳前進一步，雙腿彎曲，重心偏前，右手握槍後拉至右胯外側，同時雙手握槍向左擰轉，槍身中平，目視前方（圖 4-173）。

第二動

接上式，左腳前進一步，左腳在前，右腳在後，雙腿彎曲，重心偏後，雙手握槍擰轉槍身，左手在前與腰同高，右手在右胯外側，目視前方（圖 4-174）。

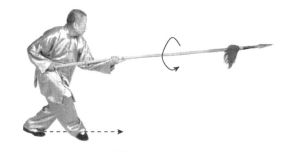

● 圖 4-173

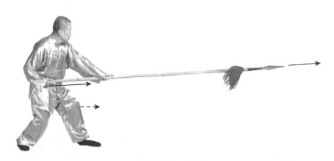

● 圖 4-174

第三動

接上式，右腿向前蹬勁，左腳前進一步，成左弓右蹬
之勢，右手握槍藉腿蹬腰旋之力使槍快速推出，槍扎中
平，目視前方（圖 4-175）。

● 圖 4-175

第四動

接上式，右腳前進一步，雙腿彎曲，重心偏前，右腳進步的同時右手向後拉槍並向左擰轉槍身（攔槍），目視前方（圖4-176）。

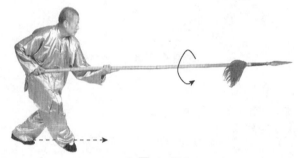

● 圖 4-176

第五動

接上式，左腳前進一步，雙腿彎曲，重心偏後，雙手握槍向右擰轉槍身（拿槍），目視前方（圖4-177）。

● 圖 4-177

第六動

接上式，後腿蹬勁，前腿彎曲，成左弓右蹬之勢，同時，右手用力向推出槍身，左手握槍時槍身從手中向前滑動而出，使槍快速向前刺出（扎槍），目視前方（圖4-178）。

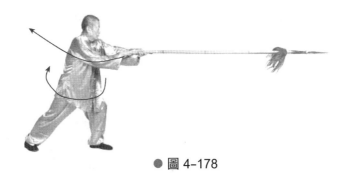

● 圖 4-178

八、回身大劈槍

第一動

接上式，身體右轉，右手握槍向後上方轉身拉槍，左手握槍在左胯外側，槍身前高後低斜跨於身體左側，周身隨之後轉，變成右腳在前，左腳在後的右弓左蹬之勢，目視前手方向（圖4-179）。

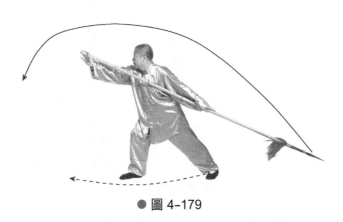

● 圖 4-179

第二動

接上式，左腳前進一步，左腳在前，右腳在後，雙腿彎曲，重心偏後，右手握槍後拉至右胯外側，左手握槍向

前上推動畫圓，並向前下劈至左手與腰同高，目視前方
（圖4-180）。

● 圖 4-180

第三動

接上式，右腿向前蹬勁，左腿腳前進一步，成左弓右
蹬之勢，右手握槍借腰腿蹬旋之力向前猛推出，目視前方
（圖4-181）。

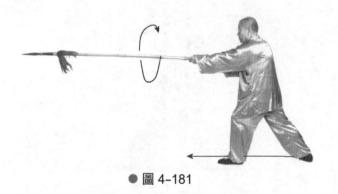

● 圖 4-181

九、攔拿扎

第一動

接上式，右腳前進一步，雙腿彎曲，重心偏前，右手

握槍在進右步的同時向後拉槍至右胯外側，兩手握槍向左撐槍（攔），目視前方（圖4-182）。

● 圖 4-182

第二動

接上式，左腳前進一步，右腳跟進一步，雙腿彎曲，重心前三後七，雙手握槍與進步的同時向右撐轉槍身（拿），目視前方（圖4-183）。

● 圖 4-183

第三動

接上式，後腿蹬勁，前腿彎曲，成左弓右蹬之勢，同時右手握槍用力向前推動槍身，槍從左手中快速滑動而出向前直刺（扎），目視前方（圖4-184）。

● 圖 4-184

第四動

接上式，右腳前進一步，雙腿彎曲，重心偏前，右手握槍在進右步的同時向後拉槍至右胯外側，兩手握槍向左手擰槍（攔），目視前方（圖 4-185）。

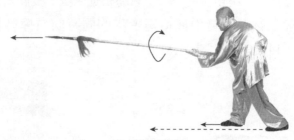

● 圖 4-185

第五動

接上式，左腳前進一步，右腳跟進一步，雙腿彎曲，重心前三後七後，雙手握槍於進步的同時向右擰轉槍身（拿槍），目視前方（圖 4-186）。

第六動

接上式，後腿蹬勁，前腿彎曲，成左弓右蹬之勢，同時右手握槍用力向前推動槍身，槍從左手中快速滑動而出向前直刺（扎），目視前方（圖 4-187）。

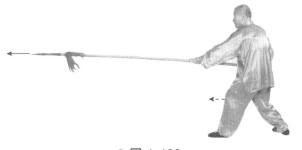

● 圖 4-186

● 圖 4-187

十、退步崩槍

第一動

接上式，左腿後退一步，雙腿彎曲下蹲，同時右手向後下接槍至右胯外側，左手向右旋轉下按，目視槍尖方向（圖4-188）。

● 圖 4-188

第二動

接上式，身體立起，雙手握槍，右手由右胯處向前推，左手由前向後拉槍使整個槍身從身體左邊向後畫圓，目視槍尖（圖4-189）。

●圖 4-189

十一、透步扎槍

第一動

接上式，左腳前進，右腳從左腿後邊向前進一步，兩腿交叉彎曲，兩手握槍，左手在前與肩同高，右手在後高過頭頂，整個槍身右高左低，右手推動槍身向前下方扎槍，目視前方（圖 4-190）。

●圖 4-190

第二動

接上式，左腳前進一步，雙腿彎曲，重心偏後，雙手握槍向右下撐劈，左手握槍與腰同高，右手在右胯外側，目視前方（圖 4-191）。

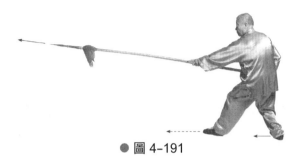

●圖 4-191

第三動

接上式，左腳前進一步，右腳跟進一步，成左弓右蹬之勢，右手握槍快速前推，左手平托槍身，槍由左手滑動而出，槍扎中平，目視前方（圖 4-192）。

●圖 4-192

十二、左右攔門槍

第一動

接上式，右手向後拉槍，雙手握槍使槍身向左轉動在頭頂盤旋一圈至身體正前方，左手握槍與肩同高，同時腰向左擰勁，右手握槍借腰之擰勁推向左腋下，槍身平托，目視前方（圖 4-193）。

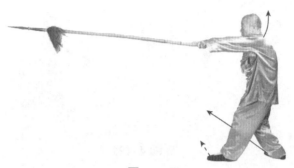

● 圖 4-193

第二動

接上式，左腳向左前方邁出一步，右腳再進一步，同時，身體向右旋轉，右手向右拉槍至右肩上方，左手握槍借腰右旋之力向前推槍，左手前推，右手後拉動作要一致，周身動作要協調有力，目視槍尖，動作要快（圖4-194）。

● 圖 4-194

第三動

接上式，身體向左旋轉，右手握槍向右下旋擰至右胯外側，左手握槍，平托槍身，左腳前進一步，雙腿彎曲左前右後，重心偏後，目視前方（圖4-195）。

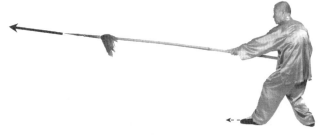

● 圖 4-195

第四動

接上式，右腿蹬勁，左腳前進一步，成左弓右蹬之勢，同時右手握槍藉腿蹬腰旋之力向前推出，槍扎中平，目視前方（圖 4-196）。

● 圖 4-196

十三、狸貓上樹槍

第一動

接上式，右腿提腳前蹬，左腿支撐全身重量。右手握槍後拉至右肩上方，左手托槍與肩同高，目視前方（圖 4-197）。

第二動

接上式，右腳落於左腳前方，兩腿彎曲交叉下蹲，右

手握槍下落並向右擰轉槍桿，至右胯外側，雙手平端槍
桿，目視前方（圖4-198）。

● 圖 4-197

● 圖 4-198

第三動

接上式，左腳前進一步，成左弓右蹬之勢，右手握槍
前推，槍扎中平，目視前方（圖4-199）。

● 圖 4-199

十四、攔拿扎槍

第一動

接上式，右腳前進一步，雙腿彎曲重心偏前，右手握槍在進右步的同時向後拉槍至右胯外側，兩手握槍向左擰槍（攔），目視前方（圖4-200）。

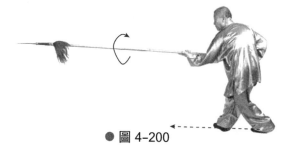

● 圖 4-200

第二動

接上式，左腳前進一步，右腳跟進一步，雙腿彎曲，重心前三後七，雙手握槍於進步的同時向右擰轉槍身（拿），目視前方（圖4-201）。

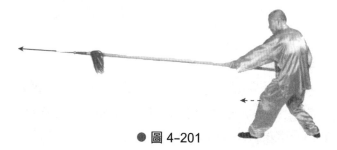

● 圖 4-201

第三動

接上式，後腿蹬勁，前腿彎曲，成左弓右蹬之勢，同時右手握槍用力向前推動槍身，槍從左手中快速滑動而出向前直刺（扎），目視前方（圖4-202）。

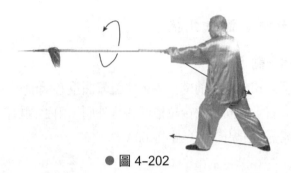

● 圖 4-202

第四動

接上式，右腳前進一步，雙腿彎曲重心偏前，右手握槍在進右步的同時向後拉槍至右胯外側，兩手握槍向左擰槍（攔），目視前方（圖 4-203）。

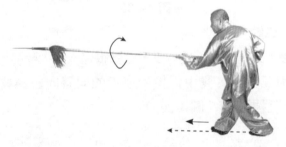

● 圖 4-203

第五動

接上式，左腳前進一步，右腳跟進一步，雙腿彎曲，重心前三後七，雙手握槍於進步的同時向右擰轉槍身（拿），目視前方（圖 4-204）。

第六動

接上式，後腿蹬勁，前腿彎曲，成左弓右蹬之勢，同時右手握槍用力向前推動槍身，槍從左手中快速滑動而出向前直刺（扎），目視前方（圖 4-205）。

● 圖 4-204

● 圖 4-205

十五、回身大劈槍

第一動

接上式,身體右轉,右手握槍向後上方轉身拉槍,左手握槍在左胯外側,槍身前高後低斜跨於身體左側,周身隨之後轉,變成右腳在前,左腳在後的右弓左蹬之勢,目視前手方向(圖 4-206)。

第二動

接上式,左腳前進一步,左腳在前,右腳在後,雙腿彎曲,重心偏後,右手握槍後拉至右胯外側,左手握槍向前上推動畫圓,並向前下劈至左手與腰同高,目視前方(圖 4-207)。

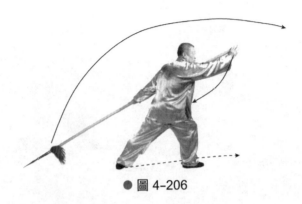

● 圖 4-206

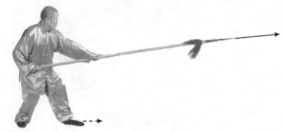

● 圖 4-207

第三動

接上式，右腿向前蹬勁，左腿腳前進一步，成左弓右
蹬之勢，右手握槍借腰腿蹬旋之力向前猛推出，目視前方
（圖 4-208）。

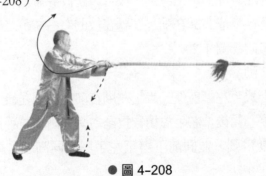

● 圖 4-208

十六、提膝斜推槍

第一動

接上式，重心後移，左腿屈膝上提，右腿支撐全身重量，右手向右後上方拉動槍身，左手托槍與左膝前方，槍尖朝地，目視斜前方（圖4-209）。

第二動

接上式，右腿蹬勁，左腳向前落地，成左弓右蹬之勢，雙手斜握槍身前推，右手在上左手在下，槍尖朝地，目視前方（圖4-210）。

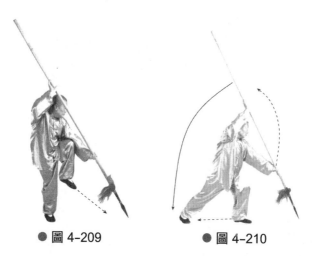

● 圖 4-209　　　　● 圖 4-210

十七、收　勢

第一動

接上式，身體向右轉動，左腳收回與右腳併攏，身體直立，左手握槍於身體左側，右手從身體右側向上抬起，目視左手（圖4-211）。

●圖 4-211　　　　●圖 4-212　　　　●圖 4-213

第二動

接上式，身體直立，左手握槍於身體左側，左手繼續上抬至頭頂上方，然後經胸前下按至右胯外側，目視前方（圖 4-212）。

第三動

接上式，身體直立，左手握槍於身體左側，右手垂於右胯外側，目視前方（圖 4-213）。

第五節　六合大槍

一、起 勢

第一動

身體直立，兩腳併攏，左手握槍於身體左側，右手下

垂於右胯外側，目視前方（圖4-214）。

第二動

接上式，身體直立，左手握槍於身體左側，右手緩慢
向上抬起，掌心向上，目視右手方向（圖4-215）。

第三動

接上式，兩腳併攏，身體直立，左手握槍於身體左
側，右手上抬至頭頂上方，然後經胸前下按至右胯外側，
掌心向下，目視左前方（圖4-216）。

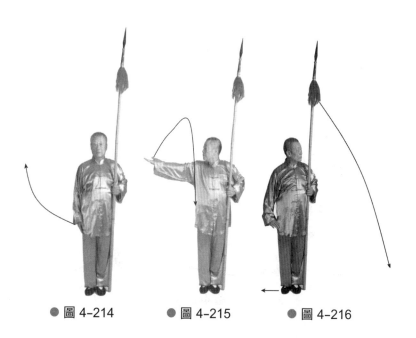

● 圖4-214　　　● 圖4-215　　　● 圖4-216

第四動

接上式，身體向左旋轉，雙手握槍向前推出，槍尖觸
地，右腿後退一步，雙腿彎曲，左腿在前，右腿在後，中
心偏向右腿，目視槍尖方向（圖4-217）。

● 圖 4-217

第五動

接上式，左手持槍，右手托槍變掌，由下向右上畫圓至頭頂右上方，掌心向上，胳膊成弧形，目視前方（圖4-218）。

● 圖 4-218

二、圈槍爲母

接上式，右腳前進一步，雙腿彎曲，重心偏前，右腳進步的同時右手向後拉槍並向左擰轉槍身，目視前方（圖4-219）。

● 圖 4-219

三、反背捉拿

接上式，左腳前進一步，雙腿彎曲，重心偏後，雙手握槍向右撐轉槍身，目視前方（圖 4-220）。

● 圖 4-220

四、圈攔護膝

接上式，右腿後退一步，左腿後退半步，右手握槍從右胯外側向上抬至頭頂右上方，左手握槍在前與胸同高，槍身後高前低、槍尖斜下，低於膝蓋，有護膝之勢，目視槍尖方向（圖 4-221）。

● 圖 4-221

五、反槍進扎

第一動

接上式,左腳前進一步,雙腿彎曲,重心偏後,右手握槍向右下旋擰至右胯外側,左手握槍在前,雙手平握槍身,與腰同高,目視前方(圖4-222)。

● 圖 4-222

第二動

接上式,右腿蹬勁,左腿前進半步,成左弓右蹬之勢,後手握槍藉腿蹬腰旋之力向前扎槍,左手托槍與胸同高,槍扎中平,目視前方(圖4-223)。

● 圖 4-223

六、縮身退步

接上式，左腿後退一步，右腿在前，左腿在後，雙腿彎曲，重心偏後，上身向右旋轉，左手握槍向右旋轉並上提至右胸前，右手向後拉槍至右胯外側，目視前上方（圖4-224）。

● 圖 4-224

七、宏進擺拿

接上式，左腳前進一步，雙腿彎曲，重心偏後，左手握槍由胸前向右下擰轉至與腰同高處，雙手平握槍身，目視前方（圖4-225）。

● 圖 4-225

八、裏晃外扎

接上式，右腿蹬勁，左腿前進半步，成左弓右蹬之式，上身向左旋轉，右手握槍借腿蹬腰旋之力向左轉至左肘內側扎槍，左手托槍與胸同高，目視前方（圖4-226）。

● 圖 4-226

九、外晃裏扎

接上式，身體右轉，右手握槍隨身轉動向後拉槍至頭頂右上方並向斜下扎槍，左手托槍與胸同高，右腿向後前進一步，雙腿彎曲，重心偏前，目視左前方（圖4-227）。

●圖 4-227

十、先扎穿指

第一動

接上式，左腳向左前進一步，雙腿彎曲，重心偏後，雙手握槍向右撑動槍身至腰部，前手握槍與腰同高，右手落於右胯外側，目視前方（圖4-228）。

●圖 4-228

第二動

接上式，右腿向前蹬勁，成右蹬左弓式，右手握槍向前快速推出扎槍，目視前方槍扎方向（圖 4-229）。

● 圖 4-229

十一、後扎吞袖

第一動

接上式，右腳向右邁出一步，左腳同時向右前邁出一步，雙腿彎曲，重心偏後，右手翻手向右上方拉槍，目視斜前方（圖 4-230）。

● 圖 4-230

第二動

接上式，後腿蹬勁，前腿彎曲，成左弓右蹬之勢，右手由右上向斜下扎槍，目視槍扎方向（圖 4-231）。

● 圖 4-231

十二、索帶劈扎

第一動

接上式，右腿前進一步，右腿在前，左腿在後，雙腿彎曲，重心偏前，左手握槍屈肘上提至左肩內側，右手握槍向右下畫圓至右胯外側，身體裹合，目視槍身（圖4-232）。

● 圖 4-232

第二動

接上式，左腳前進一步，雙腿彎曲，重心偏後，左手向下反手劈槍，高與腰齊，右手握槍至右胯外側，目視前方（圖4-233）。

第三動

接上式，右腿蹬勁，左腿前進半步，成左弓右蹬之勢，後手握槍藉腿蹬腰旋之力向前扎槍，左手托槍高與胸同高，槍扎中平，目視前方（圖 4-234）。

● 圖 4-234

十三、狸貓撲鼠

第一動

接上式，重心前移，左腿支撐全身重量，右腿提起前蹬，腳尖稍微外擺，腳跟用力前蹬，右手握槍向後拉動至右上方，左手托槍與肩同高，目視斜前方（圖 4-235）。

● 圖 4-235

第二動

接上式，右腳落地，左腳猛進一步，左腿在前，右腿在後，雙腿彎曲，重心偏後，同時，右手握槍向右下快速擰轉至右胯外側，左手握槍在前與腰同高，目視前方（圖4-236）。

● 圖 4-236

十四、狸貓跟撲

接上式，右腿蹬勁，左腿前進半步，成左弓右蹬之勢，後手握槍借腿蹬腰旋之力向前扎槍，左手托槍與胸同高，槍扎中平，目視前方（圖4-237）。

●圖 4-237

十五、撥草轉身

第一動

接上式，右腳前進一步，右腳在前，左腳在後，成右弓左蹬之勢，身體隨步向左轉動，右手握槍隨身轉動向前上方推槍，左手握槍由前上向後下畫圓，槍身右高左低斜於胸前，目視槍尖方向（圖 4-238）。

●圖 4-238

第二動

接上式，左腿從右腿後邊向右插一步，身體向左後轉動，雙手握槍動作不變，隨身轉動，目視槍尖（圖4-239）。

● 圖 4-239

第三動

接上式，右腿蹬勁，左腿前進半步，成左弓右蹬之勢，後手握槍藉腿蹬腰旋之力向前扎槍，左手托槍與胸同高，槍扎中平，目視前方（圖4-240）。

● 圖 4-240

十六、葉裏藏花

第一動

接上式，左腳向左前進一步，右腳跟進一步，上身向左擰轉，右手握槍隨身左轉推至左肋處，左手平握槍身小臂向左擰勁，目視左肩外側（圖4-241）。

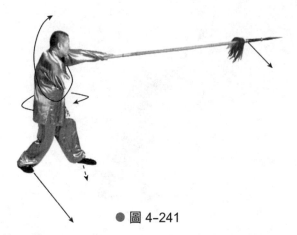

● 圖 4-241

第二動

接上式，左腳向右前進一步，右腳過左腳前進一步，成右弓左蹬之勢，右手握槍隨身轉動向右上拉槍至頭頂右上方，左手握槍用力前推與肩同高，目視前手（圖4-242）。

● 圖 4-242

第三動

接上式，左腳向左前進一步，雙腿彎曲，重心偏後，雙手握槍向右撐動槍身至腰部，前手握槍與腰同高，右手落於右胯外側，目視前方（圖4-243）。

●圖 4-243

第四動

接上式，右腿向前蹬勁，成右蹬左弓之勢，右手握槍向前快速推出扎槍，目視前方槍扎方向（圖 4-244）。

●圖 4-244

十七、轉身劈扎

第一動

接上式，身體向右後轉身，右腳在前，左腳在後，成右弓左蹬之勢，右手握槍隨身轉動向後上方拉槍，左手握槍於左胯外側，槍身斜貼於身體左側，前高後低，目視前手（圖 4-245）。

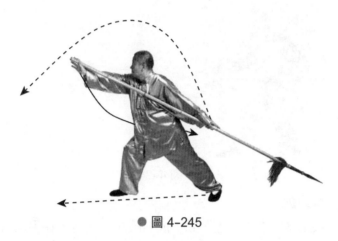

● 圖 4-245

第二動

接上式，左腳向左前進一步，雙腿彎曲，重心偏後，雙手握槍，左手握槍上抬後快速向前下劈槍，前手握槍與腰同高，右手落於右胯外側，目視前方（圖 4-246）。

● 圖 4-246

第三動

接上式，右腿向前蹬勁，成右蹬左弓之勢，右手握槍向前快速推出扎槍，目視前方槍扎方向（圖 4-247）。

● 圖 4-247

十八、圈槍為母

接上式，右腳前進一步，雙腿彎曲，重心偏前，右腳進步的同時右手向後拉槍至右胯外側並向左擰轉槍身，左手托槍與腰同高，目視前方（圖4-248）。

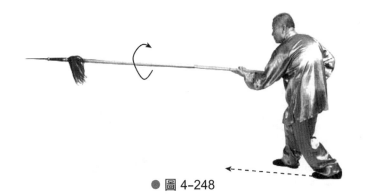

● 圖 4-248

十九、反背捉拿

接上式，左腳前進一步，雙腿彎曲，重心偏後，雙手握槍向右擰轉槍身，目視前方（圖4-249）。

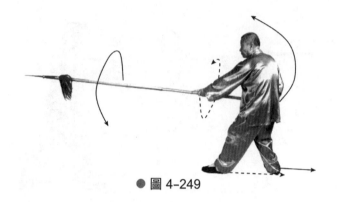

● 圖 4-249

二十、圈攔護膝

接上式，右腿後退一步，左腿後退半步，右手握槍從右胯外側向上抬至頭頂右上方，左手握槍在前與胸同高，槍身後高前低，槍尖斜下，低於膝蓋，有護膝之勢，目視槍尖方向（圖4-250）。

● 圖 4-250

二十一、反槍進扎

接上式，右腿蹬勁，左腿前進半步，成左弓右蹬之勢，右手握槍向下擰轉，借腿蹬腰旋之力向前扎槍，左手

托槍與胸同高，槍扎中平，目視前方（圖 4-251）。

● 圖 4-251

二十二、縮身退步

接上式，左腿後退一步，右腿在前，左腿在後，雙腿彎曲，重心偏後，上身向右旋轉，左手握槍向右旋轉並上提至右胸前，右手向後拉槍至右胯外側，目視前上方（圖 4-252）。

● 圖 4-252

二十三、宏進擺拿

第一動

接上式，左腳前進一步，雙腿彎曲，重心偏後，左手握槍由胸前向右下擰轉至與腰同高處，雙手平握槍身，目視前方（圖 4-253）。

● 圖 4-253

第二動

接上式，右腿蹬勁，左腿前進半步，成左弓右蹬之勢，右手握槍藉腿蹬腰旋之力向前扎槍，左手托槍與胸同高，槍扎中平，目視前方（圖 4-254）。

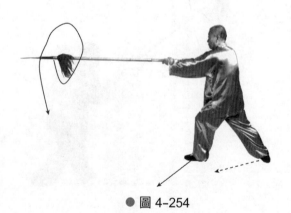

● 圖 4-254

二十四、裏晃外扎

第一動

接上式，右腳向右一步，左腳向右一步，左腳在前，右腳在後，雙腿彎曲，重心偏後，右手握槍從右胯處向右上畫圓至頭頂右上方，左手在前與肩同高，槍尖朝前下，目視槍尖方向（圖4-255）。

第二動

接上式，後腿蹬勁，重心前移，成左弓右蹬之勢，隨後腿之蹬勁右手向斜下扎槍，目視槍尖方向（圖4-256）。

● 圖 4-255

● 圖 4-256

二十五、外晃裏扎

第一動

接上式，左腳前進一步，右腿跟進一步，雙腿彎曲，重心偏後，雙手向下擰槍至與腰同高，目視前方（圖4-257）。

第二動

接上式，右腿蹬勁，左腳前進半步，成左弓右蹬之勢，後手握槍藉腿蹬腰旋之力向前扎槍，左手托槍與胸同高，槍扎中平，目視前方（圖4-258）。

● 圖 4-257

● 圖 4-258

二十六、先扎穿指

第一動

接上式，右腳前進一步，雙腿彎曲，重心偏前，右腳進步的同時右手向後拉槍至右胯外側並向左擰轉槍身，左手托槍與腰同高，目視前方（圖4-259）。

● 圖 4-259

第二動

接上式，雙腿動作不變，左手托槍在前，左手腕向左擰勁，右手握槍向前推動槍身向前扎槍，目視前方（圖4-260）。

● 圖 4-260

二十七、後扎吞袖

第一動

接上式，左腳前進一步，雙腿彎曲，重心偏後，進左步的同時，右手向後拉槍至右胯外側，左手握槍按壓，雙手向右擰轉槍身，目視前方（圖4-261）。

● 圖4-261

第二動

接上式，右腿蹬勁，左腳前進半步，成左弓右蹬之勢，右手握槍藉腿蹬腰旋之力向前扎槍，左手托槍與胸同高，槍扎中平，目視前方（圖4-262）。

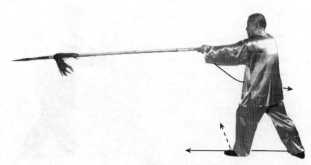

● 圖4-262

二十八、跟扎急進

第一動

右腳前進一步在未落地時，左腿快速跳起屈膝上提，右腿落地支撐全身重量，同時，右手快速後拉至右胯外側，左手握槍在前與腰同高，目視前方（圖4-263）。

● 圖 4-263

第二動

接上式，右腿蹬勁，左腳前進半步，成左弓右蹬之勢，後手握槍藉腿蹬腰旋之力向前扎槍，左手托槍與胸同高，槍扎中平，目視前方（圖4-264）。

● 圖 4-264

二十九、索帶劈扎

第一動

接上式，右腳前進一步，右腿在前，左腿在後，雙腿彎曲，重心偏前，左手握槍屈肘上提至左肩內側，右手握槍向右下畫圓至右胯外側，身體裏合，目視槍身（圖4-265）。

● 圖 4-265

第二動

接上式，左腳前進一步，雙腿彎曲，重心偏後，左手向下反手劈槍，高與腰齊，右手握槍至右胯外側，目視前方（圖4-266）。

● 圖 4-266

第三動

右腿蹬勁，左腳前進半步，成左弓右蹬之勢，後手握槍藉腿蹬腰旋之力向前扎槍，左手托槍與胸同高，槍扎中平，目視前方（圖 4-267）。

● 圖 4-267

三十、狸貓撲鼠

重心前移，左腿支撐全身重量，右腿提起前蹬，腳尖稍微外擺，腳跟用力前蹬，右手握槍向後拉動至右上方，左手托槍與肩同高，目視斜前方（圖 4-268）。

● 圖 4-268

三十一、狸貓跟撲

第一動

接上式，右腳落地，左腳猛進一步，左腿在前，右腿在後，雙腿彎曲，重心偏後，同時，右手握槍向右下快速擰轉至右胯外側，左手握槍在前與腰同高，目視前方（圖4-269）。

● 圖 4-269

第二動

接上式，右腿蹬勁，左腳前進半步，成左弓右蹬之勢，後手握槍藉腿蹬腰旋之力向前扎槍，左手托槍高與胸同高，槍扎中平，目視前方（圖4-270）。

● 圖 4-270

三十二、撥草轉身

第一動

接上式，右腳前進一步，右腳在前，左腳在後，成右弓左蹬之勢，身體隨步向左轉動，右手握槍隨身轉動向前上方推槍，左手握槍由前上向後下畫圓，槍身右高左低斜於胸前，目視槍尖方向（圖4-271）。

● 圖 4-271

第二動

接上式，左腿從右腿後邊向右插一步，身體向左後轉動，雙手握槍動作不變隨身轉動，目視槍尖方向（圖4-272）。

● 圖 4-272

三十三、葉裏藏花

接上式，右腿蹬勁，左腳前進半步，成左弓右蹬之勢，右手握槍藉腿蹬腰旋之力向前扎槍，左手托槍與胸同高，槍扎中平，目視前方（圖4-273）。

● 圖 4-273

三十四、轉身劈槍

第一動

接上式，身體向右後轉身，右腳在前，左腳在後，成右弓左蹬之勢，右手握槍隨身轉動向後上方拉槍，左手握槍於左胯外側，槍身斜貼於身體左側，前高後低，目視前手（圖4-274）。

● 圖 4-274

第二動

接上式，腳向左前進一步，雙腿彎曲，重心偏後，雙手握槍，左手握槍上抬後快速向前下劈槍，前手握槍與腰同高，右手落於右胯外側，目視前方（圖4-275）。

● 圖 4-275

第三動

接上式，右腿向前蹬勁，成右蹬左弓之勢，右手握槍向前快速推出扎槍，目視前方槍扎方向（圖4-276）。

● 圖 4-276

三十五、攔拿扎槍

第一動

接上式，左腳在前，右腳在後，雙腿彎曲，重心偏後，雙手握槍向左擰轉槍身，目視前方（圖4-277）。

第二動

接上式，左腳在前，右腳在後，雙腿彎曲，重心前三後七，雙手握槍向右旋擰，使槍身整體向右擰動，目視前方（圖 4-278）。

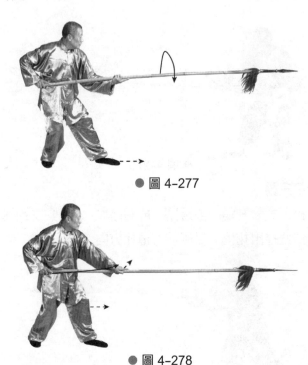

● 圖 4-277

● 圖 4-278

第三動

接上式，後腿蹬勁，前腿彎曲，成左弓右蹬之勢，同時，右手用力向前推動槍桿，左手握槍使槍從手中向前滑動而出，使槍快速前刺，目視前方（圖 4-279）。

第四動

接上式，重心後移，左腳在前，右腳在後，雙腿彎曲，重心偏後，右手握槍向後拉至右胯外側，左手握槍在

前與腰同高，同時雙手向左擰轉槍身，目視前方（圖
4-280）。

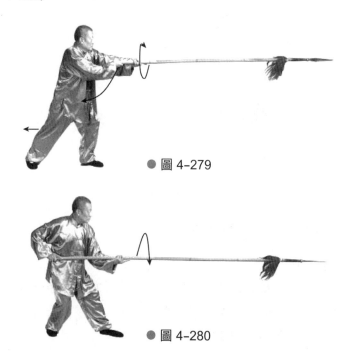

● 圖 4-279

● 圖 4-280

第五動

接上式，左腳在前，右腳在後，雙腿彎曲，重心偏
後，雙手握槍向右擰轉槍身，目視前方（圖 4-281）。

● 圖 4-281

第六動

接上式，後腿蹬勁，前腿彎曲，成左弓右蹬之勢，同時右手用力向前推動槍身，槍身從左手中向前滑動，使槍快速向前刺出，目視前方（圖4-282）。

● 圖4-282

三十六、烏龍入洞

第一動

接上式，重心後移，左腿屈膝上提，右腿微屈支撐全身重量，右手向後拉槍至頭頂右上方，左手握槍後拉至左膝前，槍尖朝下，目視前方（圖4-283）。

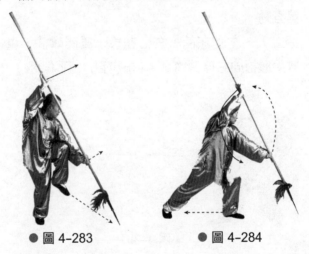

● 圖4-283　　　　● 圖4-284

三十七、黃龍站崗

第二動

右腿蹬勁，左腳向前落地，成左弓右蹬之勢，雙手斜握槍身前推，右手在上，左手在下，槍尖朝地，目視斜前方（圖4-284）。

接上式，身體向右轉，左腳收回向右腳靠攏並步，右手握槍下落至左肋處，左手握槍與頭同高，槍身立靠於身體左側，身體直立，目視左方（圖4-285）。

● 圖 4-285

三十八、收　勢

第一動

接上式，身體直立，左手握槍於身體左側，右手脫槍變掌從身體左側下落至右胯外側再向上抬起畫圓，目視右手（圖4-286）。

第二動

接上式，身體直立，左手握槍於身體左側，右手繼續上抬至頭頂上方，然後經胸前下按至右胯外側，手掌平放，掌心向下，目視左前方（圖4-287）。

第三動

接上式，身體直立，左手握槍於身體左側，右手腕放鬆垂於右胯外側，目視前方（圖4-288）。

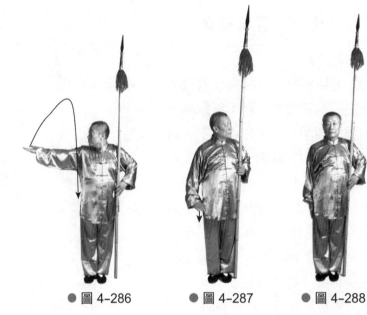

● 圖 4-286　　　　● 圖 4-287　　　　● 圖 4-288

第五章　心意六合拳用法與六排法

第一節 心意把用法

一、單把用法

第一動

右腳前進一步，迎敵而上，直入對方中門，提手上撩，可擊對方之下陰；提手屈肘旋腰，可破解對方擊我頭部（圖5-1）。

第二動

左腳向前蹬勁，腰、肩同時左旋推出右手，右腳前進直入對方中門，右手直擊對方胸部。周身配合，手腳齊到，要打出整勁。同時，左手扶於右手腕部內側，一可為右手進攻助力，二可防備對方進攻，三可進擊對方（圖5-2）。

● 圖 5-1

● 圖 5-2

二、雙把用法

第一動

對方擊我面部，我即旋腰束身如抱石狀，周身勁力裹

含，有蓄而待發之勢，目光猛轉視對方，身子好像要射擊
的箭，神意貫通（圖5-3）。

第二動

接上式，進右步直插對方中門；同時腰、肩、肘旋轉
而出，可化解對方的進攻，雙掌翻手而出進攻對方胸部。
此把化進打同時完成，妙用無窮，進中帶旋，沉中有打，
發力剛猛，心狠意毒，如猛虎撲食，奇快無比，氣勢逼人
（圖5-4）。

● 圖 5-3　　　　　　　　● 圖 5-4

三、搖閃把用法

第一動

對方來進攻，我上步迎敵，雙手迅速鎖住對方的手、
肘，旋腰向左下壓，領帶對方，使對方處於不利地位（圖
5-5）。

第二動

接上式，我右腿急進到對方腿後面，用腳扣住對方的
後腿；同時旋腰，翻手進擊對方，肘擊對方胸部，手擊對
方面門，左手扶於右肘部，一給右肘助力，二可防禦對方
進攻，三也可直接出手進攻對方（圖5-6）。

● 圖 5-5

● 圖 5-6

四、中門頭用法

第一動

對方來進攻，我縮身進步，直逼對方，右手斜上方穿插；在進步的同時，右手上穿迎擊對方，可破對方擊來之手（圖 5-7）。

第二動

在第一動的基礎上，急進左步；左手急上，左右手反手捉拿對方並用力向右後方拉，轉腰用頭向對方猛撞，使對方想逃不能，必遭到撞擊（圖 5-8）。

● 圖 5-7

● 圖 5-8

五、挑領用法

第一動

對方來進攻，我急進右腳插對方的左側，制住對方的左腿，縮身下沉；右手下插在對方腰間，左手屈肘上提外推護腮。雙手與腳同時控制對方的梢節、中節和根節，使對方處於被動局面（圖 5-9）。

第二動

接上式，左腳向前蹬勁；右手由下向上旋腰挑起，上身隨重心前移，催動對方，使對方失去重心，後退不能，失重摔跌（圖 5-10）。

●圖 5-9　　　　　●圖 5-10

六、鷹捉把用法

第一動

對方來擊我面部，我身體重心後移，雙手上躦，束身迎擊對方。此動有縮身而起，長身而落之勢，給第二動打

下很好的基礎（圖 5-11）。

第二動

接上式，束身後移，使對方失去重心；同時，雙手翻手捉拿對方並迅速下按。要猛、要快，要有劈雷擊地之勢，使對方失重，立足未穩，又被捉拿擊倒在地（圖5-12）。

● 圖 5-11　　　　　　　　● 圖 5-12

七、追風趕月把用法

第一動

圖 5-13 此動為進攻。進步束身而起，周身勁力裹合，蓄而待發，全神貫注，意念集中，氣勢逼人，神意貫通，有神意打人之勢（圖 5-13）。

第二動

快速進步進身，反手撩陰，由雙臂裹合向前、向後反彈而出，看似手出，實是周身之力，速快力猛，如追風趕月，直取對方之要害（圖 5-14）。

八、橫拳用法

第一動

周身放鬆，心情平靜自如，有蓄而待發之勢，當對方攻擊時，我突然束身蓄勁，神意貫通，目視對方，有待發之勢（圖 5-15）。

● 圖 5-15　　　● 圖 5-16

第二動

當對方接近時，我突然長身而起，後腿蹬勁，前腳踩勁，腰旋勁與中節的束長合勁聚於拳頭之上，快速擊出，力隨聲發，手隨聲落，起橫不見橫，出手如炮崩，右手出

拳直擊對方心窩，左手扶右手腕，可助力，可防守，可進擊（圖5-16）。

第二節 十大真形用法

一、龍形用法

第一動

對方出拳或掌擊我上部時，我應立即上左步出右手迎擊對方，左手放於右肋處，可防對方變化，也可見空出擊對方（圖5-17）。

第二動

右手與對方碰到一起，當即翻手變為鷹捉，捉拿對方，並利用腰的旋轉之力，帶動對方；同時，左手滾動，並推按對方臂部，使對方受擊倒地（圖5-18）。

● 圖5-17　　　　　　　　● 圖5-18

二、虎撲把用法

第一動

對方擊我胸部，我迅速周身下沉，雙腿屈膝下蹲，重心後移，使對方出手落空（圖 5-19）。

第二動

接第一動，對方落空後，想後退或變勢，我乘此機會迅速上一步，利用周身合勁向對方快速推出，使對方被擊而出（圖 5-20）。

● 圖 5-19

● 圖 5-20

三、猴形用法

第一動

猴洗臉主要用於對方快帶進攻時，用猴洗臉之勢，保護並破解對方的進攻，在保護和化解中尋找機會進攻對方（圖 5-21）。

第二動

在第一動化解對方進攻之手後，上步直插對方之中門；同時，後手從內側穿出，直取對方面部。此動作要求

●圖 5-21　　　　　　　●圖 5-22

腳手齊到，動作要快而靈，使對方想退已晚。此勢左右兩
勢用法相同（圖 5-22）。

四、馬形用法

第一動

對方前來擊我，我立即上步出手，並雙臂內合，使對
方擊出之手無法進擊我身，並進退兩難（圖 5-23）。

●圖 5-23

第二動

在對方想退之時，我立即用鷹捉手捉住對方，並向前
下方按拉；同時，我起腳蹬對方之小腹，使對方欲退不

能。因對方雙手被我捉拿，可根據雙方距離，近時用膝，遠時用腳（圖 5-24）。

第三動

當對方被我腳蹬中，便會向後仰而站立不穩，我立即把上蹬之腳，進步踏入對方之中門，並雙手握拳同時上鑽，擊打對方胸部，使對方第一動立足未穩而又被打擊（圖 5-25）。

● 圖 5-24　　　　　　● 圖 5-25

五、雞形用法

1. 雞形一式

第一動

進右步出右手，設想與對方交手時，對方出拳或掌向我擊來，我迅速出右手迎擊對方（圖 5-26）。

第二動

接第一動，接對方手後，我用小臂隨對方之拳勢向右旋轉，化解對方來手，當手轉至掌心朝前時，迅速由掌而變，抓住對方並猛力向下撕拉；同時，進步提膝，擊打對方肋部或腹部（圖 5-27）。

● 圖 5-26

圖 5-27

● 要 求

手要抓緊，下拉要猛，提膝速度要快，手與膝一上一下配合要好，使對方想走不成，必遭攻擊。

2. 雞形二式

第一動

右腳向前邁進，直插對方之中門；雙手向前直取對方心窩，步催掌插合力進取（圖5-28）。

第二動

設想進去後，對方雙手擊我面門或雙耳，我接第一動，迅速雙手向兩邊分開，使對方

● 圖 5-28

胸部中門大開；於雙手分掌的同時，起腳蹬對方小腹或胸部（圖5-29）。

第三動

對方被一腳蹬中後，立足不穩向後退仰，我立即進步

緊逼，並雙手合力攻擊對方胸部，成虎撲雙把式。此勢動作聯貫，緊密協調，一連三勢，連續進攻，使對方防不勝防（圖5-30）。

● 圖 5-29

● 圖 5-30

六、燕形用法

第一動

在與對方交手時，我右腳在前、左腳在後，對方擊打我頭部，我迅速身體左旋下蹲；同時，右手前插，抓住對方的腳踝或褲角（圖5-31）。

● 圖 5-31

● 圖 5-32

第二動

接上式，右手抓住對方的腳踝，左手壓住對方的膝蓋部位；同時，左腿前進一步，插在對方身後；右手向後拉，左手用周身之力壓對方膝蓋，對方只有跌出（圖 5-32）。

●**要 求**

左手下壓與左腳進步要一致，左右手用力要一致。

七、鷂形用法

鷂形模仿鷂子側身入林之勢，在與人交手時對方出左手擊我面部，我迅速進步入對方中門；同時，旋腰用右手領架對方左手，並順勢出左手擊對方之要害（喉、眼或腋下）（圖5-33）。

● 圖 5-33

八、蛇形用法

第一動

同對方交手時，對方出手擊我面部，我進左步逼近對方，左手抬起向右撥擋對方來手，腰向左旋轉，並用右肩擊打對方胸部（圖5-34）。

第二動

接上式，在我逼近對方的同時，急上右腳，插到對方身後，控制對方的後腿；同時，腰向右旋，右手由下向上挑起，使對方腳下被控制、上身被我用周身之力向右撥轉，只有跌出（圖5-35）。

●圖 5-34

●圖 5-35

蛇形主要鍛鍊身法的旋轉擰勁和手法的左右撥轉，使練習者通過鍛鍊，身法靈活，腰節旋轉自如，手法撥轉隨身所變，遇敵時可擰身而進，旋身而翻，變化自如。

九、熊形用法

1. 熊形一式

第一動

對方出右手擊我面部，我立即左手上鑽，截擊對方（圖5-36）。

第二動

接上式，我左手立即反手變鷹捉，捉住對方，然後上右步，插入對方中門，並用右小臂滾壓對方，使對方進退兩難（圖5-37）。

●圖 5-36

第三動

接上式，當對方右臂被我鎖拿，想走脫不能時，我立即反身轉體，用肩、肘、拳滾動而至，同時打擊對方的胸部與面部（圖5-38）。

● 圖 5-37

● 圖 5-38

2. 熊形二式

在與對方交手時，下邊雞步進攻，上邊周身裹含，勁力內蓄，兩手護腮，二肘護肋，兩臂交叉護心。看似以顧法為主，實乃有很強的進攻意識。在進攻時，周身防護嚴密，腳下交替進攻，直插中門，兩手、兩肘在保護好自己的同時，可同時打擊對方，兩手在前，可撥可架，可打可化，搖動兩膀，顧打結合，後發制人。周身勁力裹含，不動穩如泰山，動則山崩地裂（圖5-39）。

● 圖 5-39

十、鷹形用法

第一動

對方出手擊我時，我縮身進步；同時，左手上鑽，接對方來手後，進步進身，縮身而起，速度快，勁力猛，撲擊而去，氣勢逼人，使對手觸而生危（圖 5-40）。

第二動

接上式，對方看我出勢迅猛，想退而不及之時，迅速上步進身，反手捉拿對方，並利用腰旋之力，猛力向後下方摔撕對方，使對方立撲在地（圖 5-41）。

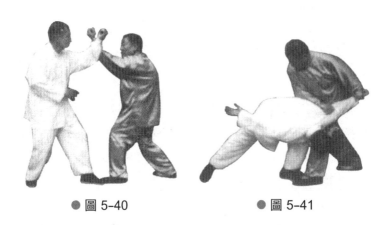

● 圖 5-40　　　　　● 圖 5-41

第三節

六排之法

六排之法是心意六合拳中的雙人對練之法，透過雙人對練，可調整自己的勁路，也可在對練時琢磨對方的勁

路,使身體上下內堅外壯,周身動作整齊協調,更接近於實戰。

　　此法不同於其他的排打功,也不同於硬氣功,主要鍛鍊的是整勁和活勁。練習時不講究運氣和努勁,而是呼吸自然。雙方接觸時,多用意勁,由慢到快,由輕到重,但始終不能用拙力,不能努氣,撞擊的同時要注意呼氣,要在師父的正確指導下進行,這樣練習過程中才不會出現偏差。

　　此排法共分成六種:排肩、排膀、排胯、排胸、排肛、排背。練習此法,可使周身是拳,處處是法,改變常人只可用腳手打人的慣例。

一、肩　打

第一動

　　甲乙二人相對而立,間距約兩步遠,左腳在前,右腳在後,周身下沉,雙方意念集中於右肩,要有充分的心理準備(圖5-42)。

　　肩打可左右兩邊練習,左肩打的方法和動作與右肩打相反,練法相同。

● 圖 5-42

第二動

甲乙雙方後腳同時向前邁進一步，插入對方中門，身體右側向左轉動，甲乙雙方用右肩撞擊（圖 5-43）。

● 圖 5-43

●要 求

雙方在進步時進攻意識要強，速度要快，腰節左轉、雙肩撞擊要和右腳落地動作一致，同時到位。雙方肩部撞擊時要用意，開始以接觸為度，接觸的同時呼氣，透過鍛鍊，逐步加重意念，而不是用拙力去猛撞。此動作主要是針對肩部的用法訓練，逐步使肩打的勁路調順，為肩打的實用打下基礎。

左肩的練法同右肩。

二、膀　打

膀打是心意六合拳中的一種實用訓練。膀打分左右兩邊，動作相反，練法相同。

第一動

甲乙二人相對而立，距離約二步遠，左腳在前，右腳在後，雙腿彎曲，重心偏向後腿，成雞形步；周身下沉，

目視對方，雙方意念集中於右膀，有充分的心理準備（圖5-44）。

左膀打練法與右膀打練法相同，方向相反。

● 圖 5-44

第二動

甲乙雙方右腳同時向前邁進一步，腳落在對方的後邊，腰部微向左旋轉，甲乙雙方膀部相撞（圖5-45）。

● 圖 5-45

●要　求

雙方進攻意識要強，速度要快，周身上下動作要協調一致，不可有先後之分。雙方要用意勁，不可用拙力去硬

撞，當雙方撞擊時應向外排氣，以免受傷。整個動作要認真去做，不可兒戲。雙方撞擊後，撤回右步，然後按照以上程序繼續反覆練習。此動作主要是透過對膀部用法的訓練，逐步使膀打的勁路調順，為膀打的實用打下基礎。

左膀打的練法同右膀打相同。

三、胯　打

第一動

甲乙雙方相對而立，左腳在前，右腳在後，雙腿微屈，重心偏於後腿，距離約兩步遠，周身下沉，目視對方，意念集中，準備向前進擊（圖5-46）。

● 圖 5-46

胯打分左右二勢，練法要求相同，動作相反。

第二動

接上式，甲乙雙方右腳同時向前邁出一步，左腳落在對方的左腿外側，然後右腳蹬勁，使甲乙雙方兩胯相撞（圖5-47）。

● **要　求**

雙方初練時步子進的大小以兩人站的距離為準，兩人

可以試驗一下，定好位置。在訓練時，位置不遠不近便於
更好的訓練，否則，起不到應有的效果。胯打左勢與右勢
相同。

● 圖 5-47

四、胸　打

第一動

甲乙雙方相對而立，間距約兩步遠，左腳在前，右腳
在後，雙腿屈膝微蹲，重心略偏後腿，周身下沉，意念集
中，目視對方，做好進攻準備（圖 5-48）。

● 圖 5-48

第二動

接上式，甲乙雙方同時向前邁出一步，直入對方中門，在腳落地的同時，雙方左腿蹬勁，胸部向前挺勁，使甲乙雙方胸部相撞（圖5-49）。

●要　求

雙方進攻意念要強，相互腳踏中門，內氣下沉，雙方胸部撞擊要

● 圖 5-49

相互配合，由輕到重，不可用力硬撞，嚴禁提腹挺胸，否則對身體不宜，又不易上攻。所以，練習時一定要做到由輕到重，雙方撞擊時要排氣，不可努氣。

五、肚　打

第一動

甲乙二人相對而立，間距約兩步遠，左腳在前，右腳在後，雙腿彎曲，重心偏向後腿，周身下沉，目視對方（圖5-50）。

● 圖 5-50

第二動

接上式，雙方右腳同時向前進一步，腳插對方中門，右腿向前催勁，雙方以肚撞擊（圖 5-51）。

●要 求

進步時速度要快，氣沉丹田，當左腳落地時，右腳向前蹬勁，臀部向前催抖，雖是肚撞，但仍是周身之力，絕不是用肚子硬抗。撞擊時，周身動作要協調，向外排氣。雙方撞擊後，撤回右步，然後，按照以上二的動作順序反覆練習。

● 圖 5-51

六、背打

第一動

甲乙二人相對而立，間距約兩步遠，左腳在前，右腳在後，雙腿屈膝微蹲，重心略偏後腿，周身下沉，目視對方，雙方意念集中，準備向前進擊（圖 5-52）。

此勢分左右兩手，練法相同，動作相反。

● 圖 5-52

第二動

接上式，甲乙雙方右腳同時邁進一步，落在對方的右腿外側；雙方在落地的同時，向左旋腰，使甲乙雙方背部相撞（圖 5-53）。

● 圖 5-53

●要 求

進步進身，在腳落地的同時身體左旋，右腿蹬勁，使勁力達背。此動作周身協調配合，雙方用意不用力。動作由慢到快，意念由輕到重，相互配合，用力均勻，做動作時要認真，意念要集中，相互之間要認真聽勁。

心意養生功

心意養生功法是筆者吸取佛、道兩家養生功法之精髓與五十多年習練心意六合拳的親身體會彙編而成。對舒筋活血、疏通經絡、補充元氣、養生健身、延年祛病都有很好的功效。

此功法無論男女老幼均可習練，方便易學，容易掌握，不需要特定的環境和場地。每天早晚便可在床上習練。

一、臥式推胸腹

早晨睡醒後身體平臥臉部向上，兩腿併攏，兩手放於身體兩側，閉目養神片刻後，兩手屈肘上提至兩胸肌下部用手掌按在兩邊肋處，雙手向身體前中線處會合，然後雙手同時延中線下推至下陰處止，如此反覆作此動作九次（圖5-54～圖5-57）。如時間允許也可作十八次、二十七次、三十六次等。

● 圖 5-54

● 圖 5-55

 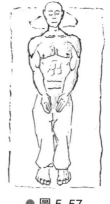

● 圖 5-56　　　　　　● 圖 5-57

● 圖 5-56　　　　● 圖 5-57

● 圖 5-56　　　　　● 圖 5-57

● 圖 5-56　　　● 圖 5-57

●要　求

在兩掌下推時要做到意念支配動作變化，不要用力太大，速度要均勻緩慢，每次下推時要均勻排氣，排氣與手掌下推的速度要保持一致。

二、揉丹田

身體平臥床上，雙腿併攏，兩手放於身體兩側，閉目片刻，左掌心按在肚臍上，右手按在左手背上，然後順左手手指方向按壓轉動九次，然後雙手交換位置，變成右手在下左手在上，向右手指方向按壓轉動九次，每左右九次為一組，可根據個人情況做二組或三組、四組（圖 5-58~圖 5-60）。下丹田就是腎精所藏之處，經常按摩可不讓精氣外洩，有很好的保精養精和充實元氣之功效，可以調動人體潛能，使真氣在全身循環運行，意守丹田可以調節陰陽，溝通心腎，使真氣充實暢通，恢復先天之生理功能，促進身體健康長壽。

 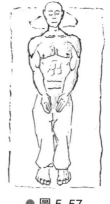

● 圖 5-56　　　　　　● 圖 5-57

●要　求

在兩掌下推時要做到意念支配動作變化，不要用力太大，速度要均勻緩慢，每次下推時要均勻排氣，排氣與手掌下推的速度要保持一致。

二、揉丹田

身體平臥床上，雙腿併攏，兩手放於身體兩側，閉目片刻，左掌心按在肚臍上，右手按在左手背上，然後順左手手指方向按壓轉動九次，然後雙手交換位置，變成右手在下左手在上，向右手指方向按壓轉動九次，每左右九次為一組，可根據個人情況做二組或三組、四組（圖 5-58~圖 5-60）。下丹田就是腎精所藏之處，經常按摩可不讓精氣外洩，有很好的保精養精和充實元氣之功效，可以調動人體潛能，使真氣在全身循環運行，意守丹田可以調節陰陽，溝通心腎，使真氣充實暢通，恢復先天之生理功能，促進身體健康長壽。

● 圖 5-58　　　　● 圖 5-59　　　　● 圖 5-60

●要　求

雙手按壓小腹要稍有力度，不可用力太重，要做到手隨意動，緩壓慢揉。

三、提膝抱腿

身體平臥床上，雙腿併攏，兩手放於身體兩側，閉目片刻，左腿屈膝上提，左手抱於膝蓋處，右手抱在左腳面處，身體挺直，兩手用力將左腿向身體上緊靠，然後，左腿放下伸直放回原處，右腿屈膝上提，右手抱於右膝蓋處，左手抱在右腳面處，身體挺直，兩手用力將右腿向身體上緊靠，左右交替反覆四次（圖 5-61～圖 5-64）。

●要　求

左腿提起用力緊抱向身體緊靠，然後放鬆，這樣反覆地抱緊鬆開做九次後換外的腿，當抱緊時用鼻排氣。

排氣與用力抱腿的速度要均勻緩慢節奏一致，排氣配合動作，呼氣順其自然。

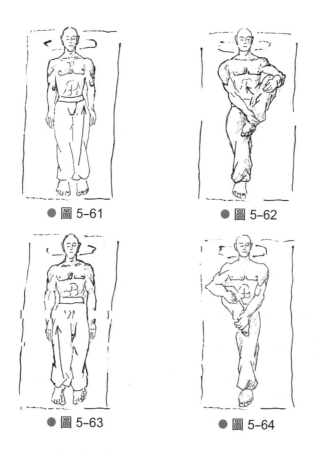

● 圖 5-61　　　　　● 圖 5-62

● 圖 5-63　　　　　● 圖 5-64

四、閉目調息

　　身體坐立，雙腿交叉盤坐，頭上頂，肩下沉，雙目似閉非閉，舌頂上齶，思想入靜，排除雜念，兩手放於兩膝上，做到心定神寧，神寧心安，心安清靜，心神清靜則內氣自然運行，靜坐幾分鐘後意念集中於小腹（丹田）片刻，然後意念順任脈而下過會陰至命門，意守命門片刻後，想吸氣時小腹慢慢地貼向命門，呼氣時小腹鼓起，如此反覆作 6~9 次（圖 5-65）。

● 圖 5-65

●要 求

吸氣時小腹內收，呼氣時小腹鼓起，呼吸與小腹的起伏動作要協調一致，呼吸要均勻。

五、推背搓腎

身體坐立，雙腿交叉盤坐，頭上頂，肩下沉，雙目似閉非閉，舌抵上齶，意念集中排除雜念，兩臂屈肘上提，兩手合谷貼於後腰處（腎俞、命門），雙臂屈肘上提，然後雙手合谷處緊貼後背用力下推，如此反覆提起下推，每九次為一組，每次可做四組（圖5-66、圖5-67）。命門是

● 圖 5-66

● 圖 5-67

人體先天氣生發的地方，也是人體混元氣聚集的地方，它與人的整體生命活動息息相關，要完善提高人體活動應該從鍛鍊體內混元氣開始。另外，鍛鍊命門有助於鬆腰，它一方面可使腰椎的活動範圍擴大，又可使內氣滲透到脊柱裏面，傳統內家拳認為鬆腰塌胯可使氣圓力整，因此，鍛鍊命門可以為進一步修練傳統內練功法打下良好的基礎。

●要 求

下推時要稍微有些力度和速度，背腰有些發熱最佳，要求每推時應配合排氣，雙手上提時呼吸要自然，雙手下推與排氣要協調一致，做到手隨意動，氣隨手排。

六、鳴天鼓

雙腿盤坐，上身直立，雙臂屈肘上提，雙掌心摀住雙耳，雙手指朝後扶於頸部，然後示指抬起用力彈打頸部，使之發出「嘣嘣」的響聲，反覆彈打七次後稍微用力擠壓雙耳再快速鬆開，再用雙掌按壓雙耳後快速鬆開，如此反覆三次（圖 5-68～圖 5-70）。

● 圖 5-68

● 圖 5-69 正

●圖 5-69 反

●圖 5-70

七、提耳拉垂

雙腿盤坐，上身直立，雙手放於雙膝上，左臂上舉過頭屈肘，用手指捏住右耳上部，上拉七次，然後左臂下落放回原處。右臂上舉過頭屈肘，用手指捏住左耳上部，上拉七次，然後右臂下落放回原處，如此反覆去做，每邊三次（圖 5-71~圖 5-74）。

●圖 5-71

●圖 5-72

● 圖 5-73

● 圖 5-74

八、交臂揉頸

雙腿盤坐，上身直立，頭上頂，目平視，雙手放於雙膝上，左手屈肘上抬，從頸部右側放於頸部後面，用手指捏揉頸部七次，然後左手落下放回原處。右手屈肘上抬從頸部左側放於頸部後面，用手指捏揉頸部七次，然後右手落下放回原處。

如此反覆捏揉每邊三次（圖 5-75～圖 5-77）。

● 圖 5-75

● 圖 5-76 正

●圖 5-76 反　　　　　　　　●圖 5-77

九、梳髮養血

雙腿盤坐，上身直立，頭上頂，目微閉，雙手放於雙膝上，靜心定神，排除雜念，兩臂屈肘上提，兩手五指分開並向內彎曲，用指甲部位貼於頭部前髮際處稍微用力由前向後梳理，如此反覆，九次為一組，中間稍停片刻後再做一組，共做四組（圖 5-78~圖 5-80）。

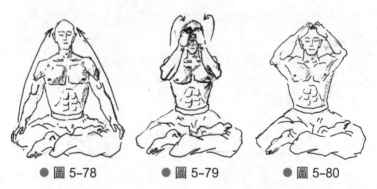

●圖 5-78　　　　　●圖 5-79　　　　　●圖 5-80

十、扣宮養心

雙腿盤坐，上身直立，頭上頂，目平視，雙手放於雙膝上稍靜片刻，左手變掌，掌心朝上，指分掌凹，手指朝前

用意勁向前穿插，動作慢而均勻，左臂前伸至似曲非曲，似直非直時止，高與肩齊，手掌向內旋轉至掌心向下，沉肘後拉，五指隨之用力內扣成拳，當手拉至左腰部時拳向外旋轉成拳心朝上而止。手握拳後拉時動作要緩慢均勻，牙要咬，舌要上頂，咬牙、握拳與後拉完成整個動作要做到均勻緩慢，逐步加力配合排氣。此動作左右手交替進行，每手十八次，雙手完成三十六次。

叩齒是一種養生術，「朝暮叩齒三十六，七老八十牙不落」，每天堅持叩齒不僅能強健牙齒，對身體其他器官也是很好的鍛鍊。中醫認為：腎生骨髓，腎氣實則齒髮長，經常叩齒能使經絡暢通，強腎固精，堅持叩齒可以促進面部血液循環，增加大腦的血液供應，減少皺紋，起到延緩衰老的作用（圖 5–81～圖 5–83）。

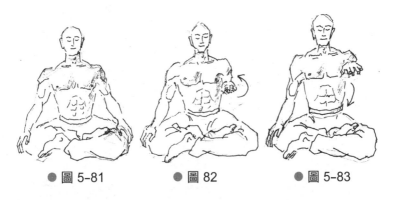

● 圖 5-81　　　● 圖 82　　　● 圖 5-83

十一、養目洗面

雙腿盤坐，上身直立，頭上頂，目微閉，雙手合十，掌心相對旋轉搓揉，待手掌略有熱感時用雙手掌心輕按於雙眼上，如此反覆三次，再搓揉雙掌約九次後，用雙掌敷

於面額片刻後，雙手向上由頭頂推至腦後，如此反覆三次（圖 5-84～圖 5-90）。

● 圖 5-84　　　　　　　● 圖 5-85

● 圖 5-86　　　　　　　● 圖 5-87

● 圖 5-88　　　● 圖 5-89　　　● 圖 5-90

十二、通百會

雙腿盤坐，上身直立，頭上頂，目微閉，排除雜念，入靜片刻後左臂屈肘上提用左掌心按壓住頭頂百會穴，右掌心按壓在左手背上，雙手稍用力按壓頭頂並向順時針方向轉動，如此反覆轉動按壓不得少於一分鐘，按壓轉動時開始某些部位會有疼痛感堅持去做約一週後疼痛感會消失。百會穴是一個很好的穴位，它既是長壽穴又是保健穴，可以激發和增加體內的陽氣，調節心腦血管系統功能，頭部是諸陽之會，百脈之宗，所以能夠通達陰陽脈絡，聯貫周身經穴，對於調節機體的陰陽平衡起著重要作用（圖 5-91、圖 5-92）。

● 圖 5-91

● 圖 5-92

十三、按湧泉

雙腿盤坐，上身直立，頭上頂，目微閉，排除雜念，意想雙腳湧泉穴，兩手四指放於腳背處，大拇指按在雙腳掌湧泉穴處，左手按右足，右手按左足，用力按壓每組九次，按壓四組，按壓時要有力度。按壓湧泉使之產生熱感

對身體產生良性刺激，即多病善養者每夜按擦足心至發熱甚有益，湧泉穴屬足少陰腎經，按摩湧泉穴可培補元氣，振奮身體之正氣，調整臟腑之功能，可使人精力旺盛，增強體質，增強防病能力，具有延年益壽之功效（圖5-93）。

● 圖 5-93

十四、伸筋拔骨

坐在床上，兩腿併攏伸直，上身直立由大腿根部彎曲，上身向前趴，使上身儘量向腿上壓，然後起來再往下壓，儘可能使上身平壓在雙腿上，如此反覆下壓可以很好地鍛鍊身體的柔韌性。柔韌性練習是一種很好的熱身運動和放鬆運動，柔韌練習可提高神經系統與肌肉組織的協調性，還有消除疲勞的作用，保持肌肉彈性，緩解肌肉的緊張程度，壓腿可使大腿背側肌肉得到牽伸，使臀部組織也受到牽拉，從而使腰腿感到輕鬆，走起路來靈活有力（圖5-94、圖5-95）。

● 圖 5-94

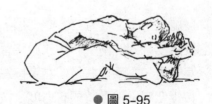

● 圖 5-95

十五、打弓式

雙腿屈膝跪於床上，大腿與小腿摺疊，臀部坐在腳後跟處，上身直立頭上頂，目似睜似閉，雙手合十，入靜片刻後雙手分開，右手落下按於膝蓋前方，左手落下壓與右手背上，然後頭向下彎曲，由頸部到胸椎、腰椎緩慢向下彎曲，直到胸部貼在大腿上邊，頭輕輕地貼在左手背上，稍停片刻後頭慢慢抬起，由頸到胸到腰的順序直到上身立直為上，如此重複九次（圖5-96～圖5-98）。

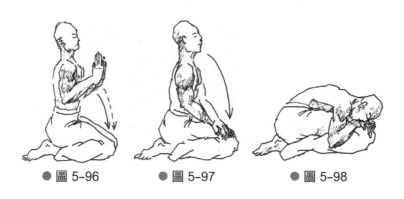

● 圖 5-96　　　● 圖 5-97　　　● 圖 5-98

中醫認為「督脈」為陽脈之海，總督一身陽經之氣，通過頭頸、胸、腰、骶椎逐節牽引屈伸背部的督脈使其得到充分的鍛鍊，可使全身經氣發動，陽氣充足，可改善腰背及下肢的活動功能，強健腰腿，使身體更加健壯。

十六、蛤蟆功

本功法是習練心意六合拳時師父傳授給我的一套周身柔韌性及力量的綜合習練功法。

練法如下：雙腿跪在床上，兩小臂放在床上，兩肘與兩膝蓋接觸，兩手指平伸，手掌扶按在床上，兩小臂間的距離與肩同寬，然後兩腿蹬直，兩臂也同時伸直，身子撐起臀部與兩腿，兩臂成三角形，臀部向後移使雙臂與上身整體下壓，面部接近床面，後腿蹬勁使身體前移，由面部沿床面向前到胸部至腹部，然後面部向前緩慢抬起至兩腿蹬直為止，兩臂直立支撐全身重量。稍停片刻，身體向後移動腹部胸部到面部沿床面後移至原來位置。如此反覆動作，根據體力情況可多可少。

此功法長功很快，難度也較大，如體力不足，也可以伏臥撐代替（圖 5-99～圖 5-106）。

● 圖 5-99　　　● 圖 5-100

● 圖 5-101　　　● 圖 5-102

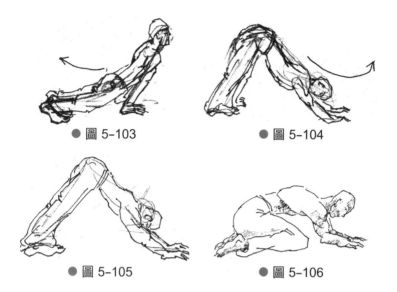

● 圖 5-103　　　　　　● 圖 5-104

● 圖 5-105　　　　　　● 圖 5-106

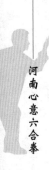

河南心意六合拳

第六章 心意六合拳理論

第一節 拳勢論

一、岳武穆王心意六合拳論

適合於五綱十二目，統一全體之共用也。取助於身，則能使全身四體百骸，內外合其道，誠者自成，道則自到也。言似雖奇，實習則明。

以拳之應用，則能獨能使內中之氣伸縮往來循環不息。充周其間，視之不見，聽之不聞，尋之不得，練時潔內華外，漾漾流動，上下四方，無所不生，無所不有，至此，拳內真意真經誠中行外而不可庶也。學者於此用心，至誠不息，可以至無聲無息之極端也。

二、無極論

無極者：空空靜靜，虛若無有一物也。故曰：太儀、太初、太始、太素而太極。太儀者：未見氣也。太初者：氣之始也。太始者：質之實也。太素者：氣之始之本民。五太者：胎、胞、氣、質、形之本也。氣之混沌而相離，虛無縹緲而為之無極也。

無極者，有之極也。至無而生有，有必還無，有無相生，無有盡始。虛無者：無形之象也。

無極者：含一造化不分之氣也。此氣乃先天真一之主氣，隱蘊無形，其中有一點生機含藏，名為生命之根，造化之源，生死之道，即道家之金丹也。性者，理也，金丹

也。形名雖殊，其理則一。

三、兩儀論

兩儀者，由一氣而生，即天地也，亦即陰陽也。獨陽則不生，獨陰而不長，陰陽醞釀，而萬物化生，此天地自然之理也。人生亦小天地也，凡四體百骸，一舉一動，無一不可以陰陽之分，陰陽合者體健，陰陽衰者體弱，而舉動失措。蓋陰陽，由先天真一氣而生，然欲養先天真一之氣，而持不失，亦必先自陰陽調和始，此習心意拳者，不可不知兩儀者也。

如以人體而言：肩陽也，胯陰也，肩與胯合，即陰陽相合也。肘與膝合，手與足合，此皆陰陽相合也。

以動作言之：伸陽也，縮陰也，起陽也，落陰也，伸縮自然，起落合度，即陰陽相合之謂也。陰中有陽，陽中有陰，陰極則生陽，陽極則生陰，錯綜變化，其見端倪，學者須體會其意，而明辨之可也。

四、三節論

三節即梢節、中節、根節。「三節不明，渾身是空」「三節不明，非僵即空」「三節不明，變換不靈」，這些都是在實踐中總結出來的經驗。

任何物體都有三節之分，以人的整體而言，頭為梢節，軀幹部為中節，下肢為根節。以頭部而言：天庭以上為梢節，鼻部為中節，地閣以下為根節。以軀幹部而言：頸項部為梢節，胸部為中節，臍下丹田為根節。以下肢而言：足為梢節，膝為中節，胯為根節。以上肢而言：手為

梢節，肘為中節，肩為根節。若以手而論：指為梢節，掌心為中節，掌根為根節。總之，人之一身，無處不有三節，三節中又各分三節。

在拳中，「若無三節之分，即無著意之處。蓋梢節不明，無依無宗；中節不明，渾身是空；根節不明，動輒跌傾」，這就說明，如果對三節不明，那麼在意、氣、力的練習時，究竟應該從哪裏始發，應該在哪裏含藏，應該在哪裏發放，必然茫然無知，練拳、練功時都會分不清勁節的轉換變化。

氣自丹田生，勁由腰中發，所以丹田與腰部即是全身中節之中，又是一身的根節之根。根節是勁氣的發源地，中節又是勁氣的含藏之處，梢節則是勁氣的發放之點。故言，發之於根節，變化於中節，運達於梢節。

只有明白了三節，才能逐步掌握和運用好根節的催發勁氣；只有明白了中節，才能掌握和運用好勁氣的含蓄及變化；只有明白了梢節，才能掌握和運用好氣的發放之點，達到貫通三節的目的。

明確了三節，著意才能有的放矢；明勁、暗勁、化勁三種勁節，才能正確地體現出來。練時三節必須分明，用時三節又必須合一，因此說分而有三，合而為一。

在心意拳理論中，之所以要把一個人的整體區分為三節，其意義和目的完全在氣節、勁節上的運用。從三節的運動規律來講，終不外乎起、隨、催。這就是說，梢節起時，中節一定要隨，而根節必須要催。這是因為梢節之勁來源於中節，中節之勁又來源於根節。當手進攻時，肘一定要沉，肩一定要催，肩催則動力到肘，肘催則動力到

手，三勁合一才能有推山之力。

手足之勁源於肘膝，肘膝之勁源於肩胯，而肩胯之勁氣總源於腰腹，所以說「一身之勁在於腰，一身之氣在於腹」。拳經云：「三才三身非無因，分明配合天地人；三元靈根能妙用，武藝之中即超群」。

五、四梢論

梢指的是物體的末端，在心意六合拳中四梢指的是人體中的肉、筋、血、骨的末梢，即髮為血梢，舌為肉梢，手腳甲為筋之梢，牙為骨之梢。

1. 髮為血梢，屬心

心努氣生，氣足血旺，血輸髮轉，

髮能衝冠，毛髮雖微，力能撼山。

毛髮是人體中氣血運行的末端，又是人體表皮的門戶，驚起血梢就是要緊閉門戶，使全身的毛孔閉合，氣血聚集，以增身體中的內勁，達到毛髮倒豎氣衝冠，全神貫注在心間，緊閉門戶氣不散，周身合一力撼山。

2. 舌為肉梢，屬脾

脾醒舌頂，舌捲氣降，舌欲催齒。

肌肉成強，臟腑充實，柔中有剛。

舌是接通任督二脈的橋樑，舌上捲則任督脈通，清氣循任督脈下行，溉養全身，周流四肢百骸。這就是舌捲氣降的道理。

舌還有助於催發勁力。發力時舌要催齒，所發勁力越大，舌的催頂之力越大。所以，人在運動時，舌也在一鬆一緊的隨之運動。由於舌的運動變化，促使津液的大量產

生，生津則解渴，滋肺潤喉；口中所產生的津液還被稱為「玉液瓊漿」，嚥下可以助消化，強身健體，所以舌在心意六合拳中的作用是不可忽視的。

3. 牙為骨梢，屬腎

> 化精填骨，骨豎齒固，保齒之道，
>
> 最忌涼熱，唇包齒藏，上下成行。

骨在五臟之中屬腎，腎乃生骨髓之源，腦為髓海。腎臟健旺、精髓充足的人不但大腦清醒，同時骨骼堅實。反之，腎臟衰弱的人，大腦精髓會虧損，骨骼也會隨之老化，身體自會虛弱。所以腎不壯則骨不堅，骨不堅則齒不固。

人在惱怒時，總會咬牙切齒，咬牙切齒狠勁出。在爆發勁力的一霎間，一定要舌頂齒叩，要有牙欲斷筋之狠，才有助於勁力的增大和發放。

4. 甲為筋梢，屬肝

> 在體為筋，在臟為肝，虎威鷹猛，
>
> 以爪為鋒，手握足踏，瞬間力發。

甲為筋梢，屬肝。筋是主四梢之伸縮、手掌之開合、身體之動轉、兩足之進退的重要組成部分，在技擊中出掌必須是伸掌如瓦楞，曲中求直，不可伸直展放。過曲不力，過直易折，故宜微屈。足趾在足掌落地的同時要掌踏趾叩，五趾抓地。

總之，在爆發勁力的一霎間，要有髮欲衝冠、舌欲催齒、牙欲斷筋、指欲透骨之意，才可在瞬間爆發出最狠毒、最凶猛的剛猛之勁。

四梢是人體的主要組成部分。在人體中，營養在血，

其華在髮，肉豐在脾，其靈在舌；筋強在肝，其鋒在爪；骨堅在腎，其固在齒。所以，人生無氣則不能生存，無精則不能營養，無血則不能灌溉，無骨則不能支持，無肌則不能聚力，無皮則不能包裹，無毛則不能司汗，無筋則不能伸縮，故在平時應注意盈血、充髓、健脾、強筋之鍛鍊。

「驚起四梢，火機一發物必落」。在爆發勁力的一霎間，四梢一定要驚得起，要有髮欲衝冠，舌欲催齒，牙欲斷筋，甲欲透骨之意，才能在瞬間發出火燒身的靈勁與爆發彈性力。「明乎四梢增神力，明乎三心生靈氣；四梢三心要合全，精神勇敢力推山；四梢三心歸一體，運用靈活一混元」。

六、五行論

五行者：金、木、水、火、土。

在心意六合拳的練習中要求內對人體之五臟：心、肝、脾、肺、腎；外應人體之五官：舌、目、耳、鼻、人中；拳合踩、撲、裹、束、決之五勁。

五臟者：心、肝、脾、肺、腎。

心動如火焰，肝動如飛箭，脾動氣團聚，肺動震雷聲，腎動快如風。

五官者：舌、鼻、目、耳、人中。

舌通心，鼻通肺，目通肝，耳通腎，人中通脾。

五勁者：踩、撲、裹、束、決。

踩勁：如踩毒物。

裹勁：裹物而不露。

束勁：上下束而為一。

決勁：如河決口也。

撲勁：如餓虎之撲食。

五臟與五勁：

心動如火焰合於踩勁。踩者如踩毒物，烈毒如火焰。

肝動如飛箭合於撲勁。撲者，要快，要猛，要遠，快猛如飛箭。

脾動氣團聚合於裹勁。裹者含而不露，氣力團聚，蓄而待發。

腎動快如風合於束勁。束為了長，束長彈抖之力，疾快如風。

肺動震雷聲合於決勁。決者驚炸之勢如震雷。

1. 五臟肺屬金，五官鼻通肺屬金

肺動吼雷聲。在運動中肺氣的運用要求做到氣隨意行，聲隨氣至，力隨聲發。氣要足，聲要亮，才能勁力與意氣相合為一。

由於鼻通肺，在肺氣排出時，要從喉部和鼻孔排放，發力與排氣都要由小到大，由緩到急，動作與呼吸要配合，呼吸與發力也要配合。

所以，發力呼吸和動作要求協調一致，當動作完成時，呼吸和發力也要同時終止，要做到聲隨氣發，手隨聲落，發聲如雷吼，發勁如炮崩，此乃心意六合拳之雷聲勁，又謂之決斷勁。

2. 五臟肝屬木，五官目通肝屬木

肝動如飛箭。肝屬木，在體主筋，在情主怒。木能生火，因此，肝動能促使心火生，表現在五官上則目疾，目

疾則心狠，心狠則手毒，才能動如猛虎撲食，迅雷不及掩耳。如人發怒，兩眼會發出凶光；若人得了黃疸性肝炎，兩眼就會出現黃色。所以，肝與目有著很密切的關係。

在與人交手時，一定要兩眼神聚，目光逼人，首先從精神氣勢上壓倒對方，使人望而生畏，有觸其光而喪膽之意，這就是神意打人。可謂「肝動神聚氣勢攻，拳隨身變雞步行；目疾心毒手似箭，出勢雖猛內氣平」。

3. 五臟腎屬水，五官耳通腎屬水

腎動快如風，是說在練拳過程中，無論是進退、閃轉、虛實變化、蓄勁和發勁，都與腰有直接的關係，而腰主要指的是兩腎，腎氣足則身體健壯，則全身的勁力靈，動作也就活，速度也就快。拳經提到耳通腎，從中醫理論說，耳通腎，故腎壯則耳聰，若腎臟虛弱，則多出現耳鳴或聽覺遲鈍之病。

從另一方面講，腎氣足則精氣旺，精氣旺則清氣升身體壯，身體健壯則無論是左旋右轉、上下束長，不但靈活自如，而且還能產生很好的彈性。在心意六合拳中稱中節的束長彈性力為拔中節。拳經云：「束長二字一命亡」，所以，能否有很好的束長勁產生與腰有直接關係，與腎也有直接的關係。

4. 五臟心屬火，五官舌通心屬火

在心意六合拳中，心為君，意為相，周身為臣。內三合中首先提到心與意合，一身之變化在心，心一動而閃，心動則意發，意動則氣隨之，氣動則力隨之。

如拳經所言：「意由心生，拳隨意發，心如火藥拳如彈，心毒為上策，手狠才勝人。」也就是說，存心要毒，

不毒則不準，進不能取勝，必有寒勢之心。所以在心意拳中，心為君火，動為相火，不論是進退、虛實發力，勝負都與心有直接的關係。心慌則意亂，意亂則氣散，少氣則無力。

在練拳和技擊中要想達到好的效果，必須做到心與意合，意與氣合，氣與力合，除內三合外，心還要與目、耳、身、舌相合。

心為君火，足起快時心火旺，心火旺則踩勁毒，心氣一動，四肢皆動，內勁出矣。所以，在練習心意六合拳時必須做到心狠、意毒、踩要毒。踩毒則勢猛，舌要催，舌催則力充，動則必勝。

5. 五臟脾屬土，五官人中通脾屬土

脾胃屬土，土旺則萬物化生。脾胃攝取食物，承擔著生產和蓄藏身體所有器官所需的養分，脾有滋養潤活諸臟的作用，脾為諸臟之母。養分足體者自壯，體壯者氣足，氣足則力大。所以脾主後天之氣，體壯氣足，蓄發自如；勁力裹含，發則必有。如脾胃不好，人將會因缺乏營養而體弱多病，因土不能滋養而萬物枯死，也就是無力氣可提。

五官人中通脾，主要是通於脾的竅位，人中又是手陽明經、足陽明經和督脈的交會穴，所以，人中在醫學中有著起死回生之功效。

五行有相生、相剋之道理，按此關係，內五臟同樣有相生相剋的道理。肺壯可以促使腎強，腎強可以促使肝健，肝健可促使心康，心康又能促使脾健，脾健可促肺健。由於脾是滋潤諸臟的主宰者，故脾健則可使諸臟滋潤

而得以健旺，因此，脾為諸臟之母。

五行、五臟、五官的關係如下表：

五行	金	木	水	火	土
五臟	肺	肝	腎	心	脾
五官	鼻	目	耳	舌	人中

五行相生：金生水，水生木，木生火，火生土，土生金。

五行相剋：金剋木，木剋土，土剋水，水剋火，火剋金。

目能辨萬有之色，身能覺萬有之力，鼻能辨萬有之氣，耳能辨萬有之聲，舌能辨萬有之味。

七、六合論

六合者：心與意合，意與氣合，氣與力合，此為內三合；手與足合，肩與胯合，肘與膝合，此為外三合。

所謂六合就是內外相合，處處相連，相互制約，互為因果，周身到位。一合無有不合，一動無有不動，才能達到心想意動、氣隨、力發；動作合，周身一家，渾元均整。

1. 心與意合

心為五臟之首，心一動，五臟六腑均無不動之理，心動則意生，心為君，意為相，心欲攻則意要領，心欲止則意要收。意必須順服於心，方謂之心意合二為一。否則心

欲攻而意不動，心欲往而意不隨，心欲止而意不收，心意不能相互配合，則進而不動，退而不走，動則必敗。因此，心與意必須相合，才能取勝成功。

2. 意與氣合

意與氣合，就是要以意領氣，氣隨意動，意欲往而氣必至，意欲止則氣必斂，意欲攻則氣必發。也就是要在動作時，氣隨意動，聲隨氣發，使敵聞聲喪膽。

拳經云：「寧在一氣先，莫在一氣後。」與敵動手，要在對方吸氣之時攻之，呼氣之前而截之，造成對方呼吸混亂。如在動手時意不能與氣很好的配合，則意亂氣散，必敗無疑。所以，意與氣合是很重要的環節，習者不可不知也。

3. 氣與力合

在練拳過程中，要求氣沉丹田，就是為了培養內氣，內氣足則體自壯，力自大，所以氣與力是分不開的。如果在運動中不能很好配合呼吸，除速度和勁力不能很好發揮外，還會出現偏差而影響身體健康，心意六合拳「練功三害」中講的努氣、拙力和挺胸提腹，即是如此。

由此可見，要想有強大的勁力發放，就必須有充足的內氣配合，所以氣與力的緊密配合是不容忽視的。

4. 手與足合

兩手扣勁，兩足根向外扭勁，即是手與足合。常言說：「手到腳不到，打人不得妙；腳到手不到，情況更不妙；手到腳也到，打人如薅草。」動作時，如果手與腳不能很好地配合則會手忙腳亂，根基不穩，變化不活，勁力不整，更提不上攻擊對方。

除手腳配合之外，還要求速度與勁力也要高度配合，兩足根向外扭勁，使兩腿產生撐勁，此撐勁可使後腿蹬勁更足，前腳的踩勁更大，使兩腿的根基更穩。兩手扣勁，掌心內收，形成手與腳在勁力上的配合。只有手與足在勁力、速度和動作上都形成配合，才能基穩、力整，無往而不勝。

5. 肘與膝合

兩肘向下垂勁，兩膝往裏扣勁，即是肘與膝合。肘是梢節之中節，膝是根節之中節，拳經云：「手似藥箭身似弓，消息全憑後腳蹬。」後腿的蹬勁能否順利地把力往上轉送，膝是第一道關，力是否能達至於手，使手發如箭，肘是最後一道環節。所以兩肘要向下垂勁。拳經云：「肩沉氣貫肘，肘沉氣貫手」，只有肘部下沉，才能使氣力順達，手發如箭。兩膝往裏扣勁，此扣並非膝部硬扣，而是兩腳向外撐勁，兩腿自然內旋，兩膝自然內扣。

人身運動源於根節，轉換於中節，運用於梢節，中節的輕鬆靈活是運用的保證，中節的相互配合更為重要。因此，肘與膝合則根基穩，變化活，勁力整。

6. 肩與胯合

兩肩放鬆沉勁，兩胯裏根塌勁，即是肩與胯合。

一身而言，肩是軀幹之梢節，又是上肢之根節；胯是軀幹之根節，又是下肢之根節，所以肩與胯是連接梢節與根節的重要環節，也是力轉換的重要部位，肩與胯是否能密切相合則是重中之重。拳經云：「肩沉氣貫肘，肘沉氣貫手，氣沉則氣貫丹田。」由此來看，肩沉即可使內氣下沉，穩固根基，又可使氣力運用於手。兩胯塌勁則勁力下

沉以固根，固根則步穩。肩與胯合既可使根基穩固，也可使周身勁力下傳上達，還可使中節上下裹含，使勁力蓄而後發，使中節之束長勁順利發放。只有肩與胯合，才可貫穿三節，周身合一。

總之，心意六合拳莫不有陰陽之分，一動則無有不動，一合則無有不合，莫離相互聯合之道理。熟知六合之法，練習自能觸類旁通，一舉一動無不相合。學者於此用心，志誠不息，定可得藝上身。

拳經云：「練拳容易得藝難，靈勁上身天地翻；六合相聚人難躲，遇敵好似弓斷弦。」

內三合之外還須：心與眼合，肝與筋合，肺與身合，腎與骨合。

外三合之外還須：頭與手合，手與身合，身與步合。

八、七要論

1. 腰要塌

尾閭上提而陽氣上升，督脈之理。腰塌則勁蓄，腰挺則勁出，腰軟則勁散，中節空則渾身空。

2. 肩要垂

譜曰：「肩垂氣貫肘，肘垂氣貫手，氣垂則氣貫丹田。」肩下垂既可促使氣貫肘，又可促使勁氣下注湧泉。垂肩必須真正使肩頂骨落下，肩頂骨落下後，才能促使兩肋骨的向下沉塌，氣才能順利達於丹田而貫注湧泉。

3. 胸要扣

扣胸者，開胸順氣，順乎任脈之理，能將精氣上通於天谷泥丸中，中通心腎，下通氣海，而至於湧泉。

4. 谷要提

穀道內提。仙云：「緊撮穀道內中提，明月輝輝頂山飛。」又謂之：「醍醐灌頂，欽得不老，還精補腦。」

5. 三要頂

頭頂，舌頂，手頂。頭頂則氣能衝冠，舌頂則吼獅吞象，手頂則力能推山。

6. 橫順要知清

起為橫，落為順；起為橫之始，落為橫之終；落為順之始，起為順之終。頭縮而鑽，頭頂而翻；腰起而鑽，腰落而翻。起橫不見橫，落順不見順。

7. 起落鑽翻要分明

起是去，落是打，起落如水之翻滾，方是真起落也。無論如何，起落鑽翻總要手不離心，肘不離肋，手起如鋼銼，手落如鉤桿。起則進，落則打，起如箭，落如風，追風趕月不放鬆。起如風，落如箭，打倒他，還嫌慢。腳打七分手打三，五形四梢要合全。

氣隨心意隨時用，硬打硬進無遮攔。打人如走路，看人如蒿草，膽上風吹響，起落似箭鑽。進不能取勝，必有怯敵之心。此是明勁，有形有像之用也。至暗勁之時用法更妙，起如蟄龍升天，落如霹雷擊地，起無形，落無蹤，去意如似捲地風。落不起何用再起，起不落何用再落，打起打落如水之翻浪，不翻不鑽一寸為先。

九、體內八要論

心定神寧，神寧心安；

心安清靜，清靜無物；

無物氣行，氣行則絕象；

絕象則覺明，覺明則神意貫通而萬象歸根。

十、體外八要論

八法者：縱橫高低，進退反側。

縱：縱者放其勢，一往而不返。

橫：橫者裹其氣，開矢而莫阻。

高：高者揚其身，如有增長之意。

低：低者縮其身，如有鑽捉之形。

進：當進者進，鼓其氣，膽其身，勇往直前，如蜇龍升天，抖擻之意。

退：當退者退，領其氣而回轉，如猿猴靈通巧出。

反：反者反身顧後，後即是前，前即是後。

側：側者側身顧左右，左右不分上下，要而言之，應用在眼，變通在心，勇往在氣。

十一、十六字要法論

1. 寸之法

寸步也，步法疾快成其寸也。

2. 踐之法

踐腿是也，腿去腳踩有毒有猛成其踐也。

3. 躜之法

向前上猛衝為之躜也。去者勢如蟄龍衝天，猛衝疾進之為躜。

4. 就之法

就是束也，上下束而為一成其就也。

5. 夾之法

夾者剪也，夾剪之法成其夾也。

6. 合之法

六合者，心與意合，意與氣合，氣與力合，手與足合，肘與膝合，肩與胯合。

7. 齊之法

齊毒內外合一，為之齊也。

8. 正之法

看正卻是斜，看斜卻是正，不偏不斜、不俯不仰謂之正。

9. 驚之法

驚者，驚其四梢，火機一動物必落。

10. 脛之法

橫經磨脛，手摸內五行，意氣響連聲。

11. 進退之法

進走低，退走高；當進則進，當退則退；進則鼓其氣而直前，退則領其氣而回轉，成其進退也。

12. 起落之法

起是去，落是打；起為橫，落為順；起要鑽，落要翻；起如水之翻浪，落如水之浪絕；起如蟄龍升天，落如霹雷擊地，成其起落也。

13. 陰陽之法

看陰而有陽，看陽而有陰，天地陰陽相合能下雨，打拳陰陽相合能勝人，皆為陰陽之妙，成其陰陽也。

14. 五行之法

內五行要活，外五行要順，活而順遂成其五行也。

15. 動靜之法

靜是本體，動是作用；若言其靜未露其機，若言其動未見其跡，成其動靜也。

16. 虛實之法

虛是靈也，實是精也，精靈皆有，為之玄妙之至，成其虛實也。

第二節

內功四經

一、內功經

序

內功得傳，脈絡甚真，不知脈絡，勉強用之，無益而有損。

經文

前任後督，氣行滾滾。

註 任脈起於承漿，直下陰前高骨。督脈起於尻尾，直上由夾脊骨過泥丸下印堂，至人中而止。

井池雙穴，發勁循循。

註 井者肩井也，肩頭分中。池者曲池穴也，肘頭分中，此周身發勁所也。

千變萬化，不離乎本。得其奧妙，方以無垠。

註 本者自然之真氣。用功以得之方能悟其妙。

尻尾升氣，丹田煉氣。

註 尻尾骨盡處也，用力向上翻起，真氣自然即上升矣。

氣下於海，光聚天心。

註 小腹正中為氣海，額上正中為天心，形光於外也。臍下三寸為丹田穴也。用功時存元氣於此處也。

既明脈絡，次觀格式。

註 格式者入門一定之規也，不明格式脈絡亦空談耳。

頭正而起，肩平而順，胸含而閉，背平而正。

註 正頭起項，項面神順，肩活背式平正，胸含身微有收斂，此式中真竅也。

足堅而穩，膝曲而伸，襠深而藏，肋開而張。

註 足既動，膝用力，前陰縮，兩肋開。

氣調而均，勁鬆而緊。

註 出氣莫令耳聞，勁必先鬆而後緊，緩緩以行之。

先吸後呼，一出一入；先提後下，一升一伏，內有丹田，氣之歸宿，吸入呼出勿使有聲。

註 提者，吸氣之時存想真氣上升至頂也。下者，真氣落下也。伏者，覺身之氣漸小墜入丹田也。

下收穀道，上提玉樓，或立或坐，吸氣入喉，以意送下，漸至於底。

註 收者懼氣洩也，提玉樓者提耳後之高骨也，使氣往來勿阻也。不拘坐立，氣自喉以達肺也，氣雖聚於丹田，存想漸至於底方妙。既明經絡，姿勢、氣竅再詳解決。

通透穿貼，鬆悍合堅。

註 曰通，筋之順也；曰透，骨之速也。通透往來無礙也，伸筋拔力以和緩柔軟之意也。曰穿，勁之連也；曰貼，勁之絡也。穿貼橫豎聯絡也。伸筋拔力，剛堅凝結之意也。悍者剛之極也，氣血結聚之謂也；鬆如繩之繫，悍如冰之堅。曰合，勁之整一也。曰堅，勁之旋轉也。合者，合周身之勁使之整一也。堅者，橫豎斜纏之謂也。

按肩以練步，逼臀以堅膝，圓襠以固胯，提胸以下腰。

註 按肩者，將肩井穴之勁沿至湧泉。逼臀者，兩臀極力貼住也。圓襠者，向內外極力掙橫也。提胸者，提前胸以坐腰也。

提頦以正項，貼背以轉鬥，鬆肩以出勁。

註 兩背骨用力貼住，覺其勁自臍下而出，自六腑穴向外轉出，至鬥骨而回，出勁之時，將肩井穴之勁順意鬆開自己無礙矣。

橫勁豎勁，辨之明白，橫以濟豎，豎以濟橫。

註 豎者肩至足底也。橫者兩背與手也。自襠至足底，自膝至臀，是以腿而之豎與橫也。若以身而言，豎者自胲至二肩穴也，橫者自六腑穴轉頭骨也。

五氣朝元，週而復始，四肢元首，收納甚妙。

註 吸氣納於丹田，升真氣於頭。一運真氣自襠下於足底，復上至外胯，升於丹田，復自於口降於丹田。二運真氣，自背骨膊裏出手，復至六腑穴轉入丹田，一升一降，一下一起，一出一入，並行不悖，周流不息，久久用之，練神氣還本返原。

天地交泰，水生火降，頭足上下，交接如神，靜伸光

芒，動則飛騰。

註 氣勝形，形隨意，意勁神，神帥氣，氣帥形，形隨氣，性調氣。凡初入門者，每日清晨靜坐，盤膝閉目，箝口，細調呼吸，一出一入皆從鼻也，少時氣定，遂吸一口納入丹田，助以津液，則真火自降矣，但吸氣時須默想真氣自湧泉發出，升於兩肋，自兩肋升前胸，自前胸升後腦，漸升於泥丸。降氣時須默想真氣由泥丸至印堂，由印堂至鼻，由鼻至喉，由喉至夾脊，由夾脊透於前心，由前心沉於丹田，丹田氣足，自然能從尾閭升於夾脊，而上於泥丸矣，週而復始從乎天地循環之理也。

二、納卦經

乾　坤

頭項效法乾，取其剛健純粹。

足膝效法坤，取其鎮靜厚載。

註 凡出一手，先視虎口穴，前頦用力平正提起，直達提氣穴，著力提住，由百會穴，轉過崑崙，下明堂，貫兩肋。其氣由鼻孔洩時，即便吸入丹田，兩耳各三寸六分，謂之象眼穴。用力向下截住，合周身全局。用之久，自知其妙也。

凡一用步，兩外虎眼，極力向內，兩內虎眼，極力向外，委中大筋竭力要直，兩蓋骨竭力要曲。四面相交，合周身之力向外一扭，湧泉之氣自能從中透出矣。

巽　兌

肩背宜於鬆活，是乃巽順之意。

襠胯宜於緊靠，須玩兌澤之情。

註 塌肩井穴，須將肩頂骨正直落下，與比肩骨相合。曲池穴比肩頂骨低半寸，手腕直與肩齊，背骨遂竭力貼住，此是豎勁不是橫勁。以豎則實，以橫則虛。下肩井穴，向背骶骨直至足底，故謂之豎。右背則將左肩之勁，自骨底以意送於右背，直送兩扇門，故謂橫勁，兩勁並用而不亂，元氣方能升降如意，而異順之意得矣。

襠胯要圓而緊，氣正直上下，不可前曲，不可後仰。兩胯分前後，前胯用力向下，湧泉來時，向上甚大，兩胯極力按之，陰陽兩竅用力收位，總以逢口相兌，外陰內陽互吞併為生。

艮 震

胸要竦起，艮山相似。

肋有呼吸，震動莫疑。

註 艮象曰，時行則行，時止則止，其義深哉。肋者，肋也，魚鰓也。胸雖出而不高，肋雖閉而不束，雖張而不開。此中玄妙，雖以口授，用力須以意出，以氣勝，以神足，則為合式。非出骨勁也，用肋以呼吸為開閉，以手之出入為開合，以身之縱橫為開閉，高步勁在手足，中步勁在肋，下步勁在於背。自然之理也。

坎 離

坎離之卦，乃身內之義也。

可以意會，不可以言傳。

註 心腎為水火之象，水宜升，火宜降，兩象既濟，水火相交，真氣乃萃。精神漸長，聰明且開，豈但勁乎。是以善於拳者，講勁養氣，調水火，在此一定不易之理也。用功之時，塌肩井穴，提胸肋，反龜尾，欲神氣上交

於也。須以意導之，下氣聚勁練步，皆欲心氣下達於腎也，亦須以意導之。

三、神運經

1. 神運之法

練形而能堅，練精而能實。

練氣而能壯，練神而能飛。

註 因形勢以為縱橫之本，萃精神以為飛騰之基。故氣勝能縱橫，精神斂能飛騰。

2. 神運之體

先明進退之勢，復究動靜之根。

註 進因伏而後起，退方合而即動，以靜為本，故身雖疾，而心自鍛。靜之妙當以內外呼吸之間，縱橫者，勁之橫豎，飛騰者，氣深微。

3. 神運之用

擊敵有用形、用氣、用神之遲束。

被擊者有仆也、怯也、索也之深淺。

註 以形擊形，自倒後乃勝。以氣擊氣，手方動而生畏。以神擊神，身未動而得入。形受形攻，形傷而仆於地。氣受氣攻，氣傷而怯於心。神受神攻，神傷而索於膽。

4. 神運之意

縱橫者肋中開合之式，丹田呼吸之間。

註 進退隨手之出入，去來任氣之自然。氣欲漏神欲斂，身宜穩而步宜堅。既不失於輕，復不失於重，探如鷹之飛騰，疾若虎豹之強悍。

四、地龍經

地龍真經，利在底功。

註 用腿足插入脛部下節。

全身練的，強固精明。

註 氣血精神練成一團隨用。

伸可成曲，住亦能行。

註 伸屈自由，行住任我，何為不可。

曲如伏虎，升比騰龍。

註 縮四肢，頭伏，手腕上挺，起立如常。

行住無跡，伸曲淺蹤。

註 上下伸縮，變化莫測。

身堅似鐵，法密如龍。

註 不堅則亂，不密則失。

翻猛虎撲，搏疾鷹捉。

註 虎猛而鷹疾。

倒分前後，左右分明。

註 閃展騰挪使敵回不能顧。

門有變化，法無空形。

註 返側仰伏，手足攻擊奧妙無窮。

前攻用手，二三門同。

註 攻前以掌當先，肩肘濟之。

後攻用足，踵膝通攻。

註 下步用攻，以足當先。

遠則進擊，近則迎接。

註 憑襠要迅速。

大胯著地，側身而成。

註 側倒在地，用手輕按活動。

仰倒若坐，尻尾單憑。

註 以尻尾作轉軸。

高低任意，遠近縱橫。

註 暗屈一足著地即起。

第三節 雜論拾遺

一、岳武穆王九要論

要論一

從來散之必有其統也，分之必有其合也。以故天地間四面八方，紛紛者各有所屬；千頭萬緒，攘攘者自有其源，蓋一本散為萬殊，而萬殊合歸於一本，事有必然者。

且武事之論，亦甚繁矣。而要之千變萬化，無往非勢，即無往非氣，勢雖不類，而氣歸於一。夫所謂一者，從上至足底，內而有臟腑筋骨，外而有肌肉皮膚五官百骸，相連而為一貫者也。破之而不開，撞之而不散。上欲動而下自隨之，下欲動而上自領之，上下動而中節攻之，中節動而上下和之。內外相連，前後相需。所謂一貫者，其斯之謂歟。而要非勉強以致之，襲焉而為之也。當時而靜，寂然湛然，居其所而穩如山岳；當時而動，如雷如崩，出乎爾而疾如閃電。且靜無不靜，表裏上下全無參差

牽掛之意；動無不動，左右前後並無抽扯游移之形。洵乎若水之就下，沛然而莫之能御；若火之內攻，發之而不及掩耳。不加思索，不煩擬議，誠不期然而然，莫之致而至，是豈無所至而云然乎。

蓋氣以日積而有益，功以久練而始成。觀聖門一貫之傳，必俟多聞強識之後，豁然之境，不廢格物致知之功。是知事無難易，功惟自盡，不可躐等，不可急遽，按步就步，循次而進，夫而後官骸肢節自有通貫，上下表裏不難聯絡。庶乎散者統之，分者合之，四體百骸終歸於一氣而已矣。

要論二

當有世之論捶者，而兼論氣者矣。夫氣於一，可分為二。所謂二者，即呼吸也，呼吸即陰陽也。捶不能無動靜，氣不能無呼吸，吸則為陰，呼則為陽。主乎靜者為陰，主乎動者為陽。上升為陽，下降為陰。陽氣上升而為陽，陽氣下降而為陰，陰氣下行而為陰，陰氣上行即為陽，此陰陽之分也。

何謂清濁？升而上者為清，降而下者為濁，清氣上升，濁氣下降；清者為陽，濁者為陰，而要之陽以滋陰，陰以滋陽，渾而言之統為氣，分而言之為陰陽。氣不能無陰陽，即所謂人不能無動靜，鼻不能無呼吸，口不能無出入，此即對待循環不易之理也。然則氣分為二，而實在於一。有志於斯途者，慎勿以是為拘拘焉。

要論三

夫氣本諸身，而身之節無定處。三節者上、中、下也。以身言之：頭為上節，身為中節，腿為下節。以上節

言之：天庭為上節，鼻為中節，海底為下節。以中節言之：胸為上節，腹為中節，丹田為下節。以下節言之：足為梢節，膝為中節，胯為根節。以肱言之：手為梢節，肘為中節，肩為根節。以手言之，指為梢節，掌為中節，掌根為根節。觀於是，而足不必論矣。

然則自頂至足，莫不各有三節。要之，若無三節之分，即無著意之處。蓋上節不明，無依無宗；中節不明，渾身是空；下節不明，自家吃跌，顧可忽乎哉。

至於氣之發動，要皆梢節動，中節隨，根節催之而已。然此猶是而分言之者也，若夫合言之，則上白頭頂，下至足底，四體百骸，總為一節，夫何三節之有哉？又何三節中之各有三節云乎哉？

要論四

誠於論身論氣之外，而進論手梢者焉。手梢者，身之餘緒也。言身者初不及此，言氣者亦所罕論。捶以內而發外，氣由身而達梢，故氣之用不本諸身，則虛而不實，實而仍虛。梢亦烏可不講，然此特身之梢耳，而猶未及乎氣之梢也。四梢為何？髮其一也。夫髮之所繫，不外於五行，無關於四體，似不足論矣；然髮為血梢，血為氣之海，縱不必本諸髮以論氣，要不能離乎血而生氣，不離乎血，即不得不兼及乎髮，髮欲衝冠，血梢足矣。其他如舌為肉梢，而肉為氣囊，氣不能形諸肉之梢，即無以充其氣之量，故必舌欲催齒，而後肉梢足矣。至於骨梢者，齒也。筋梢者，指甲也。

氣生於骨而聯於筋，不及乎齒，即未及乎筋之梢，而欲足乎爾者，要非齒欲斷筋，甲欲透骨，不能也。果能如

此，則四梢足矣，四梢足而氣亦自足矣。豈復有虛而不實，實而仍虛者乎。

要論五

今夫捶以言勢，勢以言氣，人得五臟以成形，即由五臟而生氣，五臟實為生性之源，生氣之本，而名為心、肝、脾、肺、腎是也，心為火，而有炎上之象；肝為木，而有曲直之形；脾為土，而有敦厚之勢；肺為金，而有從革之能；腎為水，而有潤下之功。此乃五臟之義，而必準之於氣者，以其各有所配合焉。此所以論武事者，要不能離乎斯也。

胸膈為肺經之位，而為諸臟之華蓋，故肺經動而諸臟不能靜。兩乳之中為心，而肺包護之，肺之下，胃之上，心經之位也。心為君火，動而相火無不奉合焉。而兩肋之間右為肝，左為脾，背脊十四骨節皆為腎，此固五臟之位。然五臟之系，皆繫於背脊，通於腎髓，故為腎。至於腰則兩腎之本位，而為先天之第一，尤為諸臟之根源。故腎水足，而金、木、水、火、土咸有生機，此乃五臟之位也。且五臟之存於內者，各有其定位，而具於身者，自有所專屬，領、頂、腦、骨、背、腎是也。兩耳亦為腎，兩唇、兩腮皆脾也。兩鬢則為肺。

天庭為六陽之首，而萃五臟之精華，實為頭面之主腦，不啻一向身之座督矣。印堂者：陽明胃氣之衝，天庭性起，機由此達，生發之氣，由腎而達於六陽，實為天庭之樞機也。兩目皆為肝，而究之上包為脾，下包胃，大角為心經，小角為小腸，白則為肺，黑則為肝，瞳則為腎，實為五臟之精華所聚，而不得專謂之肝也。鼻孔為肺，兩

頤為腎，耳門之前為膽經，耳後之高骨，亦腎也。鼻為中央之土，萬物滋生之源，實中氣之主也。人中為血氣之會，上衝印堂，達於天庭，亦為至要之所。兩唇之下為承漿，承漿之下為地閣，上與天庭相應，亦腎經位也，領、頂、頸、項者，五臟之通途，氣血之總會，前為食氣出入之道，後為腎氣入出之途，肝氣由之而左旋，脾氣由之而右旋，其繫更重，而為周身之要領，兩乳為肝，兩肩為肺，兩肘為腎，四肢為脾，兩肩背膊皆為脾，而十指則為心、肝、脾、肺、腎是也。

膝與脛皆腎也。兩腳跟為腎之要，湧泉穴為腎穴。大約身之所繫，凸者為心，窩者為肺，骨之露處皆為腎，筋之聯處皆為肝，肉厚之處皆為脾。象其意，心如猛虎，肝如箭，脾氣力大甚無窮，肝經之位最靈變，腎氣之動快如風。其為用也，用其經，舉凡身之所屬於某經者，終不能無意焉，是在當局者自為體認，而非筆墨所能為者也。至於生剋治化雖別有論，而究其要領自有統會，五行百體，總為一元，四體三心，合為一氣，奚必昭昭於某一經絡，而支支節節言之哉。

要論六

心與意合，意與氣合，氣與力合也，手與足合，肘與膝合，肩與胯合，此為六合。左手與右足相合，左肘與右膝相合，左肩與右胯相合。右之與左亦然。以及頭與手合，手與身合，身與背合，孰非外合？心與眼合，肝與筋合，脾與肉合，肺與身合，腎與骨合，孰非內合？豈但六合而已哉，然此特分而言之也。總之一動而無不動，一合而無不合。五行百骸悉用其中矣。

要論七

頭為六陽之首，而為周身之主，五官百骸莫不唯此是賴，故頭不可不進也。手為先行，根基在膊，膊不進而手則卻而不前矣。此所以膊貴於進也。氣聚中腕，機關在腰，腰不進氣則餒而不實矣。

此所以腰貴於進也。意貫周身，運動在步，步不進而意則堂然無能為矣。此所以步必取其進也。以及上左必須進右，上右必須進左，其為六進，孰非所以著力之地欲，而要之未及其進，合周身而毫無關動之意，一言其進，統全體而俱無抽扯游移之形。

要論八

身法惟何？縱橫高低，進退反側而已。縱則放其勢，一往而不返。橫則裹其力，開拓而莫阻。高則揚其身，而身若有增長之勢，低則抑其身，而身若有攢捉之形。當進則進，彈其身勇往直衝；當退則退，領其氣而回轉伏勢。至於反身顧後，後即前也。側顧左右，使左右無敢擋我。

而要非拘拘焉焉之也。必先察人之強弱，運吾之以轉移，不可執格而論，時而宜進，故不可退而餒其氣；時而宜退，即當以退而鼓其進也，即退而實以賴其進。若反身顧後，顧其後而亦不其為後。側顧左右，而左右亦不覺其為左右矣。總之機關在眼，變通在心，而握要者，則本諸身，身而前，則四體不會而行矣；身而卻，則百骸莫不冥然而處矣。身法顧可置而不論乎。

要論九

今夫五官百骸，主於動，而實運以步，步乃一身之要基，運動之樞紐也。以故應戰對敵，皆本諸身，而實所以

為身之砥柱者，莫非步。隨機應變在於手，而所以為手上轉移者，亦在步。進退反側，非步何以作鼓蕩之機；抑揚伸縮，非步何以示變化之妙。所謂機關者在眼，變化則在心，而所以轉彎抹角，千變萬化，而不至於窘迫者何，莫非步為之司命歟？而要非勉強以致之也。

動作出於無心，鼓舞出於不覺，身欲動而步亦為之周旋，手將動而步亦早為之催逼，不期然而然，莫之驅而驅，所謂上欲動而下自隨之者，其斯之謂歟。

且步分前後，有定位者，步也；然而無定位者，亦為步。如前步進焉，後步隨焉，前後自有定位，若以前步作後，後步作前，更以前步作後之前步，後作前之後步，則前後亦自然無定位矣。

總之拳以論勢，而要者為步，活與不活，亦在於步，靈與不靈，亦在於步，步之為用大矣哉心意拳訣。

二、心意拳訣

捶名心意：心意者，意之心生，拳隨意發，總要知己知人，隨機應變。心氣一發，四肢皆動，足起有地，膝起有數，動轉有位，合膊望胯，三尖對照，心、意、氣，力內三相合，拳與足合，肘與膝合，肩與胯合，外三相合，掌心、足心、本心，三心一氣相合，遠不發手，捶打五尺以內，三尺以外，不論前後左右，一步一捶，發手以得人為準，以不見形為妙。

發手快似風箭，響如雷鳴，出沒如兔，亦如鳥之投林。應敵似巨炮推薄壁之勢，眼明手快，踴躍直吞，未曾交手，一氣當先，即入其手，靈動為妙。見孔不打見橫

打，見孔不立見橫立，上、中、下總氣把定，身足手規矩繩束，既不望空起，亦不望空落，精明靈巧，全在於活。能去能就，能柔能剛，能進能退，不動如山岳，難知如陰陽，無窮如天地，充實如太倉，浩渺如四海，炫耀如三光。察來勢之機會，揣敵人之短長。靜以待動有上法，動以處靜有借法，借法容易上法難，還是上法最為先，交勇者，不可思誤，思誤者寸步難行。

起如箭攢，落如風，手摟手兮向前攻，舉動暗中自合，疾如閃電在天，兩邊提防左右，反背如虎搜山，斬捶勇猛不可當，斬梢迎面取中堂，掄上掄下勢如虎，好似鷹鷂下雞場。翻江倒海不須忙，變換自如才為強。

雲背日月天地交，武藝相爭見短長，不論尺把寸餘，劈面就去，上右腿進左步，此法前行，進人要進身，身手齊到方為真，發中有絕何從用，鮮明其意妙如神。

鷂鑽林莫展翅，鷹捉小鳥勢四平；取勝四梢要聚齊，第一還要手護心。計謀施運化，霹靂走精神，心毒稱上策，手狠方勝人。何謂閃？何為進？進即閃，閃即進，不必遠求。何為打？何為顧？顧即打，打即顧，發手便是。心如火藥拳如彈，靈機一動鳥難飛。身似弓弦手似箭，弦響鳥落見神奇。起手如閃電，閃電不及合眸；打人如迅雷，迅雷不及掩耳。

五道本是五道關，無人把守自遮攔，左腮手過，右腮手去，左腮手來，兩手束拳迎面出，五關之門關得嚴，拳從心內發，拳落向鼻尖，足從地下起，足起快時心火長，五行金、木、水、火、土，火炎上而水就下，我有心、肝、脾、肺、腎，五行相推無錯誤。

三、交手法

占右進左，占左進右，發步時足跟先著地，足尖以十趾抓地。步要穩當，身要莊重，捶要沉實而有骨力，去是撒手，觸人成拳，用拳要捲緊，用把把有氣，上下氣要均，出入以心為主宰，眼、手、足隨之去，不貪不歉，不即不離，肘落肘窩，手落手窩，右足當先，膊尖向先，此是換步。

拳從心發，以身力催手，手似心把，心以手把，進人進步，一步一捶，一肢動，百肢俱隨，發中有絕，一握渾身皆握，一伸渾身皆伸；伸要伸得進，握要握得緊，如捲炮捲得緊，崩得有力。不拘提打，按打，烘打、旋打、斬打、沖打、銼打、肘打、膊打、胯打、頭打、進步打、退步打、順步打、橫步打，以及前、後、左、右、上、下百般打法，皆要一起相隨，出手先占正門，此之謂巧。

骨節要對，不對則無力。手把要靈，不靈則生變，手發要快，不快則遲誤。舉手要活，不活則不快，打手要跟，不跟則不齊。存心要毒，不毒則不準。腳手要活，不活則擔險。存心要精，不精則受愚。

發作要鷹捉勇猛，外靜大膽，機要熟運，切勿畏懼遲疑。心小膽大，面善心惡，靜似書生，動如雷發，人之來勢，亦當審察，腳踢頭撞，拳打膊作，窄身進步，仗身起發，斜行換步，攔打倒身，抬腿伸發，腳趾東顧，須防西殺，上虛下必實，靈機自揣摩，手急打手慢，俗言不可輕，的確有識見。

起望落，落望起，起落復相連相隨，身手齊到是為

真，剪子股，望眉斬，加上反背，如虎搜山。起手如閃電，打下如迅雷，雨行風，鷹捉燕，鷂鑽林，獅搏兔。起手時三心相對，不動如書生，動之如龍虎，遠不發手打，雙手護心旁，右來右迎，左來左迎，此為捷取。遠了便上手，近了便加肘；遠了便腳踢，近了便加膝，遠近宜知。拳打足踢，頭至把勢，遇人能叫一思進，有意莫帶形，帶形必不贏。

捷取人法，審顧地形，拳打上風，手要急，足要輕，把勢走動如貓行。心要正，目聚精，手足齊到定要贏。若是手到步不到，打人不得妙；手到步也到，打人如拔草。上打咽喉下打陰，左右兩肋中在心。前打一丈不為遠，近者只在一寸間。身動時如崩牆倒，腳落如樹生根，手起如炮直衝，身要如活蛇，擊首則尾應，擊尾則首應，擊中節而首尾皆相應。打前要顧後，知進須知退，心動快似馬，臂動速如風。

操演時面前無人似有人，交手時有人如無人。起前手，後手緊催，起前腳，後腳緊跟。面前有手不見手，胸前有肘不見肘。如見空不打見，空不上，拳不打空起，亦不打空落，手起足要落，足落手要起，心要占先，意要勝人，身要攻人，步要過人。前腿似跏，後腿似黍。首要仰，胸要現起，腰要長起，丹田要運氣。自頂至足，要一氣相貫，膽顫心寒必不能取勝，未能察言觀色者，不能防人，必不能先動，先動為師，後動為弟，能叫一思進，莫叫一思退。

三節要挺，三尖要照，四梢要齊，明了三心多一力，明了三節多一方，明了四梢多一精，明了五行多一氣，明

了三節，不貪不歉，起落進退多變，三回九轉是一勢，總要以心為主宰，統乎五行，運乎二氣時時操演，勿誤朝夕，盤打時而勉強，功用久而自然，誠哉是言，豈虛語哉。

四、六合拳序

聞者不語力者，蓋因尚德不尚力之意也，然央谷之會，必用司馬曰：武門有惡言不入耳，誠武力不可少哉，於是顧其身家，顧其性命，拳為沿焉。

拳之種類不同也，他端亦不知創於何人，唯此六合拳，傳自山西姬龍峰。先師乃自明末人也，精於槍法，人皆以為神。而先師猶有虞焉，吾處亂世可操刀騎馬，有萬夫不當之勇，若太平之日，刀兵銷伏，倘遇不測，將何以禦哉！於是將槍法為拳法，會其理為一本，通其形為萬殊，名其拳曰六合。心與意合，意與氣合，氣與力合，肩與胯合，肘與膝合，手與腳合，此謂之六合，內外貫為一氣也。

最重要者，為前後各六勢，且又有剛柔之分。剛者在先，固微其翼，柔者在後，尤寄其妙。由淺入深，由粗得精之意也。

其近世習武者，多惑於異端邪說。而以善走為奇。亦知此拳有退法乎，以能閃為妙。亦知此拳有動之而不見形，一動即至，而實不能封閉乎。且即云：能去、能閃、能封、能閉也必目見而能然也。

故曰：「白晝間遇敵猶可取勝，若遇黑夜之間，倘遇盜賊，猝遇仇敵，吾本未見其形，將何以封而逃之。豈不

反誤自身乎！」

唯我六合者，心與意合，意與氣合，氣與力合，手與足合，肩與胯合，肘與膝合，手與腳合，練上法與進法為一貫，雖黑夜之間，風吹草動，有觸即應。其動自捷，也不知其所以然也。唯精於此技者能爾。

然得姬老師之真傳者，只有徒南山鄭氏一人焉。鄭師於姬老師之拳、刀槍、棍無取不精，會其意，究其理，因述為論，乃知一切武藝，俱出於拳內。

近之習六合者，亦各不同之，不類歟諒之，此者未得其真，故差之毫釐，謬之千里，況呼愈傳喻訛，且不僅差毫釐爾。

余幸得學習鄭之門，以接姬老師之真傳也。傳之覺其法最真，而得之頗詳，原就其論而釋之，著為十法摘要，非敢妄行諸世，聊以教誨復進之人云爾。

河南新安進士　王自成
清雍正十三年正月

五、心意六合拳序

天下治道有二：曰德、曰威。天下之學有二：曰文，曰武。然武之所重者，技擊也。況國家講理有法，搜苗獮狩各有其時。而其間精微奧妙更有不容率意妄陳者。余常擬著武為論，公諸同好，特恐言論不精，反誤後者，此心耿耿，曷其有拯。茲見，岳武穆王拳譜意境純粹，語亦明暢，急錄之，以志余愛慕之憂。

岳王諱飛字鵬舉，河南湯陰人也。王父早卒事母至

孝。少負氣節，有大將之才。其剛毅多謀，智勇絕倫。當時名將無出其右者。及前座募於東京留守宗澤與談兵曰：如將軍者，方可與言。此後屢立戰功，遂成大將。善以少擊眾，故敵為語言：撼山易，撼岳家軍難。平生好賢禮士，博覽經史。雅歌投石壺，恂恂然如書生。

每戰勝，必辭功，曰：將士效力，飛何功之有！而忠勇文烈，言論不挫於人，率以得此禍。余為宋深惜之。王為童子時，受業於名師，王精通槍法，以槍為拳，立一法以教將佐，名曰意拳，神妙莫測，蓋從古未有之技也。

宋以後，歷代鮮有此技。獨我姬公名際可字龍鳳，生於明末清初，為山西平陽府蒲東諸馮人氏，訪名師於終南山，得遇異人，以岳武穆王拳書傳授，磨鍊數載，盡悟其妙。此後將其技悉傳余師曹繼武。

先生以秋蒲（即皖池州）時人不知其勇，先生習武十有二載，勇方成，康熙癸酉科，連捷三元劍，欽命陝西靖遠總鎮致任，歸藉途逝池州。先生以此拳授余學之，十易寒暑，先生甚喜曰：子勇成矣！余回晉遵師命經洛拜謁學禮馬太公，談勢甚洽，囑余為岳武穆王拳譜為序，余不文，焉能當此！但見有悍勇之士，未當無好善人之力，觀其意再叩其學，手不應心，語不合道者，何也！不得個中真傳也。

所謂真傳者，名雖傳曰武，其實貴合，和者，智與勇順成自然也。近世之演武者，徒以鉤、打、捉、拿為憑，封閉閃法為據，於鬧市之中，逞以跳躍名為藝士然亦，不過悅入耳目，圖取人之錢財爾。其於智，烏乎！有其於勇，烏乎！有匆論古今英雄之氣，則正之慨，威武嬌嬌不

群者，盡為所失。而且與做戲之輩，大相同也！

　　而論此藝，則曰六合，五行，陰陽，動靜，起落，進退，變化無窮，是其智也，英勇過人，是其勇也。苟入其中，日就月將，如攀如躋之靡窮，則知無不備，勇無不勝。得和平之理，會和平之情，順成自然，能去能就，能弱能強，能進能退，能柔能剛，不動如山岳，難知如陰陽，無窮如天地，充實如大倉，浩渺如四海，炫耀如三光。則盡乎其智，備乎其勇，全乎其和。以此而較技藝無不善矣！

山西　戴龍邦
時在乾隆十五年歲次庚午荷月
書於南洛陽馬太公書室

六、姬師誠語

　　　　六合自古無雙傳，多少奧妙在其間；
　　　　勸君莫傳無義漢，免招災禍保平安。

七、太極姿勢論

　　講太極之姿勢，隨時將身體下沉，腰塌勁，頭頂勁，目平視內中神意抱元寸，活而不流，口似張非張，似合非合，舌頂上齶，穀道上提，以式起名，一氣含四象，又為之攬陰陽，奪造化，轉乾坤，扭氣機，於後天之中，返先天之真陽，退後天之純陰，復本來之真面目，歸自己之真性命，又為之性命雙修，故心一動而萬象生，其理流行於外，發諸六合遠，無物不有，故心一靜其氣縮之於心，退

藏俞密，無物所存。

八、形體合一論

亦云：太極生兩儀，兩儀生四相，四相生八卦，八卦生八八六十四卦，皆從太極分散而生。太極者：天命之性也，既人之心意也。意者，心所發現也。人為萬物之靈，能感通諸事之應，是以心在內，而理周乎物；物在外，氣理聚於心，故心意誠於中，萬物形於外，在內為意，在外為形，合一術數，近取諸身，內為五行，遠取諸物，外為十形，內外相合而形生也，明乎斯理，則天地萬物形體合一。

九、拳勢論

出手橫拳無敵甲，轉身挑領甚可誇；
上步鷹捉加斬手，鷹捉收勢雷聲發。

鷹捉四手，足下存身，進步踩打莫容情，
進不能取勝，必有寒勢之心。

打人如走路，看人如蒿草；
膽上風吹響，起落似箭鑽；
遇敵要取勝，四梢要合全。

三意不相連，必定學藝淺；手去莫空回，空回非奇拳。但遇敵者，手催不止，多出變化，存者不上心，原來是轉身不明，上中下三節分明，四梢俱齊，無不取勝。

腳打七分手打三，五行四梢要合全。

氣動心意隨時用，硬打硬進無遮攔。

能在一氣先，莫在一氣後，能叫不是莫叫停。

蟄龍未起雷先動，風吹大樹百枝搖，心要動，內要埋，意要隨，起要橫，落要順。

主招身手進中間，手起似落撲，腳起似箭鑽，身子要進不落空，遇敵方似戰，放膽即成功。

內固精神，外示安逸；踐如奔之猛虎，步行氣，與神俱往，捷若騰兔，縱橫往走，起形還影，目不飛舞。心與目合多一明，心與耳合多一靈，心與身合多一力，心與舌合多一精。一事精，百事通，要得精，五行要明，打法需要先上身，腳手齊到方為真。拳如炮，轉折身，遇敵好似火燒身。手似藥箭，身似弓，消息全憑後腿蹬。起無影，落無蹤，去意好似捲地風。五形一聲響雷動，拳起雷動風響，山林不可阻擋，風吹浮雲散，雨打灰塵淨，牆倒容易頂，天塌最難擎。

腳踏渾身是空，遠去不發腳，發腳不打人，見空不打，先打顧法，後打空，打哪裏顧法，渾身是法，欲打裏外是本心，隨機應變，手起未空回，腳起未落空，閃兩邊提防左右，強退望無跟，隨高打高，隨低打低，起如箭為橫，落如彈為順，為其方正。

但與人交手，心要勇，手要催，踩要寸絕。撲要寸

絕，踩撲、裏束要寸絕，一寸絕無不寸絕也。起如鷹飛，落如鷹躍。

有反心必有反意，有反意必有反氣。其形未動，無有意，隨反之心，面笑目喜不動唇，提防他必有意，能知其歸一和順，則天地之高無不可摧矣，詩曰：識見不知隨時變，無高無有不到頭。

拳打三節不見形，如見形影不為能。能叫不是莫叫停，能在一思進，莫在一思存；能在一氣先，莫在一氣後。三回九轉是一勢，勢起即五行。三心、三意是一事，只怕之間多一精。如其萬事精，萬事要為終身用，為定一定，一世為奇，好字裏邊多加真，無形之寶也。

一件通，件件皆通，務要起落進退精，眼觀耳聽語中情。但一氣，筋骨未動，四梢無遠近。明瞭四梢不知息，鬧出動靜永見凶。是封閉難以進他，接四梢即挑領，眼前不封閉不可捉拿，催後手拿住莫容情，百事不足長短，三起不能進到，原來是本心不明。

能見一身，未見一心，能交一言，未交一心，立牢未動，在中見敵，他不鎖門，是勞室於咽喉；天交合，雲蔽日；武藝相戰，閉住五行。好事成林在其主，巧言還要強出頭。架樑用的不在重，有稱打定百餘斤。

此技有三教、三不教；三懼、三不懼。

三教者何？

忠孝者可教，有情有義者可教，靈通機變者可教。

三不教者何？

賤情偷盜者不可教，忘恩負義者不可教，愚魯之人不可教。

何為三不懼？

為勇者不懼，藝高者不懼，稍長者不懼。

何為三懼？

年高有德者可懼，耍笑後生者可懼，意志頑強者可懼。

猛然見了三條路，可該前進，可該後退。後手催前手，前膀引著走；右腿惟起左腿隨，左腿未落右腿追；雖然兩腿有前後，不勝兩腿勝一腿。好鋼而易折，能柔而成鋼鋒。知進而必勝，知退而不辱。眼要毒，手要狠，腳要踏中，胸力躦。眼有疾察之精，手有撥轉之能，腳有行逞之功。兩肘不離肋，兩手不離腮，出洞入洞緊隨身，腳手齊到方為真。乘其不備而攻之，出其不意而取之。

十、歌訣

練拳容易得藝難，靈勁上身天地翻。
六合相聚人難躲，遇敵好似弓斷弦。

明乎四梢增神力，明乎三心生靈氣。
四梢三心要合全，精神勇敢力推山。
氣動心意隨時用，硬打硬進無遮攔。
遇敵要取勝，放膽即成功。

四梢三心歸一體，運用靈活一混元。

混元一氣吾道成，道成未忘真五行；
真形內藏真精神，神藏氣內丹道成；
如問真形需求真，武藝雖真竅不真，
費盡心機枉勞神，知者傳授要擇人。

三才三體非有因，分明配合天地人，
三元靈根能妙用，武藝之中即超群。

道真藏不真，修道枉勞神，
祖師真訣藏，知藏即成真。

頭打落意隨身起，起而未起占中央，
踏動中門去奪位，就是神仙也難防。
肩打一陰反一陽，兩手只在洞中藏，
左右全憑蓋他意，束長二字一命亡。
肩打意合並陰陽，兩手只在肋下藏。
出洞入洞緊隨身，腳手齊到方為真。
手似藥箭身似弓，消息全憑後腿蹬。

肘打去意占胸膛，起勢好似虎撲羊，
或左或右兩邊走，後手只在肋下藏。

拳打三節不見形，若見形影不為能，
拳去莫空回，空回非奇拳。

胯打中節並相連，陰陽變化得勢難，
外胯好似魚打挺，裏胯藏步變勢難。
膝打幾處人不明，好似猛虎出木籠，
活步展轉不停勢，左右明撥任意行。

足打踩意不落空，消息全憑後腳蹬；
遇人交手勇無許，去意好似捲地風。

臀尾起落不見形，猛虎坐臥藏洞中；
臀尾全憑精靈氣，起落二字自分明。

精養靈根氣養神，練功養道強自身；
丹田練就無價寶，萬兩黃金不與人。

走如病郎一身瘡，坐如繡女把身藏；
動如猛虎把人傷，三歲嬰兒也提防。

附錄　本支脈傳承譜

本支脈傳承

第一代：馬學禮

第二代：馬三元　張志誠　馬　興

第三代：孫　河　李　政　馬興傳洛陽一支

第四代：丁　四　張　聚

第五代：呂金梁　買壯圖

第六代：呂青魁　丁兆祥　李煥冉

第七代：呂瑞芳　李廷芳

第八代：李洳波　李有為等人

第九代：（以下排名均隨機排列）

【河南】

李建鵬（子）　張全紅　康春生　陳新建　應全收

白占雲　孫文祥　應國珍　魏大鵬　李全喜

邢富生　吳凱楊　楊　銳　吳春輝　田　瑛

程　祥　張　松　趙　軍　寇鵬博　何俊杰

海　勇　任利民　楊華偉　陳大偉　張　超

蔣偉高　高　原　程　楊　王林忠　秦立中

張向軍　孫二偉　丁海珠　劉冠斌　趙振選

胡義飛　李國順　宋　波　齊大勇　呂少鋒

張勝武　劉根生　劉曉濤　王根生　王雲鵬

婁新偉　曹來印　樊朝陽　牛國棟　馬書亞

張　靖　李大根　馬朝軍　時路陽　史　鵬

田紅軍　林建偉　許耀軍　楊松崗　尚國平

雷旭峰　李君劍　劉文強　廖　原　陳　巍

劉向軍　李順江　曹永慶　陳大欣　謝少巍

白雲飛	程雲峰	殷廣亞	魏 盈	朱 彬
王廣超	屈 超	張向陽	齊 放	周 群
郭彥旗	周生侖	喬全亮	於 濱	段衛國
黃雲峰	郭建全	陳建國	楊家陽	宋 暉
劉永輝	胡志強	鄭景紅	李 勇	于 剛
呂紅杰	畢紅華	孫廣川	王保華	韓麗君
鈕 濤	楊曉濤	趙紅軍	李志強	張磊剛
姜 超	王二紅	郭 鳴	史永剛	華 浩
牛志輝	沈玉光	王獻斐	朱明峰	何慶志
關鴻亞	鞏 珂	鄭影星	郭書民	閆立志
李鵬濤	徐國璽	徐春光	王小偉	史永杰
宋彥偉	李 軍	張園園	崔小廣	王永剛
張新敏	李 敏	吳穎民	蔣炎晨	張自立
呂振宇	郭民杰	李 明	劉曉光	王向前
孫保增	邢紅義	蘇群成	李 威	白 航
楊寧華	李士杰	徐學恩	王大顯	趙桂芳
劉偉強	閆新軒	苗增欣	楊 可	彭茂林
連衛國	趙大超	鈕建偉	孟憲林	楚紅閣
張永輝	趙 嚴	王獻宏	趙旭陽	魏夢飛
婁 峰	牛傳寶	王建秋	潘大偉	于思雨
趙志海	程軍偉	柴 陽	何 偉	劉建軍
薛 超	郭現偉	杜 鵬	頓紅麗	楊金生
谷建超	杜瑞敏	王廣耀	蔣曉輝	賈銀煥
彭 興	牛志永	馬 偉	李 珂	張天義
吳紅安	楊 鵬	李建新	丁春奇	馮萬里
崔永強	萬小群	張鵬飛	曹樹利	彭 興

董曉峰　牛志永　石三峰

【安徽】

劉恩順　姚勉慶　杜力平　馮　軍　程　勇
闞開祥　王緒波　華　勇　李坤賢　王建國
李　磊　徐永明　季　勇　陳友兵　杭守鎮
姜風秦　王振龍　顧　奇　闞乃波　劉忠平
楊　斌　胡貴龍　丁良江　蔡文軍　魏本林
董炳明　羅德安　王耀武　徐勝利　龔和民
李瑞祥　蔣文春　付勝利　鎖鴻杰　韓互平
李加軍　劉忠明　林文榮　王　凱　李光耀
吳曉署　王曉峰　汪家榮　楊　保　呂美能
張　文　程文兵　李賢才　萬德保　陸金俊
朱學軍　孫興國　王　鵬　張啟彪　姚季民
尹　輝　馬仲駿　閆南翔　楊樹荃　陳友兵
顧雲龍　杜志陽　胡　峰　馬傳驤　司　杰
王明宇　彭少華　孫乃海　夏恆康　蘇大偉
張忠余　穆家軍　張　報　崔厚美　徐方兵
金保慶　姚亞秀　劉　軍　張孝祥　王曉峰
王傳喜　王曉明　朱　超　張報爐　卞學平
夏　波　李仲江　任路明

【廣東】

李世文　陳　智　陳　方　劉細森　邊玉峰
鐘保泰　張家榮　何　斌　鄔友昌　廖賢豐
陳達興　陳偉亮　劉連權　任　江　黃子峰

汪　浩　　蔣海波　　胡鯤飛　　謝岳平　　謝　曄
劉煥強　　胡鵬飛　　羅仲律　　呂承章　　陳焯文
黃佳玲　　吳志勇　　黃德枝

【江蘇】
張紅喜　　王　泳　　岳小龍　　蔡興俠　　黃友昌
鄭徐岳　　黃永岳　　葉文葵　　黃新平　　盛同泰
沈建明　　彭廣榮　　施興榮

【湖南】涂承東
【新疆】袁青華　　王劍
【浙江】
余國飛　　包利容　　陳長江　　章正娟　　陳愛球
梁鵬程　　李富君　　周土亮　　項兆聰　　梁　洪
陳招華

【山西】李楠
【四川】余達榮
【山東】于世龍
【黑龍江】李恩豐
【青海】吳建寧　　嚴品高　　石智安　　丁昭邦
【湖北】余定波
【福建】釋明振

再傳弟子

李建鵬 傳

鐘進東	張　楊	展騰飛	田超飛	王　方
張海島	郭光富	李沁珂	閆需要	李東岩
李冬陽	張　征	劉　悅		

王雲波 傳

閆廣照	汪宏昌	馬小勇	范太峰

劉細森 傳

龍振威	林子列	王益華	葉育斌	梁穆友
鐘永華	顏飛翔			

闞開祥 傳

黃少青	周　峰	沈正順	趙大歡	林秀田
朱有江	王躍遠	歐明權	周高龍	陸景有
丁玉兵	王和春	杜中宇	陳　濤	王福維
鐘蘭坤	朱　凱	王小龍	張　毅	闞　露
王春筍	丁　鵬	鐘蘭兵	徐林濤	鐘如永
史　寅	羅　宵	高　翔	李青闞	曉　峰
孫志遠	戴玉楓	丁　健	畢善良	方　兵
程慶杰	李豔飛	周義良	陳　瀟	尹廣華
陳暘田	金　鑫	戴天正	許曉峰	龔　嘶
梁化禹	王一博	劉　創	林師耀	金　鑫（弟）
周志勇	石志安	姚盛源	王　寶	郝　勃
常驕驕	董　源	林師耀	丁　毅	顧興源
馬　群				

朱明峰　傳

朱冠羽　朱美晨　朱永煥　馬　超　孟武龍
阮冉冉　曹亞光　李海波　劉　軍　任林林
張　坤　朱宜靜

趙振選　傳

魯　磊　陳帥博　劉學偉　趙　倩　宋　震
張埂銘　邱　陽　林子丹　劉世旗　劉世豪
王世偉　孫紹澤　樊子昂　喬萬軍　陳昌樸
劉友超　張嘉帥　張嘉誠　陳家樂　陳彥璋
張家鳴　董　超　孫德裴　程詩淇　蔡高祥

姚勉慶　傳

祁國家　楊　帆　高藝桂　牛　翔　林建宏
仇志文　于　俊　姚海峰　楊　洋

陳方　傳

覃德偉　黃俊良　劉恆志　何信雲　羅　帥
楊宗偉　申向陽　覃世偉　魏春光　葉少聰
張何平　胡清華　覃世宏　李清霞

吳曉署　傳

王　凱　蘇晨陽　胡　姜　盛　迪　吳思語
金　笛　李俊讕　孫俊鵬　方陳有為　王　珊

顧齊　傳

顧玉龍　朱澤修　馬新海　馬新魁　唐　猛
王　輝　祁明輝　李明勇

呂昭峰　傳

余偉高　胡志強　李　崗　李永朝　段　成
陳　壘　趙鵬虎　劉　輝　張文政　王俊有

許鵬飛　李二爽　徐少勇　李文生　沈洋洋
張恆通　劉世選　郭雲飛　金梟飛　李　冠

何慶志　傳

何東東　馬紅杰　何紀成　趙占偉　司松豪
李小帥　何陸軍　毛彥波　連金峰　連亞兵
李彥鵬　連宇飛　安鵬宇

王鵬　傳

王家懿　姚飛龍　蔣嚴智

張啟彪　傳

張大年

包利容　傳

賴喜良　朱國保　吏永國　陳方義　林勝財
茅紅萍　沈群芳　吳亞亞　林壘臻　余瑞陽

後記

我應北京科學技術出版社之約，整理心意六合拳書稿，雖是好事卻顧慮重重。本人不善文筆，下場子練上一趟倒還可以，提筆著書真是天方夜譚。此事被幾位師兄弟得知，他們一再鼓勵，並自願幫助攝影、抄寫文字，我才有信心。一旦應諾，思緒更是不能平靜。回望自己風風雨雨，在恩師呂瑞芳先生膝下習練四十餘載，雖有所得，實乃老師苦心栽培所致，至於功夫遠非老師所期。

記得老師幼年習武，功夫深厚，卻從不狂言與人動手。老師與武術相伴一生，度過九十多個春秋，晚年常說：「心意拳是祖先留下的寶貝，你們一定要好好盤練，不能在這一代丟了。」歷史的責任落在了我們這代人的肩上。

當今恰逢盛世，民族文化瑰寶——傳統拳術的春天到來，全民健身運動蓬勃開展，順應時代之需，我要努力寫好此書，記錄下自己所知的這一優秀傳統拳種，並使之發揚光大，不愧對先師和後人。

心意六合拳相傳為宋代名將岳飛所創，動作簡單，內涵豐富，功用無窮，集健身技擊為一體，有著很好的養生作用，本門前輩高手輩出，壽齡多在九十歲以上。因歷史原因，歷代只是口傳心授，文字資料極少。

得悉我應諾整理出版《河南心意六合拳》一書，恩師王培生先生題詞鼓勵，宋光華老師和張全亮、王桐、邸國

勇、游玄德、吳信良、張玉林、韓建中等武術界朋友寫序祝賀，對此我深表感謝。此稿在編寫過程中，也得到了武術界朋友和弟子們的大力支持，在此一併致謝。

2002 年，我曾出版過《心意六合拳》一書，這些年隨著人們對養生健身認識的不斷提高，這一傳統內家拳也得到了大多數健身和養生群體的認可和喜愛，習練心意六合拳的人數逐年增加，為滿足愛好者的需求，現整理出版《河南心意六合拳》一書，其在《心意六合拳》原有內容基礎上增加了槍術、心意把合演、十大形合演、八字功、心意養生功以供學者習練。

編寫本書只願留給同門及武術愛好者一份參考資料，我雖已盡力，卻因粗通文墨，不盡人意之處一定很多，望武術同仁斧正、海涵。

心意六合拳門人

李洳波

導引養生功

張廣德養生著作　每冊定價350元

疏筋壯骨功　導引保健功　頤身九段錦　九九還童功　舒心平血功

益氣養肺功　養生太極扇　養生太極棒　導引養生形體詩韻　四十九式經絡動功

輕鬆學武術

二十四式太極拳　四十二式太極拳　八十六式太極拳　三十二式太極劍　四十二式太極劍　二十八式木蘭拳

三十八式木蘭扇　四十八式木蘭劍　太極拳　太極拳　太極拳　太極拳

太極劍　太極劍

太極跤

太極防身術　擒拿術　中國式摔角

彩色圖解太極武術

太極武術教學光碟

太極功夫扇
五十二式太極扇
演示：李德印 等
(2VCD)中國

夕陽美太極功夫扇
五十六式太極扇
演示：李德印 等
(2VCD)中國

陳氏太極拳及其技擊法
演示：馬虹(10VCD)中國
陳氏太極拳勁道釋秘
拆拳講勁
演示：馬虹(8DVD)中國
推手技巧及功力訓練
演示：馬虹(4VCD)中國

陳氏太極拳新架一路
演示：陳正雷(1DVD)中國
陳氏太極拳新架二路
演示：陳正雷(1DVD)中國
陳氏太極拳老架一路
演示：陳正雷(1DVD)中國
陳氏太極拳老架二路
演示：陳正雷(1DVD)中國
陳氏太極推手
演示：陳正雷(1DVD)中國
陳氏太極單刀・雙刀
演示：陳正雷(1DVD)中國

郭林新氣功
(8DVD)中國

本公司還有其他武術光碟
歡迎來電詢問或至網站查詢
電話：02-28236031
網址：www.dah-jaan.com.tw

原版教學光碟

歡迎至本公司購買書籍

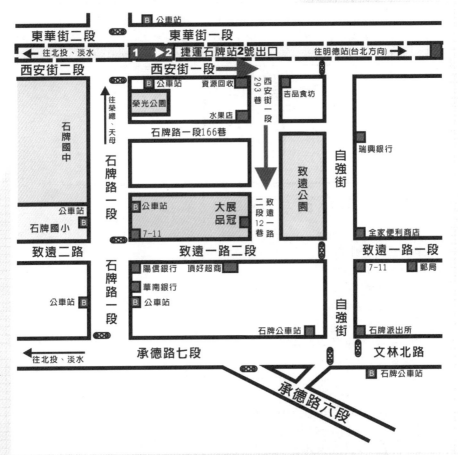

建議路線

1.搭乘捷運・公車

　　淡水線石牌站下車，由石牌捷運站2號出口出站(出站後靠右邊)，沿著捷運高架往台北方向走(往明德站方向)，其街名為西安街，約走100公尺(勿超過紅綠燈)，由西安街一段293巷進來(巷口有一公車站牌，站名為自強街口)，本公司位於致遠公園對面。搭公車者請於石牌站(石牌派出所)下車，走進自強街，遇致遠路口左轉，右手邊第一條巷子即為本社位置。

2.自行開車或騎車

　　由承德路接石牌路，看到陽信銀行右轉，此條即為致遠一路二段，在遇到自強街(紅綠燈)前的巷子(致遠公園)左轉，即可看到本公司招牌。

國家圖書館出版品預行編目資料

河南心意六合拳 / 李洳波、李建鵬著
——初版，——臺北市，大展，2017 [民 106.12.]
面；21 公分—（形意・大成拳系列；7）
ISBN 978-986-346-189-0（平裝，附影音光碟）
1.拳術 2.中國
528.972   106018397

河南心意六合拳 附 DVD

著　　者 / 李洳波 李建鵬
責任編輯 / 劉瑞敏 李　倩
發 行 人 / 蔡森明
出 版 者 / 大展出版社有限公司
社　　址 / 臺北市北投區（石牌）致遠一路 2 段 12 巷 1 號
電　　話 /（02）28236031，28236033，28233123
傳　　真 /（02）28272069
郵政劃撥 / 01669551
網　　址 / www.dah-jaan.com.tw
E - m a i l / service@dah-jaan.com.tw
登 記 證 / 局版臺業字第 2171 號
承 印 者 / 傳興印刷有限公司
裝　　訂 / 眾友企業公司
排 版 者 / 菩薩蠻數位文化有限公司
授 權 者 / 北京科學技術出版社
初版 1 刷 / 2017 年（民 106）12 月

定價 / 550 元